排污权交易对中国企业绿色创新的影响研究

林屾 ○ 著

Research on the Impact of Emission Trading on Green Innovation of Chinese Enterprises

中国社会科学出版社

图书在版编目（CIP）数据

排污权交易对中国企业绿色创新的影响研究／林岫著．—北京：中国社会科学出版社，2022.12

ISBN 978 - 7 - 5227 - 1203 - 1

Ⅰ.①排… Ⅱ.①林… Ⅲ.①排污交易—影响—企业创新—研究—中国 Ⅳ.①F279.23

中国国家版本馆 CIP 数据核字（2023）第 004975 号

出 版 人	赵剑英
责任编辑	侯聪睿
责任校对	芦 苇
责任印制	王 超

出　　版	中国社会科学出版社
社　　址	北京鼓楼西大街甲 158 号
邮　　编	100720
网　　址	http：//www.csspw.cn
发 行 部	010 - 84083685
门 市 部	010 - 84029450
经　　销	新华书店及其他书店
印　　刷	北京君升印刷有限公司
装　　订	廊坊市广阳区广增装订厂
版　　次	2022 年 12 月第 1 版
印　　次	2022 年 12 月第 1 次印刷
开　　本	710×1000　1/16
印　　张	20.5
插　　页	2
字　　数	275 千字
定　　价	98.00 元

凡购买中国社会科学出版社图书，如有质量问题请与本社营销中心联系调换
电话：010 - 84083683
版权所有　侵权必究

前　言

《2030 年可持续发展议程》在联合国大会第七十届会议（2016年）上通过，呼吁各国立即采取行动，为今后实现 17 项可持续发展目标而努力。当前世界经济前景受到多边主义影响，面对挑战、金融状况收紧和贸易摩擦加剧的影响，推动世界经济增长的方式迫切需要发生根本的、更加迅速的转变。各国要在诸多方面采取政策行动、加快技术创新、进行重大的行为改变，才能实现这种根本转变。中国高度重视《2030 年可持续发展议程》的落实，党的十八大以来，中国提出了创新、协调、绿色、开放、共享新发展理念。同时，党的十八大报告强调，必须把科技创新摆在国家发展全局的核心位置。2019 年 1 月，中国证监会就《科创板首次公开发行股票注册管理办法（试行）》公开征求意见，同年 3 月，十三届全国人大二次会议通过《中华人民共和国外商投资法》，市场化创新机制不断完善。水权、用能权、排污权、碳排放权等一直是个人、地区和国家拥有的基本环境权益，也是发展权和可持续发展理念在资源利用上的具体体现。中国政府相继推出排污权交易、碳排放权交易、用能权交易和水权交易政策，然而在现有相关研究中，较少有研究成果从中国微观企业视角关注上述环境权益政策对绿色创新的影响。本书把中国地区层面的排污权交易试点政策作为准自然实验，运用 1990—2010 年间中国沪深股市上市公司的绿色专利数据，检验排污权交易是否能诱发企业的绿色创新。

排污权交易起源于美国。美国经济学家 Dales 最先提出了排污权交易理论[①]，并首先被美国国家环保局（EPA）用于大气污染源及河流污染源管理，并取得了成功。2002 年，原中国国家环保部开始推行"4+3+1"的二氧化硫排污权交易试点政策，在山东、山西、江苏、河南四省，上海、天津、柳州三市以及中国华能集团公司实行排污权交易政策。2007 年，试点范围扩大，国家财政部、原环保部、发展与改革委先后批复了江苏、天津、浙江、湖北、重庆、湖南、内蒙古、河北、陕西、河南、山西 11 个试点省区市，污染物品种逐渐增多，涉及交易量逐年提升[②]。2010 年，中国二氧化硫排放总量比 2005 年下降 14.29%。与此同时，自 2001 年中国加入世界贸易组织（World Trade Organization，WTO），中国开放型经济进入发展最快的时期[③]，企业绿色发展与市场化的排污权交易政策紧密结合，为验证排污权交易试点这一市场型的总量控制与配额交易（Cap-and-Trade，CAT）政策在中国开放背景下是否诱发企业绿色创新具备了条件。

本书运用三重差分的方法，通过比较排污权交易试点政策实施前后、试点地区相对于非试点地区、污染行业相对于清洁行业，并引入政策异质性、绿色创新类型异质性、企业所有制和治理结构异质性等作用机制，获得了几项新的研究结果。第一，相对于非试点地区以及相对于清洁行业，排污权交易试点政策诱发了试点地区污染行业内企业的绿色创新活动，即"绿色创新诱发效应"。第二，该政策对绿色创新的诱发效应广泛作用于总体绿色创新、绿色发明创新、绿色实用新型创新、总体低碳技术、低碳发明技术和低碳实用新型技术，同时政策对高煤耗行业绿色创新活动产生了一定的溢

[①] Dales J H., "Land, Water, and Ownership", *The Canadian Journal of Economic*, Vol. 1, No. 4, November 1968, pp. 791 – 804.
[②] 王金南、董战峰等：《中国排污交易制度的实践和展望》，《环境保护》2009 年第 10 期。
[③] 高虎城：《在对外开放中践行群众路线》，《学习时报》2014 年 3 月 24 日第 10 版。

出作用，即"绿色创新溢出效应"。第三，该政策改变了高能耗企业能源要素的投入偏好，即"绿色能源替代效应"。第四，相对于非民营企业，民营企业的绿色创新活动对试点政策的诱发反应强度更为显著，而国有企业、外资企业的反应强度并不显著，即"民营绿色创新效应"。第五，相对于只开展国内业务的企业，有海外业务的企业绿色创新活动对试点政策的诱发反应强度更为显著，即"外向型贸易绿色创新效应"和"外向型投资绿色创新效应"。第六，相对于只有国内投资者持股的企业，有境外合格机构投资者持股的企业绿色创新活动对试点政策的诱发反应强度更为显著，即"外向型融资绿色创新效应"。第七，相对于只有国内背景的人才担任"董监高"（董事、监事和高级管理人员）的企业，有海外留学背景的人才担任"董监高"的企业绿色创新活动对试点政策的诱发反应强度更为显著，即"外向型领导力绿色创新效应"。第八，本书进行了一系列稳健性检验，以保证主要结论的稳定性，这些结论验证了本书提出的理论机制假说。

  本书对政策诱发绿色创新这一研究领域做出了一定的贡献。第一，现有关于中国绿色创新的研究工作绝大部分仍采用区域或行业层面的测度方法。与这一系列文献不同，本书首次采用公司层面绿色专利数据集，可以识别环境友好型创新活动。第二，与以往文献的另一个重要区别在于本书揭示了因果推论，即使用三重差分的方法，本书可以梳理出排污权交易试点政策诱发企业的创新方向，由一般创新转向环境友好型创新的这一因果关系。第三，本书探讨了排污权交易试点政策的异质性影响，通过考察政策节点的异质性、同时期政策并行问题、不同绿色专利类型、不同绿色专利划分标准、不同行业污染物测度标准、企业不同所有制属性、不同治理结构和不同国际化程度来揭示企业绿色创新的异质性影响机制。

  本书得出的研究结论具有一定的政策含义。第一，以设计合理的排污权交易市场作为中国政府推动国内企业和行业转型升级、深化市场化改革和生态文明建设相关政策制定的有力抓手，促进中国经济的绿色高质量发展。第二，以设计合理的排污权交易市场和这类市场型环境权益交易政策作为中国进一步改革开放、加强国际绿色创新合作和环境友好型技术引进、深度参与全球环境和应对气候变化治理相关议题的有效途径，为美丽中国建设和全人类的可持续发展谋福祉。第三，以设计合理的排污权交易市场作为企业培育环境权益意识、合理配置国内外优势资源、积极传播绿色创新观念、践行中国生态文明发展理念、发扬中国特色社会主义企业家精神、积极开展绿色创新的坚实基础，促进中国企业绿色国际竞争力的提高。

目 录

第一章 绪论 …………………………………………………… (1)
  第一节 选题背景与研究意义 ……………………………… (1)
    一 选题背景 ……………………………………………… (1)
    二 研究意义 ……………………………………………… (3)
  第二节 国内外研究现状 …………………………………… (6)
    一 绿色创新概念和特征的研究 ………………………… (6)
    二 政策诱发绿色创新的理论研究 ……………………… (8)
    三 环境规制能否诱发绿色创新的研究 ………………… (11)
    四 企业所有制和治理结构对绿色创新的影响研究 …… (17)
    五 开放背景下环境规制对绿色创新的影响研究 ……… (20)
    六 三重差分法在环境规制政策中的应用研究 ………… (22)
    七 简要评述 ……………………………………………… (23)
  第三节 研究思路和方法 …………………………………… (24)
    一 研究思路 ……………………………………………… (24)
    二 研究内容 ……………………………………………… (26)
    三 研究方法 ……………………………………………… (28)
  第四节 创新与不足 ………………………………………… (29)
    一 创新点 ………………………………………………… (29)
    二 研究的不足 …………………………………………… (31)

第二章 相关理论基础及本书假说 (33)

第一节 环境规制诱发绿色创新的相关理论 (33)
    一 熊彼特创新理论及其发展 (33)
    二 希克斯的诱发创新理论及其发展 (37)
    三 波特的环境规制诱发创新理论及其发展 (40)
    四 戴尔斯的排污权交易理论及实践 (41)
    五 绿色创新扩散相关理论及其发展 (44)
    六 绿色创新领导力相关理论及其发展 (46)

第二节 开放背景下诱发绿色创新的相关理论 (56)
    一 国际贸易诱发绿色创新的相关理论及其发展 (56)
    二 外国直接投资诱发绿色创新的相关理论及其发展 (62)

第三节 安托西演化博弈模型在本书数理模型中的适用与改进 (66)
    一 企业绿色创新与否的两种事前策略 (66)
    二 企业两两匹配预备排污权交易的三种情形 (67)
    三 企业排污权交易的两种收益矩阵 (69)
    四 企业排污权交易的动态博弈 (70)
    五 排污权交易促进企业绿色创新策略的动态博弈 (71)

第四节 实验经济学和本书实证模型的相关理论 (75)
    一 实验经济学相关理论 (75)
    二 准实验经济学相关理论及其发展 (76)
    三 实验经济学相关理论对本书的启示 (79)

第五节 本书的理论机制假说 (80)
    一 中国排污权交易的"绿色创新诱发效应"假说 (81)
    二 中国排污权交易的"绿色创新溢出效应"假说 (82)
    三 中国排污权交易的"绿色能源替代效应"假说 (83)
    四 中国排污权交易的"民营绿色创新效应"假说 (83)

五　中国排污权交易的"外向型绿色创新效应"
　　假说 …………………………………………………… (84)

**第三章　开放背景下排污权交易市场和绿色创新的发展
　　　　　及其相互关系** ………………………………………… (87)
　第一节　开放背景下美国和中国排污权交易市场的发展
　　　　　特点 …………………………………………………… (87)
　　一　美国的排污权交易市场 …………………………………… (87)
　　二　中国的排污权交易市场 …………………………………… (91)
　第二节　开放背景下美国和中国绿色创新的发展特点 ………… (96)
　　一　国际上几种绿色创新的分类标准 ………………………… (96)
　　二　美国的绿色创新发展特点 ……………………………… (104)
　　三　中国的绿色创新发展特点 ……………………………… (107)
　第三节　开放背景下美国和中国排污权交易市场与绿色
　　　　　创新的关系及比较 ………………………………… (113)
　　一　美国排污权交易市场与绿色创新的关系 ……………… (114)
　　二　中国排污权交易市场与绿色创新的关系 ……………… (115)
　　三　美国和中国排污权交易市场诱发绿色创新的
　　　　比较 …………………………………………………… (116)
　本章小结 ………………………………………………………… (120)

**第四章　中国排污权交易试点政策对企业绿色创新的诱发
　　　　　效应** …………………………………………………… (122)
　第一节　数据和变量选取与处理 ……………………………… (123)
　　一　绿色创新数据的选取及覆盖范围 ……………………… (123)
　　二　被解释变量 ……………………………………………… (125)
　　三　企业层面经济特征控制变量 …………………………… (126)
　　四　变量描述性统计 ………………………………………… (127)

第二节　模型与实证分析结果 …………………………………（128）
  一　三重差分基本模型与平行趋势检验 ……………………（128）
  二　实证结果与分析 …………………………………………（133）
  三　异质性能源投入企业的绿色创新溢出效应和绿色能源替代效应 ……………………………………………………（136）
  四　稳健性检验 ………………………………………………（139）
  本章小结 …………………………………………………………（142）

第五章　中国排污权交易试点政策的异质性对企业绿色创新的影响 ………………………………………………（143）
第一节　试点政策节点的选取问题 ……………………………（143）
  一　2002年试点政策对企业绿色创新的影响 ………………（144）
  二　2002年和2007年试点政策对企业绿色创新的总体影响 …………………………………………………………（149）
  三　2002年和2007年试点政策对企业绿色创新的异质性影响 …………………………………………………………（154）
第二节　排污费征收与排污权交易试点政策并行的问题 …………………………………………………………（162）
  一　以排污费征收额为代理变量考察政策并行问题 ………（163）
  二　以排污费解缴入库户数为代理变量考察政策并行问题 …………………………………………………………（164）
  三　以排污费解缴入库金额为代理变量考察政策并行问题 …………………………………………………………（165）
  本章小结 …………………………………………………………（167）

第六章　中国排污权交易试点政策对企业异质性绿色创新类型的溢出效应 ……………………………………………（169）
第一节　"破坏型"和"积累型"绿色创新的溢出效应 ……（169）

一　企业绿色发明创新的溢出效应 …………………………（170）
　　二　企业绿色实用新型创新的溢出效应 ……………………（171）
　　三　高煤耗企业绿色发明创新的溢出效应 …………………（173）
　　四　高煤耗企业绿色实用新型创新的溢出效应 ……………（174）
第二节　"技术型"绿色创新的溢出效应 ……………………（176）
　　一　企业低碳发明技术的溢出效应 …………………………（176）
　　二　企业低碳实用新型技术的溢出效应 ……………………（177）
　　三　高煤耗企业低碳发明技术的溢出效应 …………………（179）
　　四　高煤耗企业低碳实用新型技术的溢出效应 ……………（180）
本章小结 ………………………………………………………（181）

第七章　开放背景下中国排污权交易试点政策对异质性企业绿色创新的影响 …………………………………（183）

第一节　企业所有制异质性对绿色创新的影响 ………………（184）
　　一　国有企业绿色创新的异质性影响 ………………………（186）
　　二　外资企业绿色创新的异质性影响 ………………………（191）
　　三　民营企业绿色创新的异质性影响 ………………………（194）
　　四　国有企业低碳技术的异质性影响 ………………………（200）
　　五　外资企业低碳技术的异质性影响 ………………………（205）
　　六　民营企业低碳技术的异质性影响 ………………………（210）
第二节　企业治理结构异质性对绿色创新的影响 ……………（215）
　　一　有海外业务企业绿色创新的异质性影响 ………………（215）
　　二　有海外业务企业低碳技术的异质性影响 ………………（220）
　　三　有合格境外机构投资者持股企业绿色创新的异质性影响 ……………………………………………………（224）
　　四　有合格境外机构投资者持股企业低碳技术的异质性影响 ……………………………………………………（231）

五 "董监高"海外背景企业绿色创新的异质性
影响…………………………………………………(235)
六 有"董监高"海外背景企业低碳技术的异质性
影响…………………………………………………(246)
本章小结……………………………………………………(256)

第八章 结论与展望……………………………………………(259)
第一节 研究结论………………………………………………(259)
第二节 政策启示………………………………………………(262)
第三节 未来研究方向…………………………………………(267)

附 录………………………………………………………………(269)
附表1 国际绿色专利分类清单…………………………………(269)
附表2 污染治理创新的分类……………………………………(279)

参考文献……………………………………………………………(285)

后 记………………………………………………………………(309)

表 目 录

表 3.1　美国排污权交易市场概况 ………………………… （89）
表 3.2　生态专利包括的类型 ……………………………… （100）
表 3.3　生态专利共同体对会员公司或其他专利持有人
　　　　（已承诺专利）的好处 ………………………… （100）
表 3.4　可持续技术专利 Y 部分中的当前子组清单 ………… （102）
表 3.5　2014—2017 年各省份绿色发明专利申请量占比
　　　　情况 …………………………………………………（112）
表 4.1　主要变量描述性统计值 …………………………… （127）
表 4.2　模型（1）的因果识别示意 ……………………… （131）
表 4.3　ETP 政策对绿色专利占比的影响——基于三重
　　　　差分法 …………………………………………… （134）
表 4.4　ETP 政策对高煤耗企业的绿色创新溢出效应 …… （136）
表 4.5　ETP 政策对高能耗企业的绿色能源替代效应 …… （138）
表 4.6　ETP 政策在污染行业测度标准为 $Dirty7Dummy_j$
　　　　时的稳健性 ……………………………………… （139）
表 4.7　ETP 政策在污染行业测度标准为 $Dirty10Dummy_j$
　　　　时的稳健性 ……………………………………… （141）
表 5.1　模型（2）的因果识别示意 ……………………… （145）
表 5.2　ETP02 政策对绿色专利占比的影响 ……………… （146）
表 5.3　ETP02 政策对高煤耗企业的绿色创新溢出效应 …… （147）

表 5.4　ETPO2 政策对高能耗企业的绿色能源替代效应 …… （149）
表 5.5　模型（3）的因果识别示意 ……………………… （150）
表 5.6　ETPO2 和 ETP 政策对绿色专利占比的总体影响 …… （151）
表 5.7　ETPO2 和 ETP 政策对高煤耗企业绿色创新溢出效应的
　　　　总体影响 ……………………………………………… （152）
表 5.8　ETPO2 和 ETP 政策对高能耗企业绿色能源替代效应的
　　　　总体影响 ……………………………………………… （153）
表 5.9　模型（4）的因果识别示意 ……………………… （155）
表 5.10　ETPO2 和 ETP 政策对企业绿色创新的异质性
　　　　影响 …………………………………………………… （156）
表 5.11　ETPO2 和 ETP 政策对高煤耗企业绿色创新溢出效应的
　　　　异质性影响 …………………………………………… （158）
表 5.12　ETPO2 和 ETP 政策对高能耗企业绿色能源替代效应的
　　　　异质性影响 …………………………………………… （160）
表 5.13　排污费征收额与 ETP 政策对企业绿色创新的异质性
　　　　影响 …………………………………………………… （163）
表 5.14　排污费解缴入库户数与 ETP 政策对企业绿色创新的
　　　　异质性影响 …………………………………………… （164）
表 5.15　排污费解缴入库金额与 ETP 政策对企业绿色创新的
　　　　异质性影响 …………………………………………… （166）
表 6.1　ETP 政策对企业绿色发明创新的溢出效应 ………… （171）
表 6.2　ETP 政策对企业绿色实用新型创新的溢出效应 …… （172）
表 6.3　ETP 政策对高煤耗企业绿色发明创新的溢出
　　　　效应 …………………………………………………… （173）
表 6.4　ETP 政策对高煤耗企业绿色实用新型创新的溢出
　　　　效应 …………………………………………………… （175）
表 6.5　ETP 政策对企业低碳发明技术的溢出效应 ………… （177）
表 6.6　ETP 政策对企业低碳实用新型技术的溢出效应 …… （178）

表 6.7　ETP 政策对高煤耗企业低碳发明技术的溢出
效应 ……………………………………………（179）
表 6.8　ETP 政策对高煤耗企业低碳实用新型技术的
影响 ……………………………………………（180）
表 7.1　模型（6）的因果识别示意 …………………………（185）
表 7.2　ETP 政策对国有企业总体绿色创新的影响 …………（187）
表 7.3　ETP 政策对国有企业绿色发明创新的溢出
效应 ……………………………………………（188）
表 7.4　ETP 政策对国有企业绿色实用新型创新的溢出
效应 ……………………………………………（189）
表 7.5　ETP 政策对外资企业总体绿色创新的影响 …………（191）
表 7.6　ETP 政策对外资企业绿色发明创新的溢出
效应 ……………………………………………（193）
表 7.7　ETP 政策对外资企业绿色实用新型创新的溢出
效应 ……………………………………………（194）
表 7.8　ETP 政策对民营企业总体绿色创新的影响 …………（195）
表 7.9　ETP 政策对民营企业绿色发明创新的溢出
效应 ……………………………………………（197）
表 7.10　ETP 政策对民营企业绿色实用新型创新的溢出
效应 ……………………………………………（198）
表 7.11　ETP 政策对国有企业总体低碳技术的影响 ………（200）
表 7.12　ETP 政策对国有企业低碳发明技术的溢出
效应 ……………………………………………（202）
表 7.13　ETP 政策对国有企业低碳实用新型技术的溢出
效应 ……………………………………………（204）
表 7.14　ETP 政策对外资总体企业低碳技术的影响 ………（205）
表 7.15　ETP 政策对外资企业低碳发明技术的溢出
效应 ……………………………………………（207）

表 7.16　ETP 政策对外资企业低碳实用新型技术的溢出
　　　　效应 ……………………………………………………（208）
表 7.17　ETP 政策对民营总体企业低碳技术的影响 ………（211）
表 7.18　ETP 政策对民营企业低碳发明技术的溢出
　　　　效应 ……………………………………………………（212）
表 7.19　ETP 政策对民营企业低碳实用新型技术的溢出
　　　　效应 ……………………………………………………（214）
表 7.20　ETP 政策对有海外业务企业总体绿色创新的
　　　　影响 ……………………………………………………（216）
表 7.21　ETP 政策对有海外业务企业绿色发明创新的
　　　　溢出效应 ………………………………………………（218）
表 7.22　ETP 政策对有海外业务企业绿色实用新型创新的
　　　　溢出效应 ………………………………………………（219）
表 7.23　ETP 政策对有海外业务企业总体低碳技术的
　　　　影响 ……………………………………………………（220）
表 7.24　ETP 政策对有海外业务企业低碳发明技术的溢出
　　　　效应 ……………………………………………………（222）
表 7.25　ETP 政策对有海外业务企业低碳实用新型技术的
　　　　溢出效应 ………………………………………………（223）
表 7.26　ETP 政策对有合格境外机构投资者持股企业总体绿色
　　　　创新的影响 ……………………………………………（225）
表 7.27　ETP 政策对有合格境外机构投资者持股企业绿色发明
　　　　创新的溢出效应 ………………………………………（228）
表 7.28　ETP 政策对有合格境外机构投资者持股企业绿色实用
　　　　新型创新的溢出效应 …………………………………（229）
表 7.29　ETP 政策对有合格境外机构投资者持股企业总体低碳
　　　　技术的影响 ……………………………………………（231）

表 7.30	ETP 政策对有合格境外机构投资者持股企业低碳发明技术的溢出效应	(233)
表 7.31	ETP 政策对有合格境外机构投资者持股企业低碳实用新型技术的溢出效应	(235)
表 7.32	ETP 政策对有"董监高"海外留学背景企业总体绿色创新的影响	(236)
表 7.33	ETP 政策对有"董监高"海外留学背景企业绿色发明创新的溢出效应	(238)
表 7.34	ETP 政策对有"董监高"海外留学背景企业绿色实用新型创新的溢出效应	(240)
表 7.35	ETP 政策对有"董监高"海外任职背景企业总体绿色创新的影响	(242)
表 7.36	ETP 政策对有"董监高"海外任职背景企业绿色发明创新的溢出效应	(244)
表 7.37	ETP 政策对有"董监高"海外任职背景企业绿色实用新型创新的溢出效应	(245)
表 7.38	ETP 政策对有"董监高"海外留学背景企业低碳技术的影响	(247)
表 7.39	ETP 政策对有"董监高"海外留学背景企业低碳发明技术的溢出效应	(249)
表 7.40	ETP 政策对有"董监高"海外留学背景企业低碳实用新型技术的溢出效应	(251)
表 7.41	ETP 政策对有"董监高"海外任职背景企业总体低碳技术的影响	(252)
表 7.42	ETP 政策对有"董监高"海外任职背景企业低碳发明技术的溢出效应	(254)
表 7.43	ETP 政策对有"董监高"海外任职背景企业低碳实用新型技术的溢出效应	(255)

图 目 录

图 1.1 本书的研究方法与实施步骤 …………………………… (25)
图 2.1 "波特假说"的图示 …………………………………… (41)
图 2.2 戴尔斯对污染成本的定义 ……………………………… (43)
图 2.3 戴尔斯的排污权交易市场雏形 ………………………… (43)
图 2.4 评估组织中创新环境模型 ……………………………… (50)
图 2.5 驱动企业绿色创新与领导力模型 ……………………… (53)
图 2.6 企业可持续发展模型 …………………………………… (55)
图 2.7 环境规制强度和国外直接投资流入的关系 …………… (63)
图 2.8 本书的理论机制假说逻辑框架 ………………………… (86)
图 3.1 1990—2015 年美国的市场型环境规制严格性指数
　　　变化趋势 ……………………………………………… (90)
图 3.2 1990—2015 年中国的市场型环境规制严格性指数
　　　变化趋势 ……………………………………………… (96)
图 3.3 1990—2015 年美国的污染治理相关的绿色发明专利
　　　变化趋势 ……………………………………………… (105)
图 3.4 1990—2015 年美国污染治理相关的绿色发明专利
　　　国际合作变化趋势 …………………………………… (106)
图 3.5 1990—2015 年美国污染治理相关的绿色发明专利
　　　技术扩散变化趋势 …………………………………… (107)

图 3.6　1990—2015 年中国的污染治理相关的绿色发明专利变化趋势 ………………………………………………………（108）

图 3.7　1990—2015 年中国污染治理相关的绿色发明专利国际合作变化趋势 ………………………………………………（109）

图 3.8　1990—2015 年中国污染治理相关的绿色发明专利技术扩散变化趋势 ………………………………………………（110）

图 3.9　1990—2015 年开放背景下美国排污权交易市场与绿色创新的关系 …………………………………………………（114）

图 3.10　1990—2015 年开放背景下中国排污权交易市场与绿色创新的关系 ………………………………………………（116）

图 3.11　1990—2015 年开放背景下美国和中国市场型环境规制严格性的比较 ……………………………………………（117）

图 3.12　1990—2015 年开放背景下美国和中国减少空气污染专利的比较 …………………………………………………（118）

图 3.13　1990—2015 年开放背景下美国和中国减少空气污染专利的技术扩散的比较 ……………………………………（119）

图 3.14　1990—2015 年开放背景下美国和中国污染治理类专利的国际合作的比较 ………………………………………（120）

图 4.1　ETP 政策前后地区层面单位企业绿色专利申请数量 …………………………………………………………………（133）

第 一 章

绪　　论

第一节　选题背景与研究意义

一　选题背景

《2030年可持续发展议程》在联合国大会第七十届会议上通过，呼吁各国立即采取行动，为今后实现17项可持续发展目标而努力。议程中倡导可持续的生产和消费方式，帮助加强发展中国家的绿色创新，并以优惠条件对其转让环境无害技术。中国高度重视《2030年可持续发展议程》的落实，党的十八大以来，提出了创新、协调、绿色、开放、共享五大发展理念。同时，党的十八大报告强调指出，必须把科技创新摆在国家发展全局的核心位置。

水权、用能权、排污权、碳排放权等一直是个人、地区和国家拥有的基本环境权益，也是发展权和可持续发展理念在资源利用上的具体体现①。排污权交易（Emissions Trading，ET）机制是一种市场型的控制环境负外部产出的方法，它基于总量控制与配额交易（Cap‑and‑Trade，CAT）机制，通过提供经济激励措施来减少环境负外部产出②。与此相对应的是命令与控制型（Com-

---

① 齐绍洲、林屾、崔静波：《环境权益交易市场能否诱发绿色创新？——基于我国上市公司绿色专利数据的证据》，《经济研究》2018年第12期。
② Stavins R N., *Handbook of Environmental Economics*, Amsterdam：Elsevier, 2003, pp. 355–435.

mand-and-Control，CAC）环境规制，例如最佳可用技术标准（Best Available Technology，BAT）和政府补贴。和命令与控制型环境规制相比，排污权交易机制是一种更灵活的环境规制①，它允许组织中各成员们一起决定如何最好达到政策目标。当前，全球许多国家、省州和大型集团公司都采用了这种机制，特别是在缓解污染物排放和气候变化方面。

企业体现了一个国家的生产力水平，改革开放以来，企业作为中国国民经济的支柱，为经济增长贡献了巨大的财富。但一些企业的快速成长是以耗费大量资源和环境污染加剧为代价的，具有明显的环境负外部性。当前世界经济前景受到多边主义面临挑战、金融状况收紧和贸易摩擦加剧的影响，推动世界经济增长的方式迫切需要发生根本的、更加迅速的转变。各国要在诸多方面采取政策行动，加快技术创新，进行重大的行为改变，才能实现这种根本转变。

在国家推行低碳经济和可持续发展战略的大背景下，减少企业的环境污染、进行企业的绿色创新和提升其发展质量已经成为现阶段中国企业顺应经济发展的必然选择。排污权交易机制对企业绿色创新的影响是怎样的？这一机制是否会有利于发展中国家的企业转型升级从而实现现代化？这一机制下不同类型企业会有怎样的异质性表现？开放背景下这一机制在中国运行中积累了哪些经验和教训？以上这些问题，在现有的研究中仍缺乏一致的结论。

针对以上问题，需要有新的思路和方法来研究排污权交易对中国企业绿色创新的影响问题。本书基于开放背景下中国企业的绿色创新视角，提出一个综合的分析框架，以国内已经开展的排污权交

---

① Teeter P, Sandberg J., "Constraining or Enabling Green Capability Development? How Policy Uncertainty Affects Organizational Responses to Flexible Environmental Regulations", *British Journal of Management*, Vol. 28, No. 4, October 2017, pp. 649–665.

易试点政策为典型案例，来解释在排污权交易下，中国企业层面的创新提升机制，通过考察政策节点的异质性、同时期政策并行问题、不同绿色专利类型、不同绿色专利划分标准、不同行业污染物测度标准、企业不同所有制属性、不同治理结构和不同国际化程度来揭示企业绿色创新的异质性影响机制，从而提出基于开放背景下中国和全球其他发展中国家企业绿色创新提升的有效发展策略，也为各国政府、国际组织提供全球环境和气候治理的新思路。

二 研究意义

美国经济学家威廉·诺德豪斯（William D. Nordhaus）和保罗·罗默（Paul M. Romer）获得了2018年诺贝尔经济学奖，他们的获奖理由是将气候变化和技术创新纳入长期宏观经济分析中[①]。环境规制下企业的创新问题一直都是学术界研究的热点，排污权交易机制作为一类灵活的市场型环境规制手段，其独特的影响机制决定了被规制的企业在创新方面有其自身属性和规律。在当前世界经济存在诸多不确定性，中国进一步加大对外开放力度背景下，对于市场型政策的研究尤为重要。本书以开放背景下排污权交易市场对中国企业绿色创新的异质性影响机理进行比较研究。研究结果将为排污权交易对中国和世界其他发展中国家企业的绿色创新影响研究提供新的视角，从而为中国企业转型升级乃至生态文明建设的相关政策制定与落实提供一定思路，进而为全球环境和应对气候变化治理提供新的借鉴。

（一）理论意义

第一，在研究对象上，针对开放背景下中国这类发展中国家在企业层面的研究，为研究排污权交易下企业绿色创新的影响提供了

---

① 杨宁、徐莹莹：《世界须抱团应对气候变化》，《人民日报》（海外版）2019年1月29日第10版。

一种新的微观情境。同时，有利于深层次地验证"波特假说"（Porter Hypothesis）等一系列的经济学、管理学相关理论在新兴经济体和发展中国家是否成立，是否产生了新的作用机制，也尽可能地尝试为新时代中国特色社会主义政治经济学提供新的实证贡献。

第二，在研究视角上，深入排污权交易中的企业内部，揭示企业的绿色创新提升的机制。以往的相关研究一般只关注到宏观层面的创新与竞争力，侧重于从国别、省州级或行业等研究层面进行探索。然而开放背景排污权交易市场下，从企业的属性以及企业所有制和治理结构层面，研究绿色创新实现机制与提高路径的研究很少涉及，以致开放背景排污权交易机制下企业的绿色创新无法得到完整的描述。本书的研究将开放背景排污权交易下的企业的绿色创新提升过程中所涉及的多个相关主体均纳入研究框架中，将他们作为企业绿色创新提升的关键考察要素，分析他们之间可能的异质性影响。

第三，在研究逻辑上，本书突破以往将研发投入（Research and Development，R&D）和全要素生产率（Total Factor Productivity，TFP）作为创新衡量指标的研究思路，提出基于绿色创新产出的绿色专利数据、企业层面和财务层面的数据来探索开放背景排污权交易下的企业绿色创新实现机制与提升路径，比较研究政策本身、创新类型、行业、所有制、公司治理结构等方面的异质性影响，形成"政策实施—政策锁定—政策诱发—所有制和治理结构加成机制—绿色创新实现"的理论构思，对企业从受到环境规制到诱发绿色创新的过程进行了深入剖析，是对原有"波特假说"等理论研究的突破和完善，并提出本书的假说，丰富了开放背景排污权交易机制诱发发展中国家绿色创新提升的理论。

（二）现实意义

第一，中国已在环境气候治理和研发投入方面成为世界主要参与者，但仍然在运用市场型环境气候政策方面处于起步阶段，从这个意义上看，中国的市场型环境规制下绿色创新体系处于搭建阶段。此外，国内企业仍然面临较大的内部结构性调整、去产能压力和外部不确定的国际贸易形势。本书的研究有助于理解开放背景排污权交易机制下企业从污染排放到绿色转型，再到价值形成的成长路径，这一思路对于解决目前市场型环境规制对企业绿色创新的不确定性影响的社会现实具有积极意义。

第二，理清排污权交易机制对中国企业绿色创新的影响路径，有助于对行业、企业实现有效的管理。本书比较了开放背景排污权交易下，政策本身异质性、绿色专利类型异质性、企业属性异质性、行业异质性、公司治理结构异质性等背景下的绿色创新。强调企业根据自身特点自主地、有效地整合来源于不同支持主体的资源要素，以实现各类资源的价值创造功能、耦合作用和杠杆作用，使之共同致力于绿色创新提升。

第三，在党的十八届五中全会上，习近平总书记提出创新、协调、绿色、开放、共享新发展理念，把绿色和创新放在了重要位置。《中华人民共和国国民经济和社会发展第十三个五年规划纲要》中明确提出："建立健全用能权、用水权、排污权、碳排放权初始分配制度，创新有偿使用、预算管理、投融资机制，培育和发展交易市场。"习近平总书记在党的第十九次全国代表大会上作了《决胜全面建成小康社会，夺取新时代中国特色社会主义伟大胜利》的报告，提出"加快生态文明体制改革，建设美丽中国"，再次强调了"构建市场导向的绿色技术创新体系，发展绿色金融，壮大节能环保产业、清洁生产产业、清洁能源产业"。因此，对开放背景排污权交易机制下中国企业绿色创新的影响路径进行客观、合理的评估，具有重要的现实意义。

本书的研究将提供一种新的思路与方法，通过剖析开放背景和排污权交易市场下中国企业绿色创新的表现，企业绿色创新的方式、机理与演变规律，提出开放背景下，排污权交易这一市场型环境规制对中国企业绿色创新的有效提升模式。研究结果对于行业、企业乃至相关政策制定者都具有重要现实意义。

第二节　国内外研究现状

本部分主要涉及七个方面：第一，绿色创新概念和特征的研究，包括绿色创新的定义、绿色创新的双重外部性。第二，政策诱发绿色创新的理论研究，包括政策对创新方向的影响、"波特假说"及其实证。第三，环境规制能否诱发绿色创新的研究，包括一般环境规制是否能诱发绿色创新、环境规制与绿色创新影响的因果关系、排污权交易市场及其衍生市场对绿色创新的影响。第四，企业所有制和治理结构对绿色创新的影响研究，包括企业性质对绿色创新的影响、领导者偏好异质性对绿色创新的影响。第五，开放背景下环境规制对绿色创新的影响研究，包括国际贸易对绿色创新的影响、国际投融资对绿色创新的影响、国际技术进步和转移对绿色创新的影响。第六，三重差分法在环境规制政策中的应用研究。第七，简要评述。

一　绿色创新概念和特征的研究

（一）绿色创新的定义

对绿色创新的研究起源于 20 世纪 90 年代，其主要是指绿色技术的创新。Braun and Wield 认为绿色技术是指减少环境污染，减少原材料和能源使用的技术、工艺或产品的总称[1]。Fussler and James

---

[1] Braun E and Wield D, "Regulation as a Means for the Social Control of Technology", *Technology Analysis & Strategic Management*, Vol. 6, No. 3, 1994, pp. 259–272.

的书中也定义了绿色创新①，在随后的文章中，彼得·詹姆斯将绿色创新定义为"提供客户和商业价值但显著降低环境影响的新产品和新工艺"②。在国内，刘筠筠也做了绿色技术的定义③。绿色技术的名称和定义通常根据不同的研究议题而有所差别，例如环境友好型技术、节能技术、可再生能源技术和生态创新等。

世界知识产权组织（World Intellectual Property Organization，WIPO）定义的"绿色创新"涉及范围最广，使得绿色创新不仅仅是单纯的绿色技术创新，还涉及绿色管理创新。

本书对企业绿色创新的定义就是根据国际上通用的，涉及范围最广的世界知识产权组织对绿色创新的定义来展开研究的，本书绿色创新的选取及覆盖范围详见第4章4.1.1。

（二）绿色创新的双重外部性

从长远来看，绿色创新是中国协调可持续发展目标与经济增长之间关系的关键④。尽管绿色创新的重要性十分明确，但在没有政策干预的情况下，绿色创新不可能达到社会最优水平。这是由于存在"双重外部性"问题⑤，即由于参与绿色创新活动的高风险性和低私人回报性这两个负外部性的存在，金融市场对绿色创新的支持乏力，私营部门（如非国有企业）的绿色创新活动积极性也不高。

---

① Fussler C and James P, *Driving Eco-innovation: a Breakthrough Discipline for Innovation and Sustainability*, London: Pitman Publishing, 1996.

② James P, "The Sustainability Cycle: a New Tool for Product Development and Design", *The Journal of Sustainable Product Design*, 1997, pp. 52 – 57.

③ 刘筠筠：《绿色技术创新模式下的专利制度设计》，《商业时代》2011年第3期。

④ Lin S, Wang B, Wu W, et al, "The Potential Influence of the Carbon Market on Clean Technology Innovation in China", *Climate Policy*, Vol. 18, No. Sup1, 2018, pp. 71 – 89.

⑤ Jaffe A B, Newell R G, Stavins R N, "A Tale of Two Market Failures: Technology and Environmental Policy" *Ecological Economics*, Vol. 54, No. 2 – 3, August 2005, pp. 164 – 174; Hall B H, Helmers C, "Innovation and Diffusion of Clean/Green Technology: Can Patent Commons Help?", *Journal of Environmental Economics and Management*, Vol. 66, No. 1, July 2013, pp. 33 – 51; Ley M, Stucki T, Woerter M, "The Impact of Energy Prices on Green Innovation", *The Energy Journal*, Vol. 37, No. 1, 2016, pp. 41 – 75.

从这个角度来看，环境规制政策（市场型或非市场型）是引导绿色创新的必要条件，因为它可以增加绿色创新的预期私人收益①。

根据上述研究可以发现，环境规制政策对企业绿色创新是十分必要的。

二 政策诱发绿色创新的理论研究

（一）政策对创新方向的影响

一个相关理论是诱发（诱导）创新（Induced innovation）理论，该理论最初是由 Hicks 提出的②。该理论认为创新的方向取决于相对要素价格的变化，即较高的能源价格可能会导致节能创新。

"诱发创新效应"已经由相当多的学者和研究机构进行了实证检验，特别是使用专利数据。例如，Aghion 等人在汽车行业找到了证据③，Ley 等人运用绿色专利数据研究能源价格对经济合作与发展组织（Organization for Economic Co-operation and Development, OECD）工业部门的影响④，Popp 也使用美国专利数据进行了实证检验。此外，一些学者发现节能专利对能源价格的变化反应非常迅速。

---

① Groba F, Breitschopf B, "Impact of Renewable Energy Policy and Use on Innovation: A literature review", (September 2013), https://papers.ssrn.com/sol3/papers.cfm?abstract_id=2327428; Bergek A, Berggren C, "The Impact of Environmental Policy Instruments on Innovation: A Review of Energy and Automotive Industry Studies", *Ecological Economics*, Vol. 106, October 2014, pp. 112 – 123; Dechezleprêtre A, Martin R, Bassi S, "Climate Change Policy, Innovation and Growth", London: Grantham Research Institute & Global Green Growth Institute, (January 2016), http://www.lse.ac.uk/GranthamInstitute/wp-content/uploads/2016/01/Dechezlepretre-et-al-policybrief-Jan-2016.pdf.

② Hicks J, *The theory of wages*, Berlin: Springer, 1963.

③ Aghion P, Dechezleprêtre A, Hemous D, et al, "Carbon Taxes, Path Dependency, and Directed Technical Change: Evidence from the Auto Industry", *Journal of Political Economy*, Vol. 124, No. 1, February 2016, pp. 1 – 51.

④ Ley M, Stucki T, Woerter M, "The Impact of Energy Prices on Green Innovation", *The Energy Journal*, Vol. 37, No. 1, 2016, pp. 41 – 75.

环境规制政策明确或隐含地形成（影子）排放价格，这表明其对创新方向的影响也可能在诱发创新理论框架内得到解释①。Fried 发现碳税政策可以促进绿色技术的创新。税收通过价格运作，将创新从化石能源转向绿色能源。与基准平衡增长路径相比，这种创新转变提高了绿色技术，降低了绿色能源价格，化石能源创新下降，增加了化石能源价格。这些额外的价格变动减少了达到特定减排目标所需的碳税的规模②。Schaefer 研究了内生知识产权执法（Intellectual Property Rights，IPRs）与税收资助政策这些污染减排措施之间的相互作用。发现知识产权影响污染和绿色技术的方向，如果这项技术足够富有成效，那么更高的知识产权执法可能促进向绿色技术的过渡。如果绿色技术相对没有生产力，那么更高的知识产权会促进污染技术③。

根据上述研究可以发现，创新方向可能受到相对要素价格变化的影响，专利数据是很好的研究创新方向改变的工具，环境规制政策与绿色创新可能存在一种"环境规制政策—影子排放价格—诱发绿色创新"的机制。

（二）"波特假说"及其实证

另一个相关理论是"波特假说"。Porter 和 Van der Linde 通过理论分析和案例研究认为，如果设计得当，环境规制（特别是基于市场的环境规制工具，如税收或 Cap‐and‐Trade 机制）可以导致"创新抵消"（Innovation Offsets），这不仅会改善环境绩效，而且还

---

① Newell R G, Jaffe A B, Stavins R N, "The Induced Innovation Hypothesis and Energy-Saving Technological Change", *The Quarterly Journal of Economics*, 1999, Vol. 114, No. 3, pp. 941 – 975.

② Fried S, "Climate Policy And Innovation: A Quantitative Macroeconomic Analysis", *American Economic Journal: Macroeconomics*, Vol. 10, No. 1, January 2018, pp. 90 – 118.

③ Schaefer A, "Enforcement of Intellectual Property, Pollution Abatement, and Directed Technical Change", *Environmental and Resource Economics*, Vol. 66, No. 3, November 2017, pp. 457 – 480.

会部分地有时甚至完全地抵消额外的监管成本[①]。

Ambec 等人认为"波特假说"并不是说所有环境规制都会导致创新，而是只有精心设计的环境规制才能实现创新。他发现基于绩效或基于市场的环境规制与创新的增长趋势一致[②]。Jaffe 和 Palmer 首次区分了"强波特假说"和"弱波特假说"，其中"强波特假说"定义为环境规制诱发的创新不仅抵消了任何额外的监管成本，而且环境规制可以提高企业竞争力；"弱波特假说"则定义为适当设计的环境规制可能会刺激创新，但它并不表明这种创新对公司是好还是坏[③]。

也有学者从异质性企业层面验证"波特假说"。Qiu 等人研究发现，"波特假说"适用于高能力公司，但不适用于低能力公司。创新投资中存在异质响应，但平均行业生产率增加。严格的环境法规可以鼓励企业进入和退出，从而改善受监管行业中企业的组成[④]。Albrizio 等人研究了经合组织国家（OECD）中环境政策严格程度变化对行业和企业层面生产率增长的影响，发现效率最高的公司生产力增长暂时得到提升，而效率较低的公司则经历了生产率放缓[⑤]。

根据上述研究可以发现，环境规制政策本身的异质性、企业自

[①] Porter M E, Van der Linde C, "Toward a New Conception of the Environment-Competitiveness Relationship", *Journal of Economic Perspectives*, Vol. 9, No. 4, Autumn 1995, pp. 97 – 118.

[②] Ambec S, Cohen M A, Elgie S, et al, "The Porter Hypothesis at 20: Can Environmental Regulation Enhance Innovation and Competitiveness?", *Review of Environmental Economics and Policy*, Vol. 7, No. 1, Winter 2013, pp. 2 – 22.

[③] Jaffe A B, Palmer K, "Environmental Regulation and Innovation: a Panel Data Study", *Review of Economics and Statistics*, Vol. 79, No. 4, November 1997, pp. 610 – 619.

[④] Qiu L D, Zhou M, Wei X, "Regulation, Innovation, and Firm Selection: the Porter Hypothesis under Monopolistic Competition", *Journal of Environmental Economics and Management*, Vol. 92, November 2018, pp. 638 – 658.

[⑤] Albrizio S, Botta E, Koźluk T, et al, "Do Environmental Policies Matter For Productivity Growth?", *OECD Economics Department Working Papers*, No. 1176, December 2014, https://www.oecd-ilibrary.org/economics/do-environmental-policies-matter-for-productivity-growth_5jxrjncjrcxp-en.

身情况的异质性都会影响绿色创新。

三 环境规制能否诱发绿色创新的研究

（一）一般环境规制能否诱发绿色创新

一般环境规制能否诱发绿色创新的研究文献较为丰富，研究主要运用环境强度指标来定义环境规制，包括污染治理费用、污染物排放标准以及绿色研发补贴等指标。Jaffe 和 Palmer 采用固定效应模型，利用行业层面的研发支出以及全体专利数量（环境专利和非环境专利）的面板数据，检验了污染治理费用的比例和研发支出之间存在显著的随时间变化的相关关系[①]。Hamamoto 利用日本行业层面研发支出的数据得到了类似的结果[②]。Lanjouw 和 Mody 区分技术创新类型（绿色创新和非绿色创新），以美国、德国和日本为样本，研究得出污染治理费用诱发了绿色创新[③]。Brunnermeier 和 Cohen 也估计了污染治理费用和美国各行业绿色专利之间的关系，他们发现，当污染治理费用增加一百万美元时，绿色专利的数量会上升 0.04%[④]。Popp 对此问题也进行了研究，他发现随着 SO_2 和 NO_X 排放标准趋于严格，减少 SO_2 和 NO_X 排放的相关专利数量有显著的增加，而且企业对于创新的选择主要受国内而非国外规制的影响[⑤]。

---

① Jaffe A B and Palmer K, "Environmental Regulation and Innovation: a Panel Data Study", *Review of Economics and Statistics*, Vol. 79, No. 4, November 1997, pp. 610 – 619.

② Hamamoto M, "Environmental Regulation and the Productivity of Japanese Manufacturing Industries", *Resource and Energy Economics*, Vol. 28, No. 4, November 2006, pp. 299 – 312.

③ Lanjouw J O and Mody A, "Innovation and the International Diffusion of Environmentally Responsive Technology", *Research Policy*, Vol. 25, No. 4, June 1996, pp. 549 – 571.

④ Brunnermeier S B and Cohen M A, "Determinants of Environmental Innovation in US Manufacturing Industries", *Journal of Environmental Economics and Management*, Vol. 45, No. 2, March 2003, pp. 278 – 293.

⑤ Popp D, "Induced Innovation and Energy Prices", *American Economic Review*, Vol. 92, No. 1, March 2002, pp. 160 – 180; Popp D, "International Innovation and Diffusion of Air Pollution Control Technologies: the Effects of Nox and SO_2 Regulation in the US, Japan, and Germany", *Journal of Environmental Economics and Management*, Vol. 51, No. 1, January 2006, pp. 46 – 71.

研究环境规制对绿色创新影响的文献逐渐增多。Nesta 等人研究了不同竞争水平下环境政策对创新的影响①。利用有关可再生能源政策、竞争和绿色专利的信息,发现在促进能源市场自由化的国家,可再生能源政策促进绿色创新更为有效。环境政策只有在生成高质量的绿色专利时才是至关重要的,而竞争则会增加低质量绿色专利的产生。Gillingham 和 Stock 回顾了旨在减少温室气体排放的各种技术和行动的动态和静态成本,认为当前采取的看似高静态成本的一些技术(如太阳能电池板和电动汽车),其成本可能随着时间急剧下降,从而具有低动态成本,反之亦然②。

在国内,景维民等人发现适宜的环境规制政策可以转变技术进步的方向,促进了中国工业部门的绿色技术进步③。一些研究也表明,中国现有的环境政策对绿色创新和技术改进有积极的影响④。

根据上述研究可以发现,早期主要用强度指标来衡量环境规制,市场化程度高的地区环境规制政策可能更有效,环境政策可能对生成高质量的绿色专利更重要,而市场竞争可能会增加低质量绿色专利的产生,环境规制政策对被规制者的成本可能是动态急剧递减的,长期可能会形成绿色创新的路径依赖。

(二) 环境规制对绿色创新影响的因果关系

仅依靠环境强度指标数据可能出现内生性问题,不能很好地考

---

① Nesta L, Vona F, Nicolli F, "Environmental Policies, Competition and Innovation in Renewable Energy", *Journal of Environmental Economics and Management*, Vol. 67, No. 3, May 2014, pp. 396 – 411.

② Gillingham K and Stock J H, "The Cost of Reducing Greenhouse Gas Emissions", *Journal of Economic Perspectives*, Vol. 32, No. 4, Autumn 2018, pp. 53 – 72.

③ 景维民、张璐:《环境管制、对外开放与中国工业的绿色技术进步》,《经济研究》2014年第9期。

④ Fujii H, Managi S, Kaneko S, "Decomposition Analysis of Air Pollution Abatement in China: Empirical Study for Ten Industrial Sectors from 1998 to 2009", *Journal of Cleaner Production*, Vol. 59, November 2013, pp. 22 – 31; Liu W and Wang Z, "The Effects of Climate Policy on Corporate Technological Upgrading in Energy Intensive Industries: Evidence from China", *Journal of Cleaner Production*, Vol. 142, January 2017, pp. 3748 – 3758.

察企业是否进行了根本的绿色创新①。因此，也有研究关注环境规制对绿色创新影响的因果关系，研究主要运用能源市场价格的反事实研究或准自然实验的方法来定义环境规制②。Popp 评估了能源专利数量相对于能源价格的长期弹性，结果显示能源价格上升对专利数量的影响将持续 5 年③。Johnstone 等人利用 25 个国家在 1978—2003 年间的行业专利面板数据进行建模，发现可交易能源许可证更易于诱发与化石燃料相关的可再生能源领域的创新④。Ley 等人运用 OECD 国家 30 年的行业层面数据，研究了能源价格对绿色专利的影响，发现能源价格促进了绿色专利占比的提升⑤。Lin 等人运用反事实研究估算了中国未来全国碳排放权交易市场对绿色创新的潜在影响，发现碳排放权交易市场显示出创新的转向和挤出效应，前者远大于后者⑥。Milani 用准自然实验把行业污染物强度、环境规制强度和搬迁成本等维度相结合，研究了环境规制对 OECD 国家行业 R&D 投入和搬迁成本的影响⑦。Wang 等人运用准自然实验研究发现，中国的水质监管政策对"三江三湖"地区企业化学需氧量（COD）排放和生产力的影响并不显著。Stoever 和 Weche 利用德国

---

① Jaffe A B and Palmer K, "Environmental Regulation and Innovation: a Panel Data Study", *Review of Economics and Statistics*, Vol. 79, No. 4, November 1997, pp. 610 – 619.

② Carrión-Flores C F. and Innes R, "Environmental Innovation and Environmental Performance", *Journal of Environmental Economics and Management*, Vol. 59, No. 1, January 2010, pp. 27 – 42.

③ Popp D, "Induced Innovation and Energy Prices", *American Economic Review*, Vol. 92, No. 1, March 2002, pp. 160 – 180.

④ Johnstone N, Haščič I, Popp D, "Renewable Energy Policies and Technological Innovation: Evidence Based on Patent Counts", *Environmental and Resource Economics*, Vol. 45, No. 1, 2010, pp. 133 – 155.

⑤ Ley M, Stucki T, Woerter M, "The Impact of Energy Prices on Green Innovation", *The Energy Journal*, Vol. 37, No. 1, January 2016, pp. 41 – 75.

⑥ Lin S, Wang B, Wu W, et al, "The Potential Influence of the Carbon Market on Clean Technology Innovation in China", *Climate Policy*, Vol. 18, No. Sup1, 2018, pp. 71 – 89.

⑦ Milani S, "The Impact of Environmental Policy Stringency on Industrial R&D Conditional on Pollution Intensity and Relocation Costs", *Environmental and Resource Economics*, Vol. 68, No. 3, November 2017, pp. 595 – 620.

州一级的取水环境规制，运用双重差分的方法，考察了在"波特假说"背景下评估企业层面绿色投资的作用。Drysdale 和 Hendricks 运用相同的方法发现水权交易政策使农民减少了 26% 的用水量，这是由于同一作物的用水强度降低而不是通过减少灌溉面积或作物变化产生的[①]。

根据上述研究可以发现，对于提炼环境规制政策与绿色创新的因果关系这一问题的研究，为了克服内生性，在研究方法上更多地运用反事实研究和准自然实验等方法。

（三）排污权交易市场及其衍生市场对绿色创新的影响

随着 Cap - and - Trade 机制在美国和欧盟的环境与应对气候变化治理中运用，也有研究开始关注 CAT 市场（如排污权交易、碳排放权交易等）对绿色创新的影响[②]。许多研究认为欧盟碳排放权交易体系（EU ETS）有效地激励了企业从事绿色创新活动[③]，至少在短期内[④]。Popp 使用企业层级专利数据研究排污权交易市场中烟

---

① Wang C, Wu J J, Zhang B, "Environmental Regulation, Emissions and Productivity: Evidence from Chinese COD-emitting Manufacturers", *Journal of Environmental Economics and Management*, Vol. 92, November 2018, pp. 54 – 73; Stoever J and Weche J P, "Environmental Regulation and Sustainable Competitiveness: Evaluating the Role of Firm-Level Green Investments in the Context of the Porter Hypothesis", *Environmental and Resource Economics*, Vol. 70, No. 2, June 2018, pp. 429 – 455; Drysdale K M and Hendricks N P, "Adaptation to an Irrigation Water Restriction Imposed through Local Governance", *Journal of Environmental Economics and Management*, Vol. 91, September 2018, pp. 150 – 165.

② Deschenes O, Greenstone M, Shapiro J S, "Defensive Investments and the Demand for Air Quality: Evidence from the NOx Budget Program", *American Economic Review*, Vol. 107, No. 10, October 2017, pp. 2958 – 2989.

③ Martin R, Muûls M, Wagner U, "Carbon Markets, Carbon Prices and Innovation: Evidence from Interviews with Managers", paper delivered to Annual Meetings of the American Economic Association, San Diego, 2013; Borghesi S, Cainelli G, Mazzanti M, "Linking Emission Trading to Environmental Innovation: Evidence from the Italian Manufacturing Industry", *Research Policy*, Vol. 44, No. 3, April 2015, pp. 669 – 683.

④ Hoffmann V H, "EUETS and Investment Decisions: The Case of the German Electricity Industry", *European Management Journal*, Vol. 25, No. 6, December 2007, pp. 464 – 474.

气脱硫装置的绿色创新，发现自 1990 年排污权交易市场开展以来发生的绿色创新确实有助于提高烟气脱硫装置的去除效率①。

然而，一些分析表明，CAT 因为制度设计问题对绿色创新的影响可能很小，例如当该机制缺乏严格性时，当交易市场禁止配额的存储和借贷时②。Calel 和 Dechezleprêtre 发现尽管在 EU ETS 的第二阶段之后低碳技术专利有明显的上升，但这一作用十分有限③。Marin 等人研究了欧盟碳排放权交易体系对企业层面经济绩效影响的实证证据。欧盟碳排放权交易体系并未对经济产生负面影响，但导致了企业的成本转嫁效应，企业一方面通过向客户转嫁成本，另一方面提高了劳动生产率④。Bel 和 Joseph 运用有关减缓气候变化和提高能源生产配送效率方面的绿色专利数据，分析碳排放权配额供给过剩和政策变化对绿色专利的影响。结果表明，碳排放权配额供给过剩对绿色技术的进步有消极影响，所以利益主体在进行绿色创新时会将碳排放权配额供给量纳入考虑范围。同样，利益主体也会将政策变化带来的碳排放权配额严重紧缩的情况考虑在内，当控制住其他变量时配额紧缩政策会带来绿色专利数量的上升。因此，建议对排放上限和配额发放进行更有效的评估⑤。

---

① Popp D, "Pollution Control Innovations and the Clean Air Act of 1990", *Journal of Policy Analysis and Management*, Vol. 22, No. 4, September 2003, pp. 641-660.

② Rogge K S, Schneider M, Hoffmann V H, "The Innovation Impact of the EU Emission Trading System—Findings of Company Case Studies in the German Power Sector", *Ecological Economics*, Vol. 70, No. 3, January 2011, pp. 513-523.

③ Calel R and Dechezleprêtre A, "Environmental Policy and Directed Technological Change: Evidence from the European Carbon Market", *Review of Economics and Statistics*, Vol. 98, No. 1, March 2016, pp. 173-191.

④ Marin G, Marino M, Pellegrin C, "The Impact of the European Emission Trading Scheme on Multiple Measures of Economic Performance", *Environmental and Resource Economics*, Vol. 71, No. 2, October 2018, pp. 551-582.

⑤ Bel G and Joseph S, "Policy Stringency under the European Union Emission Trading System and its Impact on Technological Change in the Energy Sector", *Energy Policy*, Vol. 117, June 2018, pp. 434-444.

当然，也有研究分情况讨论CAT与其他环境规制的优势和劣势。Goulder等人的模型显示，当涉及轻微的减排时使用清洁能源标准（Clean Energy Standards，CES）相比于CAT更具成本效益。因为CES对市场的扭曲因素较少、生产要素的隐性税较小，这一优势抵消了CES的缺点①。Shinkuma和Sugeta研究认为当企业进入成本较低，并且市场的不确定性、信息不对称性和产出的规模很大时，CAT优于税收方案②。

在国内，近年来相关学者也运用不同的方法开展了CAT对绿色创新影响的研究。刘海英和谢建政，将作用于企业的排污权交易试点政策与引导研发方向的绿色技术研发补贴相结合，运用省级面板数据考察二者搭配是否有助于绿色创新水平的提高。结果表明，排污权交易在观察期内提高了试点省份的绿色创新水平，绿色技术研发补贴只有与排污权交易相结合才能充分发挥其政策效果③。涂正革和谌仁俊利用省级面板数据和运用双重差分法，发现2002年排污权交易试点政策在中国未能产生波特效应④。Lin等人和齐绍洲等也做了有关CAT对绿色创新影响的研究⑤。另外，刘晔和张训常

---

① Goulder L H, Hafstead M A C, Williams Ⅲ R C, "General Equilibrium Impacts of a Federal Clean Energy Standard", *American Economic Journal: Economic Policy*, Vol. 8, No. 2, May 2016, pp. 186 – 218.

② Shinkuma T and Sugeta H, "Tax Versus Emissions Trading Scheme in the Long Run", *Journal of Environmental Economics and Management*, Vol. 75, January 2016, pp. 12 – 24.

③ 刘海英、谢建政：《排污权交易与清洁技术研发补贴能提高清洁技术创新水平吗——来自工业SO_2排放权交易试点省份的经验证据》，《上海财经大学学报》2016年第5期。

④ 涂正革、谌仁俊：《排污权交易机制在中国能否实现波特效应?》，《经济研究》2015年第7期。

⑤ Lin S, Wang B, Wu W, et al, "The Potential Influence of the Carbon Market on Clean Technology Innovation in China", *Climate Policy*, Vol. 18, No. Sup1, 2018, pp. 71 – 89. 齐绍洲、林屾、崔静波：《环境权益交易市场能否诱发绿色创新?——基于我国上市公司绿色专利数据的证据》，《经济研究》2018年第12期。

做了 CAT 对企业一般研发的影响研究①。

根据上述研究可以发现，尽管大部分 CAT 对绿色创新产生了正向的影响，但依旧存在许多不确定性。CAT 背景下，政策设计本身、配额分配的严格性、市场建设的成本、企业的"成本转嫁效应"均对绿色创新产生影响。

四 企业所有制和治理结构对绿色创新的影响研究

（一）企业性质对绿色创新的影响

有关异质性企业的绿色创新研究的文献也较为丰富。Acemoglu 等人使用美国人口普查中企业层面的产出、研发和专利等微观数据，发现通过促使生产率较低的公司退出并释放出可用于高创新能力型企业研发的熟练劳动力，可以提高整体福利并促进经济增长②。Shapiro 和 Walker 建立了一个异质性的企业模型，发现严格环境规制产生了绿色投资和绿色技术进步，使美国企业单位产出排放强度下降，从而导致美国污染物排放大幅降低③。

在企业规模的异质性研究方面，Becker 等人发现环境规制对不同规模企业的减排支出造成不成比例的影响，对大型企业的单位产品减排支出更大④。Noailly 和 Smeets 研究了对发电领域的定向技术变化，关注企业在推动技术变革方面的异质性，区分了仅在一种技术中进行创新的小型专业公司和在这两种技术中都进行创新的大型

---

① 刘晔、张训常:《碳排放交易制度与企业研发创新——基于三重差分模型的实证研究》,《经济科学》2017 年第 3 期。
② Acemoglu D, Akcigit U, Alp H, et al, "Innovation, Reallocation, and Growth", *American Economic Review*, Vol. 108, No. 11, November 2018, pp. 3450–3491.
③ Shapiro J S and Walker R, "Why is Pollution from US Manufacturing Declining? The Roles of Environmental Regulation, Productivity, and Trade", *American Economic Review*, Vol. 108, No. 12, December 2018, pp. 3814–3854.
④ Becker R A, Pasurka Jr C, Shadbegian R J, "Do Environmental Regulations Disproportionately Affect Small Businesses? Evidence from the Pollution Abatement Costs and Expenditures Survey", *Journal of Environmental Economics and Management*, Vol. 66, No. 3, November 2013, pp. 523–538.

混合公司，以分析可再生能源技术（Renewable Energy，REN）专利如何通过内部创新活动的转变来取代化石燃料技术（Fossil-Fuel，FF）专利。研究发现，FF 与 REN 技术差距的缩小主要是由于 REN 市场规模增加后专业 REN 公司的技术进入；FF 价格、FF 市场规模和 FF 知识库存的增加都会通过增加混合企业 FF 创新率来增加技术差距。因此建议，旨在增加 REN 创新的政策应侧重于帮助小公司着眼长远来启动和维持创新[1]。同时也有学者研究政府在环境和高技术领域的公共采购对私营（非国有）企业研发和投资方面的影响，发现两者存在正向关系[2]。

根据上述研究可以发现，环境规制对生产率和创新能力不同的企业产生了优胜劣汰的异质性影响，严格的环境规制可以诱发绿色投资从而诱发绿色创新，环境规制下企业规模的大小、所涉及创新领域的多寡、所有制形式均对绿色创新产生影响。

（二）领导者偏好异质性对绿色创新的影响

研究发现企业领导层和管理层的偏好对绿色创新产生影响。Ye 和 Zhao 研究了环境规制对国有企业和私营企业的异质性影响，并提出 CEO 的偏好可能会影响公司是否进行绿色创新[3]。Bossink 探讨并解释了经理领导力对环境友好型创新过程的影响，发现管理者的魅力、工具、战略或互动领导风格对可持续创新过程的发展有很大帮助[4]。Paraschiv 等人研究了企业可持续发展的主要驱动因素，

---

[1] Noailly J and Smeets R, "Directing Technical Change from Fossil-Fuel to Renewable Energy Innovation: an Application Using Firm-Level Patent Data", *Journal of Environmental Economics and Management*, Vol. 72, July 2015, pp. 15 – 37.

[2] Slavtchev V and Wiederhold S. "Does the Technological Content of Government Demand Matter for Private R&D? Evidence from US States", *American Economic Journal: Macroeconomics*, Vol. 8, No. 2, April 2016, pp. 45 – 84.

[3] Ye G and Zhao J, "Environmental Regulation in a Mixed Economy", *Environmental and Resource Economics*, Vol. 65, No. 1, 2016, pp. 273 – 295.

[4] Bossink B A G, "Leadership for Sustainable Innovation", *International Journal of Technology Management & Sustainable Development*, Vol. 6, No. 2, September 2007, pp. 135 – 149.

包括：企业可持续性、生态创新、负责任的领导、组织文化和组织变革①。Hottenrott 等人研究了企业组织变革和采用绿色技术的生产力效应。发现企业如能适应新的组织结构，则可以通过采用新技术获得更高的生产力收益，企业组织变革和绿色创新存在互补效应，这对于采用温室气体（GHG）减排技术可能特别重要②。Amore 和 Bennedsen 研究了公司治理与绿色创新，表明与其所有创新相比，受环境规制较差的公司产生的绿色专利数量较少。对于机构投资者所有权份额较小、绿色专利库存较少以及财务更具约束力的公司而言，这种负面影响更大③。

也有学者从行为经济学角度探讨绿色创新的影响因素。Ito 等人运用实验的方法将家庭随机分配给道德劝说和动态定价两组，以研究刺激高峰需求时段的节能行为。分析表明，道德劝说可以在短期内提供显著的福利收益，但随着时间的推移和重复干预，这种收益可能会迅速减少。相比之下，经济激励措施可以带来更大的福利改善，特别是在考虑到惯性和习惯形成等长期影响的情况下④。Sengupta 研究了消费者的环保意识对企业投资清洁技术动机的影响。发现与完整信息相比，不完整的信息使投资清洁技术产生了更高的战略激励，要求强制披露技术或环境绩效可能会阻碍此

---

① Paraschiv D M, Nemoianu E L, Langă C A, et al, "Eco-Innovation, Responsible Leadership and Organizational Change for Corporate Sustainability", *Amfiteatru Economic Journal*, Vol. 14, No. 32, June 2012, pp. 404–419.

② Hottenrott H, Rexhäuser S, Veugelers R, "Organisational Change and the Productivity Effects of Green Technology Adoption", *Resource and Energy Economics*, Vol. 43, 2016, pp. 172–194.

③ Amore M D and Bennedsen M, "Corporate Governance and Green Innovation", *Journal of Environmental Economics and Management*, Vol. 75, February 2016, pp. 54–72.

④ Ito K, Ida T, Tanaka M, "Moral Suasion and Economic Incentives: Field Experimental Evidence from Energy Demand", *American Economic Journal: Economic Policy*, Vol. 10, No. 1, February 2018, pp. 240–267.

类投资[①]。Planas 在微观经济层面使用康德道德理论（Kant's Moral Theory），发现两个相同的社会（就收入水平和政治制度而言），可能在其绿色行为方面遵循不同的路径。对环境的感知可能是这种转变的重要因素，它可以将社会从污染行为推向绿色行为[②]。

根据上述研究可以发现，环境规制政策对企业绿色创新的诱发作用可能存在更深层次、更微观的作用机制，这可能包括企业 CEO 的偏好、管理者的领导风格、组织的变革、机构投资者的作用、消费者的心理预期、社会对环境的感知等。

五 开放背景下环境规制对绿色创新的影响研究

（一）国际贸易对绿色创新的影响

有学者从国际贸易角度研究环境规制对绿色创新的影响。Arkolakis 等人建立了一个关于贸易和多国产出的可量化的一般均衡模型，其中国家可以专业化负责创新或者生产。反事实研究表明，多国生产成本的下降或者中国与世界经济的融合会伤害那些专业化负责生产的国家，尽管这个损失很小。然而，那些专业化负责创新的国家中，产业工人所获得的收益并不比其他国家少[③]。Antweiler 等人研究发现扩大开放程度和自由贸易可以降低污染物浓度[④]。Forslid 等人研究为什么当排放受到环境规制时，出口企业可能具有较低的排放强度。研究发现了贯穿于企业对减排的内生投资的机制，即企业的减排投资取决于他们的产量，因为更大的规模允许他

---

① Sengupta A, "Competitive Investment in Clean Technology and Uninformed Green Consumers", *Journal of Environmental Economics and Management*, Vol. 71, May 2015, pp. 125 – 141.

② Planas L C, "Moving toward Greener Societies: Moral Motivation and Green Behaviour", *Environmental and Resource Economics*, Vol. 70, No. 4, 2018, pp. 835 – 860.

③ Arkolakis C, Ramondo N, Rodríguez-Clare A, et al, "Innovation and Production in the Global Economy", *American Economic Review*, Vol. 108, No. 8, August 2018, pp. 2128 – 2173.

④ Antweiler W, Copeland B R, Taylor M S, "Is Free Trade Good for the Environment?", *American Economic Review*, Vol. 91, No. 4, September 2001, pp. 877 – 908.

们将更多单位减排投资的固定成本分摊,企业的排放强度与企业生产率呈负相关,出口也导致更高的产量,从而降低排放强度①。Eisenbarth 研究中国的贸易政策是否受环境问题的影响,发现从2007 年开始增值税退税率的设定方式可以阻止水污染密集型、二氧化硫排放密集型和能源密集型产品的出口②。

(二) 国际投融资对绿色创新的影响

也有学者从国际投资角度研究环境规制对绿色创新的影响。Ning 和 Wang 考察了城市外国直接投资(Foreign Direct Investment,FDI)的环境创新正外部性。发现外国直接投资为一个地区带来了整体积极的环境创新正外部性,也给附近地区带来了溢出效应③。Mulatu 研究出境外国直接投资的模式是否受东道国环境法规的影响。发现环境政策对英国对外直接投资模式产生了重大影响,即"污染天堂"效应。东道国的环境规制强度下降一个单位会使其高污染行业的 FDI 增加 28%④。

(三) 国际技术进步和转移对绿色创新的影响

还有学者从技术进步和转移的角度研究环境规制对绿色创新的影响。Verdolini 和 Bosetti 研究了国内环境政策是否会影响国外清洁创新的内向技术转移。发现环境政策有助于吸引外国清洁技术选择

---

① Forslid R, Okubo T, Ulltveit-Moe K H, "Why are Firms that Export Cleaner? International Trade, Abatement and Environmental Emissions", *Journal of Environmental Economics and Management*, Vol. 91, September 2018, pp. 166 – 183.

② Eisenbarth S, "Is Chinese Trade Policy Motivated by Environmental Concerns?", *Journal of Environmental Economics and Management*, Vol. 82, March 2017, pp. 74 – 103.

③ Ning L and Wang F, "Does FDI Bring Environmental Knowledge Spillovers to Developing Countries? the Role of the Local Industrial Structure", *Environmental and Resource Economics*, Vol. 71, No. 2, 2018, pp. 381 – 405.

④ Mulatu A, "The Structure of UKoutbound FDIand Environmental Regulation", *Environmental and Resource Economics*, Vol. 68, No. 1, September 2017, pp. 65 – 96.

到经合组织（OECD）国家的市场中①。Noailly 和 Ryfisch 研究发现在国外开展绿色研发的可能性随着东道国环境规制、市场规模和绿色研发强度的严格性而增加。此外，科学家和工程师的工资相对较低、东道国对知识产权的更有力保护，增加了跨国公司离岸绿色研发的可能性②。

根据上述研究可以发现，开放背景下一国贸易、投资和技术进步的国际化与国内环境规制对绿色创新产生复合影响。大部分复合影响是正向的，有利于绿色创新产生。

六 三重差分法在环境规制政策中的应用研究

在研究方法上，三重差分法已经成为相关领域通用的国际前沿研究方法，大部分文献采用时间维度作为第一重差分，地区维度作为第二重差分，行业污染物测度作为第三重差分，例如，Hering 和 Poncet 研究了"两控区"政策对中国出口的影响③，Cai 等人考察了相同政策对 FDI 的影响④，Curtis 研究了美国氮氧化物预算交易计划（NO_x Budget Trading Program，NBP）对就业的影响⑤。也有文献在此基础上变换或添加差分的维度，例如，Greenstone 等人添加了

---

① Verdolini E and Bosetti V, "Environmental Policy and the International Diffusion of Cleaner Energy Technologies", *Environmental and Resource Economics*, Vol. 66, No. 3, February 2017, pp. 497 – 536.

② Noailly J and Ryfisch D, "Multinational Firms and the Internationalization of Green R&D: a Review of the Evidence and Policy Implications", *Energy Policy*, Vol. 83, August 2015, pp. 218 – 228.

③ Hering L and Poncet S, "Environmental Policy and Exports: Evidence from Chinese Cities", *Journal of Environmental Economics and Management*, Vol. 68, No. 2, September 2014, pp. 296 – 318.

④ Cai X, Lu Y, Wu M, et al, "Does Environmental Regulation Drive away inbound Foreign Direct Investment? Evidence from a Quasi-Natural Experiment in China", *Journal of Development Economics*, Vol. 123, November 2016, pp. 73 – 85.

⑤ Curtis E M, "Who Loses Under Power Plant Cap – and – Trade Programs?", National Bureau of Economic Research, No. 20808 (December 2014), https://www.nber.org/papers/w20808.

设施维度，研究了空气质量规制政策对企业全要素生产率的影响①；Tanaka加入了母亲受教育情况等维度，研究了"两控区"政策对中国婴儿死亡率的影响②；Cai等人运用河流上下游和企业所有制类型维度，研究了中国中央政府下达的污染减排任务对省域内下游区县的影响③；Deschênes等人增添了季节维度，分别考察了NOx预算交易计划对空气污染和健康损害的影响④；Cui等人替换了是否为碳排放权交易市场覆盖行业维度，研究了中国碳排放权交易试点对企业低碳创新的影响⑤。近年来，国内也有学者开始运用三重差分法进行环境政策评估⑥。

根据上述研究可以发现，三重差分模型在环境经济学领域，特别是政策评估类研究中已成为有效技术方法，可以有效地提炼出所研究问题的因果关系。

七 简要评述

总体而言，国内外学者在环境规制对企业绿色创新的影响研究

---

① Greenstone M, List J A, Syverson C, "The Effects of Environmental Regulation on the Competitiveness of US Manufacturing", National Bureau of Economic Research, No. 18392 (September 2012), https://www.nber.org/papers/w18392.

② Tanaka S, "Environmental Regulations on Air Pollution in China and their Impact on Infant Mortality", *Journal of Health Economics*, Vol. 42, July 2015, pp. 90–103.

③ Cai H, Chen Y, Gong Q, "Polluting Thy Neighbor: Unintended Consequences of China's Pollution Reduction Mandates", *Journal of Environmental Economics and Management*, Vol. 76, March 2016, pp. 86–104.

④ Deschenes O, Greenstone M, Shapiro J S, "Defensive investments and the demand for air quality: Evidence from the NOx budget program", *American Economic Review*, Vol. 107, No. 10, October 2017, pp. 2958–2989.

⑤ Cui J, Zhang J, Zheng Y, "Carbon Pricing Induces Innovation: Evidence from China's Regional Carbon Market Pilots", *AEA Papers and Proceedings*, Vol. 108, May 2018, pp. 453–457.

⑥ 付明卫、叶静怡等：《国产化率保护对自主创新的影响——来自中国风电制造业的证据》，《经济研究》2015年第2期；刘晔、张训常：《碳排放交易制度与企业研发创新——基于三重差分模型的实证研究》，《经济科学》2017年第3期；齐绍洲、林屾、崔静波：《环境权益交易市场能否诱发绿色创新？——基于我国上市公司绿色专利数据的证据》，《经济研究》2018年第12期。

方面产生了丰硕的研究成果，同时尚存在深入研究与完善的空间。

现阶段研究环境规制对企业绿色创新活动影响的文献很少考虑到以下几点：

一是缺乏微观数据的运用，大部分研究采用行业或者区域面板数据，无法从企业这一绿色创新的主体出发，研究环境规制对绿色创新的促进机制。

二是没有厘清企业、市场和环境规制因素对企业绿色创新的影响机制，忽视环境规制效果的因果推断，未能为环境规制效果评估提供更准确的定量分析。比如，一些研究的准自然实验方法局限于匹配法和双重差分法，无法准确提取环境规制与绿色创新的因果关系。

三是缺少深入研究异质性因素对环境规制诱发绿色创新的影响，大多数文献仅研究环境规制是否诱发了绿色创新活动，并未探讨这一诱发作用在异质性主体中的表现，特别是开放背景下异质性主体的绿色创新动机以及诱发作用的可能实现路径。忽视了政策本身的异质性、绿色创新类型的异质性、企业所有制和治理结构异质性等方面的深入研究。

第三节　研究思路和方法

一　研究思路

在梳理开放背景下排污权交易市场诱发绿色创新相关理论和总结现有文献不足的基础之上，本书尝试提出开放背景下排污权交易对中国企业绿色创新的理论机制假说，采用企业层面的绿色专利数据，着重从排污权交易对企业绿色创新的诱发效应、排污权交易政策的异质性对企业绿色创新的影响、排污权交易对企业异质性绿色创新类型的影响、排污权交易对企业异质性所有制和治理结构绿色创新的影响四个方面展开实证研究，验证本书提出的理论机制假说，并在研究结论的基础之上提出相关的政策建议。

具体的研究方法与实施步骤如图1.1。

理论、政策和数据准备	绪论 研究的背景、目的、内容和方法			归纳、演绎、收集、整理、比较
	理论准备 开放背景下环境规制对绿色创新的相关理论	政策准备 美国和中国排污权交易政策	数据准备 绿色专利和企业特征数据	
中国排污权交易试点政策对企业绿色创新的诱发效应	基准回归 排污权交易能否诱发企业绿色创新		稳健性检验 高煤耗企业 高能耗企业 替换为虚拟变量	固定效应、三重差分
中国排污权交易试点政策的异质性对企业绿色创新的影响	不同试点政策节点 2002年 2002年和2007年总体 2002年和2007年异质性	同时期政策并行 排污费征收政策的影响	稳健性检验 高煤耗企业 高能耗企业	固定效应、双重差分、三重差分
中国排污权交易试点政策对企业异质性绿色创新类型的影响	不同专利类型 绿色发明 绿色实用新型	不同专利划分标准 低碳技术 低碳发明 低碳实用新型	稳健性检验 高煤耗企业	固定效应、三重差分
开放背景下中国排污权交易试点政策对异质性企业绿色创新的影响	不同所有制 国企 外资 民营	不同治理结构 有无海外企业 合格境外机构投资者是否持股 "董监高"有无海外背景	稳健性检验 不同专利类型 不同专利划分标准	固定效应、三重差分、四重差分
结论	主要结论	政策建议	未来研究方向	归纳、总结、提炼

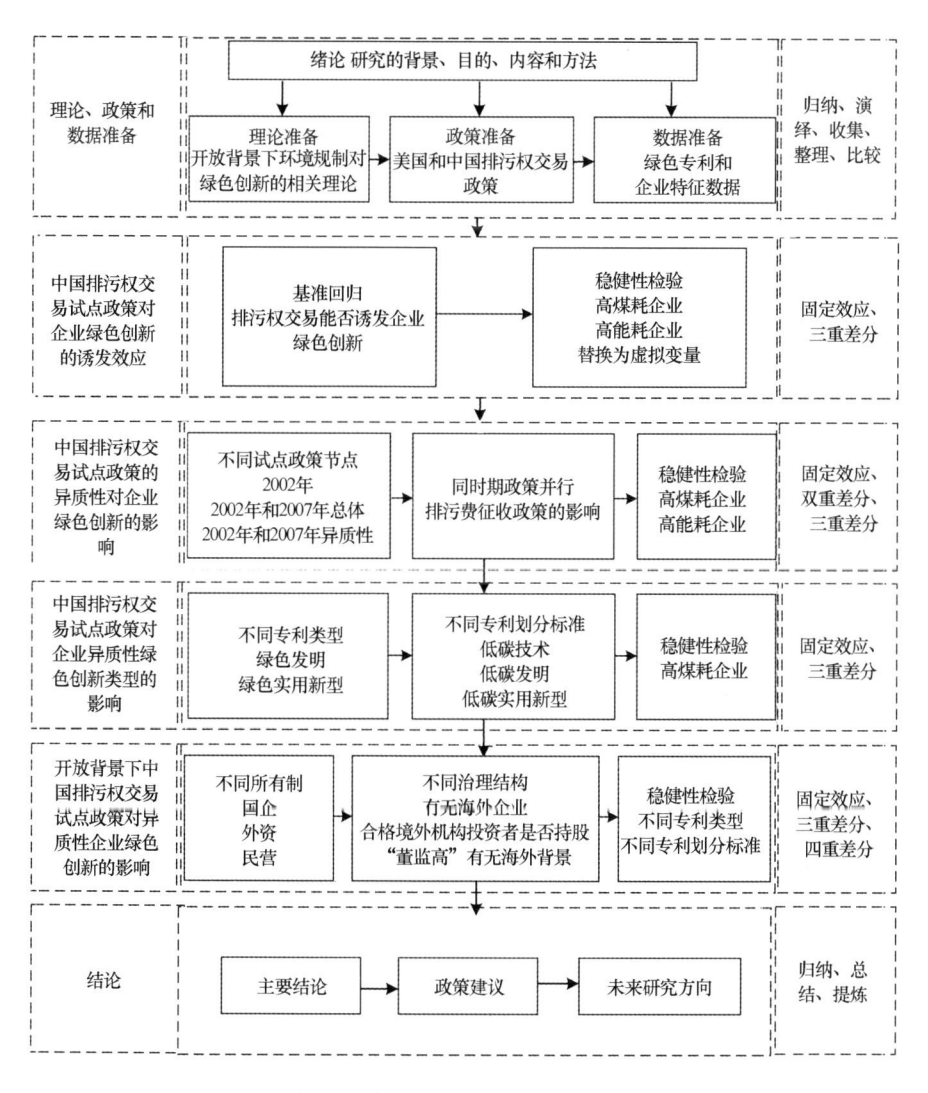

图1.1　本书的研究方法与实施步骤

二 研究内容

本书拟研究开放背景下排污权交易对中国企业绿色创新的影响。在总结开放背景下排污权交易市场诱发绿色创新相关理论和总结现有文献不足的基础之上，一是试着提出开放背景下排污权交易对中国企业绿色创新的理论机制假说；二是采用企业层面的绿色专利数据，检验排污权交易能否诱发企业绿色创新；三是考察排污权交易政策的异质性对企业绿色创新的影响，识别出何种政策设计更能诱发绿色创新；四是考察排污权交易对企业异质性绿色创新类型的影响，识别出何种类型创新在政策作用下更容易诱发；五是考察排污权交易对企业异质性所有制和治理结构绿色创新的影响，识别出何种类型企业、何种所有制和治理结构加成机制在政策作用下更容易进行绿色创新；六是根据实证结果验证本书提出的理论机制假说；七是在研究结论的基础之上提出相关的政策建议。本书分为如下八个章节：

第一章是绪论。一是说明选题的背景，二是论证研究的意义，三是综述国内外研究现状并予以评价，四是简要说明本书采用的主要研究方法、本书结构安排、创新点及不足之处。

第二章是回顾梳理开放背景下环境规制对绿色创新的相关理论并提出本书假说。一是梳理环境规制诱发绿色创新的相关理论；二是梳理开放背景下诱发绿色创新的相关理论；三是论述安托西演化博弈模型在本书数理模型中的适用与改进；四是梳理实验经济学和本书实证模型的相关理论；五是根据前人的理论和文献研究，结合开放背景下中国宏观经济运行、微观企业发展、排污权交易政策开展等情况，提出本书的理论机制假说。

第三章是分析开放背景下排污权交易市场和绿色创新的发展及其相互关系。包括开放背景下美国和中国排污权交易市场的发展特点、美国和中国绿色创新的发展特点、美国和中国排污权交易市场与绿色创新的关系及比较，作为本书后续章节的政策和实证回归的基础。

第四章是实证检验中国排污权交易对企业绿色创新的诱发效应。构建三重差分模型，控制地区层面、行业层面、企业层面、地区时间趋势和行业时间趋势等固定效应，验证排污权交易试点能否诱发企业绿色创新。同时替换污染行业测度标准为高煤耗企业、高能耗企业，替换三次交互项为不同虚拟变量进一步验证结论的稳健性，从而验证中国排污权交易的"绿色创新诱发效应""绿色创新溢出效应"和"绿色能源替代效应"。

第五章是考察中国排污权交易政策的异质性对企业绿色创新的影响。包括考察 2002 年排污权交易试点政策能否诱发企业绿色创新，考察 2002 年和 2007 年排污权交易试点政策对企业绿色创新诱发作用的总体影响，考察 2002 年和 2007 年排污权交易试点政策对企业绿色创新诱发作用的异质性影响，考察同时期排污费征收政策并行对企业绿色创新诱发作用的影响。同时替换不同污染物测度标准进一步验证结论的稳健性，从而进一步验证中国排污权交易的"绿色创新诱发效应""绿色创新溢出效应"和"绿色能源替代效应"。

第六章是考察中国排污权交易政策对企业异质性绿色创新类型的影响。包括考察排污权交易试点政策对企业绿色发明专利的诱发作用，考察排污权交易试点政策对企业绿色实用新型专利的诱发作用，考察排污权交易试点政策对企业总体低碳技术专利的诱发作用，考察排污权交易试点政策对企业低碳发明技术专利的诱发作用，考察排污权交易试点政策对企业低碳实用新型技术专利的诱发作用。同时替换污染行业测度标准为高煤耗企业，进一步验证结论的稳健性，从而验证中国排污权交易的"绿色创新溢出效应"。

第七章是考察开放背景下中国排污权交易政策对异质性企业绿色创新的影响。构建四重差分模型,控制更深层次的机制,考察排污权交易对不同所有制企业绿色创新的诱发作用,考察排污权交易试点政策对企业有无海外业务绿色创新的诱发作用,考察排污权交易试点政策对企业有无境外合格机构投资者持股绿色创新的诱发作用,考察排污权交易试点政策对企业"董监高"有无海外背景绿色创新的诱发作用,从而验证中国排污权交易的"民营绿色创新效应""外向型贸易绿色创新效应""外向型投资绿色创新效应""外向型融资绿色创新效应"和"外向型领导力绿色创新效应"。

第八章为结论、政策启示和展望。在分析梳理结论的基础上,依据开放背景下中国 CAT、贸易、外商投资和人才等政策,为其如何进一步促进企业绿色国际竞争力的提升提出了相关的政策建议。最后展望了未来可能的研究方向。

三 研究方法

考虑到排污权交易试点政策对中国企业绿色创新机制十分复杂,本书采用了多种研究方法的结合,并尝试运用国际前沿的实验经济学和行为经济学方法。

(一)规范研究:文献归纳与梳理

本书的规范研究通过对相关领域国内外文献的综述与梳理来构建排污权交易试点对中国企业绿色创新影响的理论模型。一是回顾和梳理国内外环境规制对绿色创新影响的现有研究,归纳以往研究的基本观点和尚存不足。二是在此基础上改进与提升,结合开放背景下中国企业的实际情况,构建企业的影响机制假说,并把排污权交易试点政策下的企业绿色创新活动的可能路径与实现机制有机整合，分析他们之间的异质性影响，为后面部分的实证提供理论与模型支撑。

（二）实证研究：统计分析与理论模型检验

统计分析。为保证研究的规范性与科学性，本书在对理论模型进行验证之前，先进行统计分析，对样本数据进行描述性统计分析，用来说明样本企业的特征。

理论模型检验，即双重差分、三重差分、四重差分、固定效应模型。为了更好地解决内生性问题，以研究排污权交易试点政策对企业绿色创新的影响，本书引入固定效应模型，控制企业固定效应、年份固定效应、省份时间趋势固定效应、行业时间趋势固定效应；引入三重差分模型，区分污染企业与清洁企业；引入四重差分模型，区分开放背景下中国企业所有制国际化、业务国际化、股东国际化、融资国际化、高层人才国际化，力求更好地提炼研究问题的因果关系。

第四节　创新与不足

一　创新点

本书有关开放背景下排污权交易机制对企业绿色创新的影响路径研究的可能创新点主要体现在以下几点。

第一，依据国际标准构建了中国上市公司企业层面的绿色创新数据库。专利数据是国际上衡量创新的通用工具，世界知识产权组织于2010年推出一个旨在便于检索环境友好型技术相关专利信息的在线工具，即"国际专利分类绿色清单"，该检索条目依据《联合国气候变化框架公约》对绿色专利进行了七大分类。本书依照上述划分标准，甄别并核算了中国上市公司企业层面每年的绿色专利数量，进一步区分了绿色发明专利、绿色实用新型专利和低碳技术专利，作为企业绿色创新活动的核心衡量指标，既包括绿色技术创新也包括绿色管理创新，可以为后续研究提供基础性数据支撑。

第二，运用准自然实验中的多重差分这一前沿研究方法更好地提炼研究问题的因果关系。为了更好地解决内生性问题，本书把中国 2007 年排污权交易试点看作准自然实验，引入三重差分模型，并进一步控制了企业固定效应、年份固定效应、省份时间趋势固定效应、行业时间趋势固定效应，研究与清洁行业中企业相比，政策带给试点地区污染行业中企业绿色创新的净效应是否更大，从而验证"波特假说"是否成立，并进行了一系列稳健性检验。上述方法有助于提炼排污权交易试点政策与绿色创新的因果性，在同类问题的研究中具备一定优势。

第三，厘清了开放背景下排污权交易试点政策对中国企业绿色创新的深层作用机制。为了进一步深挖政策的作用机制，本书一是比较中国 2002 年排污权交易试点政策、同时期排污费征收政策的净效应，考察政策异质性的影响；二是比较政策对绿色发明专利、绿色实用新型专利、低碳技术专利的净效应，考察专利类型异质性的影响；三是从开放背景下中国企业的所有制国际化、业务国际化、股东国际化、融资国际化、高层人才国际化等方面，比较政策对外资企业、有海外业务的企业、有境外合格机构投资者持股的企业、有海外背景"董监高"人才的企业的净效应，考察企业所有制和治理结构的异质性影响，从而厘清排污权交易对中国企业绿色创新的深层作用机制，并验证本书提出的"绿色创新诱发效应""绿色创新溢出效应""绿色能源替代效应""民营绿色创新效应""外向型贸易绿色创新效应""外向型投资绿色创新效应""外向型融资绿色创新效应""外向型领导力绿色创新效应"假说。

二 研究的不足

本书研究开放背景下排污权交易对中国企业绿色创新的影响，但围绕这一问题，本书的研究仍存在局限和不足，具体而言有如下几点。

第一，数据可得性受限，绿色创新无法更进一步深入。尽管国际上给出了绿色创新的七大类专利划分标准，但划分标准依旧比较粗线条，无法进一步区分出不同排污权交易标的物之间的异质性，例如减少二氧化硫排放的绿色创新、减少氮氧化物排放的绿色创新、减少烟尘排放的绿色创新、减少二氧化碳排放的绿色创新；无法更精确地甄别出母公司和子公司的绿色创新；无法考察绿色创新来自国内自主创新还是国外技术转让；无法区分企业设施层面、生产流程层面的绿色创新；无法考察企业进入退出对当地绿色创新的影响。相信随着未来国内外绿色创新研究的进一步发展，这一问题可以得到妥善解决。

第二，实验条件和方法学受限，可能存在其他因素的影响结果。尽管书中运用了当前环境经济学政策评估领域的国际前沿方法，构建了准自然实验的环境，并进行了一系列的稳健性检验，但不可否认，这准自然实验环境、研究方法的运用、研究样本的质量等可能仍然存在不足，但这确实已经是目前本书尽最大努力后的结果了，未来随着条件的改善、方法学的突破，这一问题的研究可以做到更好。

第三，知识构成受限，未能构建出本书的完整数理理论模型。尽管书中较为详尽地综述了所研究问题的国内外研究现状，梳理了较为全面的经济学、法学、管理学、心理学等跨学科相关主要经典理论，并试着提出了本书的理论机理假说。但是，作者深知受个人的认知水平和知识构成的限制，面对复杂的对外开放环境、国内地区异质性、环境规制政策的异质性、企业运行特征的异质性、绿色创新研发难度的异质性等问题，虽尽最大努力，仍着实无法构建出一个完整的数理模型来描绘本书的理论机理。本书整体偏重于实证研究，并运用了多种稳健性检验方法来验证结果的稳健性，希望这一系列实证的证据可以为相关理论的推进做一点点贡献。

第二章

相关理论基础及本书假说

本章总结开放背景下环境规制对绿色创新的相关理论。第一，梳理环境规制诱发绿色创新的相关理论；第二，梳理开放背景下诱发绿色创新的相关理论；第三，梳理安托西演化博弈模型及其在本书数理模型中的适用与改进；第四，梳理实验经济学和本书实证模型的相关理论；第五，根据前人的理论和国内外研究现状，结合开放背景下中国宏观经济运行、微观企业发展、排污权交易政策开展等实际情况，提出本书的理论机制假说。

第一节 环境规制诱发绿色创新的相关理论

本部分将总结和梳理熊彼特的创新理论及其发展、希克斯的诱发创新理论及其发展、波特的坏境规制诱发创新理论及其发展、戴尔斯的排污权交易理论及实践、绿色创新理论及其发展、绿色创新领导力相关理论及其发展，从而为本书的研究提供理论基础。

一 熊彼特创新理论及其发展

美籍奥地利政治经济学家约瑟夫·熊彼特（Joseph Aloïs Schumpeter），作为 20 世纪最具影响力的经济学家之一，使得"创造性破坏"(Creative Destruction)一词在经济学中得到了普及①。熊彼特的专著《动态、变革导向和创新经济学》(*Dynamic, Change-Oriented, and Innovation-Based Economics*)的来源是历史经济学派。他关于创新和创业角色的研究可以看作历史学派思想的延续,尤其是借鉴了古斯塔夫·冯·施穆勒(Gustav Von Schmoller)和沃纳·桑巴特(Werner Sombart)的思想②。

(一)熊彼特第一定律和第二定律

熊彼特可能是第一个对创业创新理论进行理论化的学者,该领域很大程度上归功于他的贡献。他的基本理论经常被称为"熊彼特第一定律"(Schumpeter Mark Ⅰ)和"熊彼特第二定律"(Schumpeter Mark Ⅱ)③。

熊彼特第一定律,是在《经济发展理论》(1912)一书中提出的。这种创新活动模式的特点是"创造性破坏",技术易于进入,企业家和新公司在创新活动中发挥了重要作用。新企业家进入一个拥有新思想和创新的行业,推出挑战成熟企业的新企业,并不断破坏当前的生产、组织和分销方式,从而消除与先前创新相关的准租金(Quasi-Rent)。

熊彼特第二定律,在《资本主义、社会主义和民主》(*Capitalism, Socialism and Democracy*)(1942)一书中被提出。他讨论了产业研发实验室与技术创新的关联性以及大公司的关键作用。这种创新活动模式的特点是"创造性积累"。大型企业凭借在特定技术领

---

① 代明、殷仪金、戴谢尔:《创新理论:1912 – 2012——纪念熊彼特〈经济发展理论〉首版100周年》,《经济学动态》2012年第4期。

② Michaelides P G and Milios J G, "Joseph Schumpeter and the German Historical School", *Cambridge Journal of Economics*, Vol. 33, No. 3, May 2009, pp. 495 – 516.

③ Fontana R, Nuvolari A, Shimizu H, et al, "Schumpeterian Patterns of Innovation and the Sources of Breakthrough Inventions: Evidence from a Data-Set of R&D Awards", *Journal of Evolutionary Economics*, Vol. 22, No. 4, July 2012, pp. 785 – 810.

域积累的知识，在研发、生产和分销方面的能力以及相关的财务资源，为新企业家和小企业的进入制造了相关壁垒①。

"熊彼特第一定律"和"熊彼特第二定律"的论点被认为是互补的，两种创新模式也可以被分别称为"拓宽"版本创新和"深化"版本创新。其中"拓宽"版本创新是指，不断扩大的创新活动模式与创新基础有关，创新基础通过新创新者的进入和增长，使得现有公司的竞争力和技术优势不断削弱。另外，"深化"版本创新是指，深化的创新模式与少数公司的主导地位有关，这些公司通过技术和创新能力随着时间的积累而不断创新②。

然而，在产业发展过程中，熊彼特式的创新模式可能会发生变化。根据行业生命周期观点，"熊彼特第一定律"的创新活动模式可能会转变为"熊彼特第二定律"。在一个行业历史的早期，当技术变化非常迅速时，不确定性非常高，进入门槛非常低，新公司是主要的创新者，是产业进步的关键要素。当行业发展并最终成熟时技术变革遵循良好的轨迹，规模经济、学习曲线、进入壁垒和财政资源在竞争过程中变得重要。因此，具有垄断力量的大公司走上了创新过程的最前沿③。

相反，在存在重大技术和市场不连续性的情况下，"熊彼特第二定律"模式的创新活动可能被"熊彼特第一定律"取代。在这种情况下，一个以现有垄断力量为特征的稳定组织被一个更加动荡

---

① Malerba F, "Sectoral Systems of Innovation and Production", *Research Policy*, Vol. 31, No. 2, February 2002, pp. 247–264.

② Malerba F and Orsenigo L, "Schumpeterian Patterns of Innovation", *Cambridge Journal of Economics*, Vol. 19, No. 1, February 1995, pp. 47–65.

③ Klepper S, "Entry, Exit, Growth, and Innovation over the Product Life Cycle", *The American Economic Review*, Vol. 86, No. 3, June 1996, pp. 562–583.

的组织所取代。然而，后者可能是使用新技术或关注新需求的新公司①。总的来说，经验证据表明，当存在高技术机会、低专用性和低累积性的条件时，"熊彼特第一定律"的创新模式往往会出现。相反，高专用性和高累积性的配置可能有利于"熊彼特第二定律"创新模式的出现②。

（二）熊彼特的企业家精神理论

熊彼特确定了企业家的主要特征，其中之一是能够以创造性方式组合现有资源。区分"发明"（发现新的技术知识及其对产业的实际应用）和"创新"（引入新的技术方法、产品、供应来源和工业组织形式），所有这些创新与变革都扰乱了经济发展轨迹，创新者与企业家是一致的。因为企业家是所有经济变革的源泉，资本主义只有在创造企业家精神的条件下才能被正确理解。企业家角色不一定体现在一个人身上，企业家可能是资本家，甚至是企业经理。但是，所有这些不同的职能是否合并为一个或多个人取决于资本市场的性质和产业组织的形式③。

（三）熊彼特的创新理论对本书的启示

熊彼特的一系列创新理论思想的影响是长远而深邃的，对于本书的理论机理构建有如下启示和思考。

第一，中国排污权交易机制下产生的绿色创新是否存在"破坏型"绿色创新和"积累型"绿色创新？这两种绿色创新类型对应的企业主体、绿色专利类型是什么？其政策环境有什么异质性？

---

① Christensen C M and Rosenbloom R S, "Explaining the Attacker's Advantage: Technological Paradigms, Organizational Dynamics, and the Value Network", *Research Policy*, Vol. 24, No. 2, March 1995, pp. 233 – 257.

② Baumol W J, "Joseph Schumpeter: the Long Run, and the Short", *Journal of Evolutionary Economics*, Vol. 25, No. 1, January 2015, pp. 37 – 43.

③ Schumpeter J A, "The Creative Response in Economic History", *The Journal of Economic History*, Vol. 7, No. 2, November 1947, pp. 149 – 159.

第二，中国的哪些市场力量可以诱发绿色创新从而诱发经济发展方式的转变？中国的对外开放政策能否诱发企业绿色创新，具体通过哪些深层次的对外开放机制来诱发绿色创新？

第三，开放背景下中国是否培育出了偏好绿色创新的中国特色社会主义企业家精神，在排污权交易机制下他们领导的企业绿色创新表现是怎么样的？

二 希克斯的诱发创新理论及其发展

约翰·理查德·希克斯（John Richard Hicks）是英国经济学家。他被认为是20世纪最重要和最有影响力的经济学家之一。他在经济学领域最为熟悉的贡献是他在微观经济学中的消费者需求理论和IS-LM模型。《工资理论》（*The Theory of Wages*）是希克斯于1932年出版的著作[1]，它被誉为竞争市场中工资决定的经典微观经济学论著。该书在分配和增长理论方面有许多发展，并且仍然是劳动经济学的圭臬[2]。

（一）希克斯的诱发创新理论

诱发创新（Induced Innovation）这一宏观经济假设，由希克斯1932年在他的《工资理论》中第一次提出。他认为，生产要素对价格的变化本身就是对发明的刺激，也是对特定种类的发明（旨在节约使用相对昂贵的因素）的诱导[3]。关于这一假设已经产生了大量的文献，这些假设通常以工资增长的影响来表示，作为对节省劳力的创新的鼓励。该假设也被用于观察能源成本的增加，它会导致比通常情况更快的产品生产能效的提高。

---

[1] Hicks J, *The Theory of Wages*, Berlin: Springer, 1963.
[2] Kennedy C, "Induced Bias in Innovation and the Theory of Distribution", *The Economic Journal*, Vol. 74, No. 295, September 1964, pp. 541–547.
[3] Hicks J, *The Theory of Wages*, Berlin: Springer, 1963.

诱发创新文献强调了要素价格在决定技术变革步伐中的作用。Ahmad（1966）[①]、Kamien and Schwartz（1968）发表的研究论文，使得诱导创新文献变得有影响力[②]。Binswanger（1974）[③] 通过调整 Evensonand Kislev（1976）[④] 的随机模型，引入了诱发创新的不确定性。Binswanger 的主要结论是：一个因素的预期总成本的增加导致集中于减少该因素使用的研发增加，并且用研发生产率的下降来保存这个因素。

Newell 等人（1999）开发了一种测试希克斯诱发创新假设的方法，通过估算高能耗耐用消费品的产品特征模型，增加假设以允许政府法规的影响[⑤]。研究发现：

第一，整体创新率与能源价格和法规无关；

第二，创新的方向是对某些产品的能源价格变化做出反应，而对其他产品却没有；

第三，能源价格变化引起了销售的技术可行性模型子集的变化；

第四，在执行能效产品标识之后的这段时间内，这种响应能力大幅提高；

第五，尽管如此，相当大一部分的效率改进是自主的。

[①] Ahmad S, "On the Theory of Induced Invention" *The Economic Journal*, Vol. 76, No. 302, June 1966, pp. 344 – 357.

[②] Kamien M I and Schwartz N L, "OptimalInducedTechnical Change", *Econometrica: Journal of the Econometric Society*, Vol. 36, No. 1, January 1968, pp. 1 – 17.

[③] Binswanger H P, "The Measurement of Technical Change Biases with Many Factors of Production", *The American Economic Review*, Vol. 64, No. 6, December 1974, pp. 964 – 976.

[④] Evenson R E and Kislev Y, "A Stochastic Model of Applied Research", *Journal of Political Economy*, Vol. 84, No. 2, April 1976, pp. 265 – 281.

[⑤] Newell R G, Jaffe A B, Stavins R N, "The Induced Innovation Hypothesis and Energy-Saving Technological Change", *The Quarterly Journal of Economics*, Vol. 114, No. 3, August 1999, pp. 941 – 975.

(二) 贸易诱发创新理论

Bloom 等人 (2016) 研究了各国向中国出口产品竞争对技术变革的广泛影响,即专利、信息技术和 TFP 的影响,该作者使用了 1996—2007 年 12 个欧洲国家的面板数据[①]。在 2001 年中国加入世界贸易组织后,通过取消其进口产品特定的配额来纠正内生性。该作者构建的主要实证模型如下:

$$\ln TECH_{ijkt} = \alpha IMP_{jkt}^{CH} + \eta_i + f_{kt} + \varepsilon_{ijkt}$$

模型中的 $TECH$ 用专利、IT 和 TFP 等广义的指标来衡量。IMP_{jkt}^{CH} 为 k 国的 j 行业对中国出口占 k 国的 j 行业对世界出口的比值,即 $M_{jk}^{China}/M_{jk}^{World}$。$f_{kt}$ 为国家虚拟变量与时间虚拟变量的交互项,用来吸收宏观经济的冲击。η_i 为企业层面固定效应。如果模型中 $\alpha > 0$ 则贸易诱发创新理论成立。

结论表明企业创新的绝对量增加受中国进口市场影响最大。对中国的出口竞争导致企业内部技术变革的增加,以及资源在企业之间向技术更先进的企业重新分配。影响范围大致占 2000—2007 年欧洲技术升级的 14%(当各国允许外包到中国时甚至更多)。

(三) 希克斯诱发创新理论对本书的启示

希克斯的诱发创新理论及派生理论思路简明清晰,对于本书的理论机理构建有如下启示和思考。

第一,中国排污权交易能否产生诱发绿色创新效应,即产生排放的影子价格,刺激企业绿色创新?

第二,中国排污权交易产生的影子排放价格对不同行业,不同类型的企业的影响是否一致?

第三,在开放背景下和国内排污权交易作用下,中国企业根据

---

① Bloom N, Draca M, Van Reenen J, "Trade Induced Technical Change? The Impact of Chinese Imports on Innovation, IT and Productivity", *The Review of Economic Studies*, Vol. 83, No. 1, January 2016, pp. 87–117.

自身的资源禀赋优势，例如人口红利因素，在海外业务开展过程中、在接受海外投资的过程中，能否诱发绿色创新？

三 波特的环境规制诱发创新理论及其发展

迈克尔·波特（Michael Eugene Porter）是一位以经济学、商业战略和社会事业理论著称的美国学者，他的研究领域包括竞争战略、竞争优势、国家竞争优势和创新。作为六次麦肯锡奖（McKinsey Award）获得者，波特是商业和经济学研究（Business and Economics）领域中被引用最多的作者[1]。

（一）波特的环境规制诱发创新理论

根据波特的假说，严格的环境规制可以提高效率并鼓励有助于提高商业竞争力的创新。这个假设是由经济学家波特和范德林德在1995年的一篇文章中提出的[2]。

该假说表明，严格的环境监管触发了清洁技术和环境改善的发明引入，产生创新效应，使生产过程和产品更加高效。实现的成本节约足以过度补偿环境规制政策带来的合规成本和创新成本。通过先发优势（First Mover Advantage），公司能够通过学习曲线效应或专利来开展创新，并且与那些后来实施环境法规的国家的公司相比，前者获得了主导的竞争地位[3]。

（二）波特假说的不同版本

许多研究发现，更严格的环境监管刺激了创新（"波特假说"

---

① Aktouf O, "The False Expectations of Michael Porter'S Strategic Management Framework", *Universidad & Empresa*, Vol. 6, No. 6, November 2004, pp. 9 – 41.

② Porter M E and Van der Linde C, "Toward a New Conception of the Environment-Competitiveness Relationship", *Journal of Economic Perspectives*, Vol. 9, No. 4, Autumn 1995, pp. 97 – 118.

③ Porter M E and Millar V E, "How information gives you competitive advantage", *Harvard Business Review*, Vol. 63, No. 4, July-August 1985, pp. 149 – 160. Ambec S, Cohen M A, Elgie S, et al, "The Porter Hypothesis at 20: Can Environmental Regulation Enhance Innovation and Competitiveness?", *Review of Environmental Economics and Policy*, Vol. 7, No. 1, Winter 2013, pp. 2 – 22.

的"弱"版本）。也有更好的证据表明，更严格的监管会提高业务绩效（"波特假说"的"强"版本）。监管类型的异质性（基于市场的环境规制或命令与控制型环境规制）是否会产生异质性影响，是一个悬而未决的问题。经济理论认为基于市场的工具可能更有效，但经验证据不一（如图 2.1）。

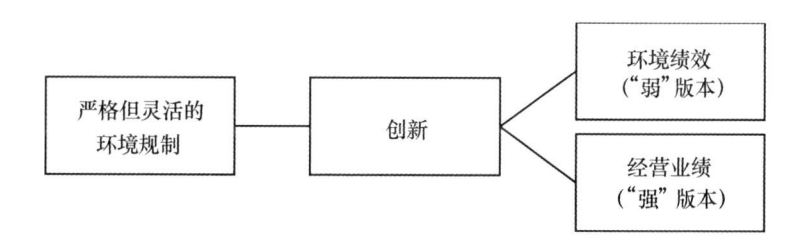

图 2.1　"波特假说"的图示

资料来源：根据 Ambec et al.（2013）的研究论文及作者整理而成。

（三）波特的相关理论对本书的启示

波特的环境规制诱发绿色创新理论及发展是一脉相承的，对于本书的理论机理构建有如下启示和思考。

第一，中国排污权交易是否存在激励机制，鼓励有助于提高企业绿色竞争力的绿色创新？被规制的企业中哪类产生了绿色创新的先发优势？

第二，中国排污权交易是否产生了足够的创新补偿效应，以激励企业持续绿色创新？排污权交易规制下，哪类企业的绿色创新效益较好？

第三，中国同时期并行的环境规制政策是否均诱发了绿色创新，哪一类型政策的诱发作用更强？

四　戴尔斯的排污权交易理论及实践

排污权交易是一种基于市场的控制污染的方法，通过提供经济激励措施来减少污染物排放①。全球许多国家、省州和公司集团都采用了这种交易体系，尤其是在减缓气候变化方面。

政府主管机构分配或出售有限数量的许可证（配额），规定在每个时间段内排放特定数量的特定污染物。污染者必须持有与其排放量相等的许可证（配额）。想要增加排放量的污染者必须从愿意出售的人那里购买许可证（配额）。许可证（配额）的金融衍生产品也可以在二级市场上交易②。

（一）戴尔斯有关排污权交易的原创性贡献

戴尔斯（Dales，1968）对排污权交易具有原创性贡献，他以科斯定理为基础，从经济与法律关系的角度研究产权问题，并提出了一个处理环境污染问题的"经济—法律"解决方案——排污权交易市场③。

戴尔斯研究经济增长和污染之间的关系，并对污染成本的性质进行了深入的分析讨论。他区分了废物处理成本和污染成本，认为前者是后者加上污染防治费用。在戴尔斯分类计划中，污染成本包括：一是避免污染损害的公共支出；二是避免污染损害的私人支出；三是污染的福利损失的总和，如图2.2。

福利损失是遭受污染损害的货币等价物。戴尔斯认为，污染的相关成本很大程度上是"外部性"的社会成本，这些成本是由污染气体造成的，即将剩余废物倾倒到通常属于生态财产的空气、水和土地中产生的。根据这一观点，他将经济与法律联系起来。

戴尔斯提出了一个控制"污染权"的法律市场策略，作为常规环境规制政策的替代品（如监管、补贴、污染收费等），基于财产

---

① Stavins R N, *Handbook of Environmental Economics*, Amsterdam: Elsevier, 2003, pp. 355 – 435.

② Stavins R N, *Handbook of Environmental Economics*, Amsterdam: Elsevier, 2003, pp. 355 – 435.

③ Dales J H., "Land, Water, and Ownership", *The Canadian Journal of Economic*, Vol. 1, No. 4, November 1968, pp. 791 – 804.

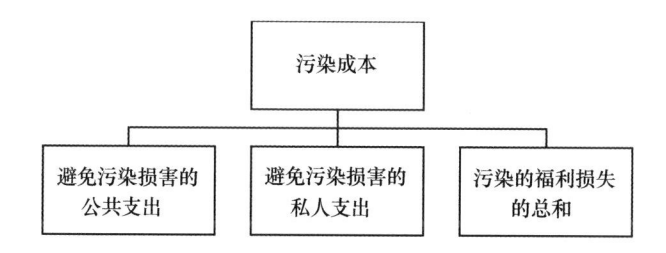

```
          ┌──────────┐
          │ 污染成本 │
          └──────────┘
    ┌──────────┼──────────┐
┌────────┐ ┌────────┐ ┌────────┐
│避免污染损害的│ │避免污染损害的│ │污染的福利损失│
│  公共支出  │ │  私人支出  │ │  的总和   │
└────────┘ └────────┘ └────────┘
```

图 2.2　戴尔斯对污染成本的定义

资料来源：根据 Dales（1968）的研究论文及作者整理而成。

使用权的法学定义，该市场规定：

第一，可倾倒到水或空气中的废物总量将通过发行特定的排污权来控制。

第二，污染权委员会将出售污染权；换句话说，污染权将成为一种可出售的财产，如图 2.3。

```
                          ┌──────────────────┐
                          │ 废物总量将通过发行特定的 │
                       ┌─→│    排污权来控制     │
┌──────────────┐  │  └──────────────────┘
│排污权交易市场的基本原则├──┤
└──────────────┘  │  ┌──────────────────┐
                       └─→│  排污权委员会出售排污权  │
                          └──────────────────┘
```

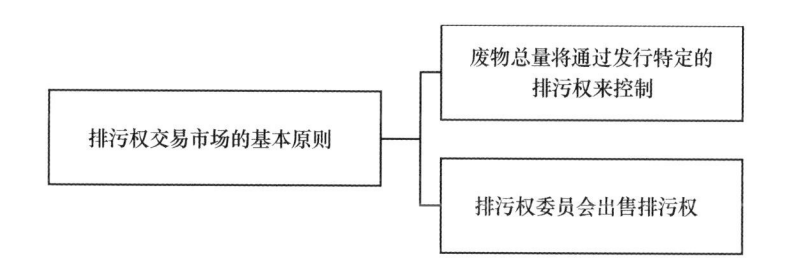

图 2.3　戴尔斯的排污权交易市场雏形

资料来源：根据 Dales（1968）的研究论文及作者整理而成。

这是一个原创的建议，尽管这可能是不切实际的，甚至使污染问题的处理难度和复杂性更加突出。但从理论上讲，污染者能够以最便宜的方式减少排放，以最低的成本实现减排[1]。排污权交易机

---

[1] Montgomery W D, "Markets in Licenses and Efficient Pollution Control Programs", *Journal of Economic Theory*, Vol. 5, No. 3, December 1972, pp. 395–418.

制旨在为私营部门提供减少排放所需的灵活性，同时刺激技术创新和经济增长。美国环境保护基金会认为，排污权交易是控制污染排放的最环保和经济合理的方法，该机制中"Cap"设定了排放上限，"Trade"交易机制鼓励了公司有序进行绿色创新[①]。

（二）戴尔斯的排污权交易相关理论对本书的启示

排污权交易相关经典理论及其发展，对于本书的理论机理构建有如下启示和思考。

第一，中国排污权交易是否为私营部门（非国有企业）提供减少排放所需的灵活性，同时刺激绿色创新？

第二，中国的排污权交易其政策本身或与同时期并行政策是否产生了绿色创新的溢出效应？

第三，中国排污权交易中"Cap"设定了排放上限，"Trade"交易机制是否鼓励了公司有序进行绿色创新？

五 绿色创新扩散相关理论及其发展

绿色创新是促进可持续发展的产品和过程的进步，运用商业应用的知识来引发直接或间接的生态环境改善。这包括从环境友好的技术进步到社会可接受的创新途径，再到可持续性等一系列相关的观念。其中旨在解释新的"绿色"思想、技术传播的方式、原因和速度的研究领域被称为绿色创新扩散。

（一）绿色创新扩散理论的发展

绿色创新的扩散是最近才出现的（Díazgarcía 等人，2015）。Rennings（2000）引入"绿色创新"这一术语，明确解决了可持续

---

① Environmental Defense Fund, "How cap and trade works", October 2014, https://www.edf.org/climate/how-cap-and-trade-works? contentID=9112, 2014-10-27.

发展的两种变化：技术和社会创新①。

绿色创新作为一个技术术语。"绿色创新"一词最常见的用法是指减少环境影响的创新产品和工艺。这通常与绿色效率和绿色设计结合使用。许多行业的领导者一直在开发创新技术，以实现可持续发展。但是，这些并不总是实用的，也不是政策和立法强制执行的。

绿色创新作为一个社会过程。另一种观点认为，这个定义应该得到补充：绿色创新也应该带来更大的社会和文化接受度。在这种观点中，James（1997）在定义中添加的这种"社会支柱"是必要的，因为它决定了学习效应和绿色创新的有效性。尽管绿色技术创新、绿色创新与新经济活动甚至分支机构的出现有关，但这种方法使绿色创新成为一种社会组成部分，这种地位不仅仅是一种新型商品或新部门（例如，废物处理、回收等）。这种方法在使用方面考虑了绿色创新，而不仅仅是产品方面。与绿色创新相关的社会支柱引入了治理组成部分，使绿色创新成为更加综合的可持续发展工具②。

（二）绿色创新扩散相关理论对本书的启示

绿色创新在实践与跨学科研究中的扩散，对于本书的理论机理构建有如下启示和思考。

第一，中国排污权交易机制诱发了怎样的绿色创新？是否存在绿色技术创新以外的绿色社会管理创新和绿色观念创新？

第二，中国排污权交易是否产生了绿色创新扩散（溢出效应）？例如，从试点地区向非试点地区的扩散，从诱发污染企业绿色创新

---

① Rennings K, "Redefining Innovation—Eco-Innovation Research and the Contribution from Ecological Economics", *Ecological Economics*, Vol. 32, No. 2, February 2000, pp. 319 – 332.

② James P, "The Sustainability Cycle: a New Tool for Product Development and Design", *The Journal of Sustainable Product Design*, July 1997, pp. 52 – 57.

向诱发高煤耗企业绿色创新的扩散,从单一类型绿色创新向多种类型绿色创新的扩散?

第三,开放背景下中国企业积极参与国际贸易、国际金融和国际人才流动,面对国内的排污权交易,上述活动是否带来了绿色"思想"、技术的传播与扩散?

六 绿色创新领导力相关理论及其发展

创新领导力是一种理念和技术,它结合了不同的领导风格,以影响员工创造创意、产品和服务。创新领导力的关键作用是创新领导者(Gliddon,2006)。Gliddon(2006)开发了创新领导者的胜任力模型,并在宾夕法尼亚州立大学建立了创新领导力的概念[1]。作为组织发展的一种方法,创新领导力可以支持实现任务或组织或团队的愿景。通过新技术和流程,组织必须进行创新思考,以确保持续成功并保持竞争力[2]。为了适应新的变化,组织中对创新的需求导致新的焦点集中在领导者塑造创新努力的本质和成功方面的作用[3]。没有创新领导力,组织可能会挣扎[4]。

---

[1] Gliddon D G, "Forecasting a Competency Model for Innovation Leaders Using a Modified Delphi Technique", Ph. D. dissertation, The Pennsylvania State University, 2006.

[2] Tushman M L and O'Reilly III C A, "Ambidextrous Organizations: Managing Evolutionary and Revolutionary Change", *California Management Review*, Vol. 38, No. 4, July 1996, pp. 8 – 29; Dess G G, Picken J C. "Changing Roles: Leadership in the 21st Century", *Organizational Dynamics*, Vol. 28, No. 3, winter 2000, pp. 18 – 34; Sarros J C, Cooper B K, Santora J C, "Building a Climate for Innovation through Transnational Leadership and Organizational Culture", *Journal of Leadership & Organizational Studies*, Vol. 15, No. 2, June 2008, pp. 145 – 158; McEntire L E and Greene – Shortridge T M, "Recruiting and Selecting Leaders for Innovation: How to Find the Right Leader", *Advances in Developing Human Resources*, Vol. 13, No. 3, October 2011, pp. 266 – 278.

[3] Mumford M D and Licuanan B, "Leading for Innovation: Conclusions, Issues, and Directions", *The Leadership Quarterly*, Vol. 15, No. 1, February 2004, 163 – 171.

[4] McEntire L E and Greene-Shortridge T M, "Recruiting and Selecting Leaders for Innovation: How to Find the Right Leader", *Advances in Developing Human Resources*, Vol. 13, No. 3, October 2011, pp. 266 – 278.

(一) 领导力背景下的创新

要清楚地了解创新领导力所涉及的内容，首先必须了解创新的概念。尽管在如何定义方面存在一些争议，但通过文献中的普遍共识，可以将其描述为投入运行的可行产品的新思想[①]。它包括三个不同的阶段，它们都是动态的和迭代的（常数）：第一阶段是想法；第二阶段是评估；第三阶段是履行。

一般认为有两种类型的创新，一是探索性创新，其涉及产生全新的想法；二是增值创新，其涉及修改和改进已有的想法[②]。产生的想法必须有用才能被认为具有创新性。创新也不应该与创造力混淆，创造力只是一种新颖的想法的产生，可能不一定会付诸实施，尽管这些词在谈到创新领导时有时可以在研究文献中互换使用。创新领导力是一个复杂的概念，因为领导者没有单一的解释或公式来增加创新。因此，创新领导力包含各种不同的活动、行动和行为，这些活动相互作用以产生创新的结果。

探索性创新。探索性创新是指通过使用最常由变革型领导者展示的严格开放行为来产生新颖的想法、策略和解决方案。探索性创新的基础是搜索、发现、实验和冒险。该组织的重点是产生新的想法、产品和战略；与增值创新相反，增值创新侧重于建立和扩展已有的创意。一些研究表明，探索性和增值创新需要不同的结构、策略、过程、能力和文化。探索性创新需要灵活性、机会主义、适应

---

① Hunter S T and Cushenbery L. "Leading for Innovation: Direct and Indirect Influences", *Advances in Developing Human Resources*, Vol. 13, No. 3, October 2011, pp. 248–265.

② March J G, "Exploration and Exploitation in Organizational Learning", *Organization Science*, Vol. 2, No. 2, February 1991, pp. 71–87; Benner M J, Tushman M L. "Exploitation, Exploration, and Process Management: the Productivity Dilemma Revisited", *Academy of Management Review*, Vol. 28, No. 2, April 2003, pp. 238–256; Jansen J J P, Van Den Bosch F A J, Volberda H W, "Exploratory Innovation, Exploitative Innovation, and Performance: Effects of Organizational Antecedents and Environmental Moderators", *Management Science*, Vol. 52, No. 11, November 2006, pp. 1661–1674; Rosing K, Frese M, Bausch A, "Explaining the Heterogeneity of the Leadership-Innovation Relationship: Ambidextrous Leadership", *The Leadership Quarterly*, Vol. 22, No. 5, October 2011, pp. 956–974.

性，以及领导者为其下属提供智力刺激①。在这种创新方法中，主要使用的领导风格是变革性的。所展示的行为被认为通过应用个性化的考虑、魅力和鼓舞人心的动机来实现员工期望的创新结果。

增值创新。探索性和增值创新需要不同的领导风格和行为才能取得成功②。增值创新涉及对现有产品或服务进行改进和修订，通常要求风险最小化，而探索性创新通常涉及承担巨大风险。在增值创新情况下，创新的领导者最适合采用交易形式的领导方式③。这是因为交易型领导风格不使用鼓励员工进行实验和承担风险的开放式领导行为，而是使用不容忍或奖励冒险行为的封闭式领导行为。创新领导者将交易型领导方式用于增值创新目的的公司包括丰田汽车公司、通用汽车公司和福特汽车公司。这些公司的增值创新的例子，例如通过使现有汽车更快、更舒适、获得更好的低油耗来改进现有汽车④。

探索性创新和增值创新通常被一起引用，但很少有研究表明两者之间存在相互作用。但是，有一种理解是，在某些情况下必须达到"平衡"才能实现卓越的员工绩效。例如，并非所有新颖的想法都得到实施，并且可能会在以后重新采用。该组织可能需要改变方向并采用增值创新策略来修改和完善想法以满足当前需求⑤。

---

① Jansen J J P, Van Den Bosch F A J, Volberda H W, "Exploratory Innovation, Exploitative Innovation, and Performance: Effects of Organizational Antecedents and Environmental Moderators" *Management Science*, Vol. 52, No. 11, November 2006, pp. 1661 – 1674.

② Jansen J J P, Vera D, Crossan M, "Strategic Leadership for Exploration and Exploitation: the Moderating Role of Environmental Dynamism", *The Leadership Quarterly*, Vol. 20, No. 1, February 2009, pp. 5 – 18.

③ Jansen J J P, Van Den Bosch F A J, Volberda H W, "Exploratory Innovation, Exploitative Innovation, and Performance: Effects of Organizational Antecedents and Environmental Moderators", *Management Science*, Vol. 52, No. 11, November 2006, pp. 1661 – 1674.

④ Oke A, Munshi N, Walumbwa F O, "The influence of Leadership on Innovation Processes and Activities", *Organizational Dynamics*, Vol. 38, No. 1, March 2009, pp. 64 – 72.

⑤ Tushman M L and O'Reilly III C A, "Ambidextrous Organizations: Managing Evolutionary and Revolutionary Change", *California Management Review*, Vol. 38, No. 4, July 1996, pp. 8 – 29.

(二) 创新领导力的基础

创新领导力的基础。正如 Wolfe (1994) 和 Sarros 等人 (2008) 指出的,创新的一个先行因素是组织文化[①]。同样,Isaksenet al. (2001) 也认为,如果没有支持性气候,创新努力就会失败[②]。这种支持性组织文化(气候)的前提包括鼓励创造力、自主权、资源和压力。创新领导力的其他基础要素包括创造性工作、创造性劳动力和某些领导者属性[③]。

创新的组织文化(气候)。一些研究表明组织文化是变革型领导与组织创新和绩效之间关系的中介[④]。换句话说,对于影响组织创新的变革型领导,除了具有变革型领导风格的领导者之外,组织必须拥有强大的创新文化。组织文化是指组织的深层结构、规范信念和共同的行为期望。这种文化相当稳定,可以影响组织间的关系。气候是指个人认识到组织文化影响他们的程度的方式。这两者基本上是相互关联的。一种用于评估组织中创新环境的模型如图2.4。

---

① Wolfe R A, "Organizational Innovation: Review, Critique and Suggested Research Directions", *Journal of Management Studies*, Vol. 31, No. 3, May 1994, pp. 405 – 431; Sarros J C, Cooper B K, Santora J C, "Building a Climate for Innovation through Transformational Leadership and Organizational Culture", *Journal of Leadership & Organizational Studies*, Vol. 15, No. 2, June 2008, pp. 145 – 158.

② Isaksen S G, Lauer K J, Ekvall G, et al, "Perceptions of the Best and Worst Climates for Creativity: Preliminary Validation Evidence for the Situational Outlook Questionnaire", *Creativity Research Journal*, Vol. 13, No. 2, April 2001, pp. 171 – 184.

③ Mumford M D, Scott G M, Gaddis B, et al, "Leading Creative People: Orchestrating Expertise and Relationships", *The Leadership Quarterly*, Vol. 13, No. 6, December 2002, pp. 705 – 750.

④ Deshpandé R, Farley J U, Webster Jr F E, "Corporate Culture, Customer Orientation, and Innovativeness in Japanese Firms: a Quadrad Analysis", *Journal of Marketing*, Vol. 51, No. 1, January 1993, pp. 23 – 37; Amabile T M, Conti R, Coon H, et al, "Assessing the Work Environment for Creativity", *Academy of Management Journal*, Vol. 39, No. 5, October 1996, pp. 1154 – 1184; Jassawalla A R and Sashittal H C, "Cultures that Support Product – Innovation Processes", *Academy of Management Perspectives*, Vol. 16, No. 3, August 2002, pp. 42 – 54; Prather C W and Turrell M C, "Managers at Work: Involve Everyone in the Innovation Process", *Research-Technology Management*, Vol. 45, No. 5, 2002, pp. 13 – 16; Xenikou A and Simosi M, "Organizational Culture and Transformational Leadership as Predictors of Business Unit Performance", *Journal of Managerial Psychology*, Vol. 21, No. 6, August 2006, pp. 566 – 579.

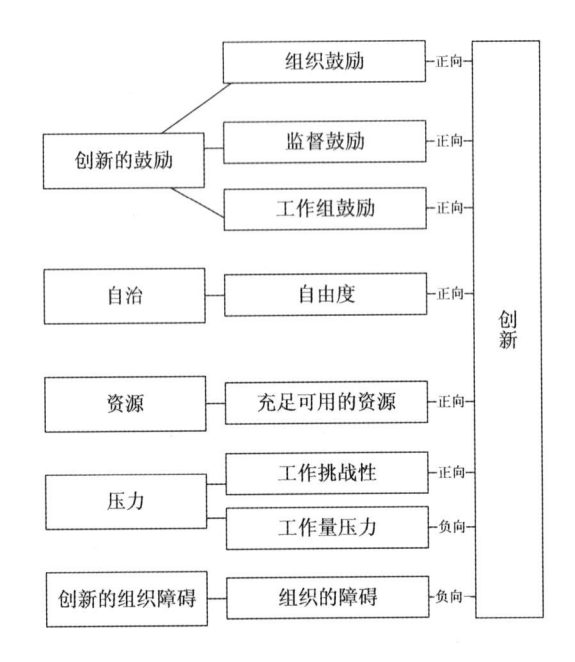

图 2.4 评估组织中创新环境模型

```
创新的鼓励 ──┬── 组织鼓励 ──── 正向 ──┐
            ├── 监督鼓励 ──── 正向 ──┤
            └── 工作组鼓励 ── 正向 ──┤
自治 ──────── 自由度 ─────── 正向 ──┤
资源 ──────── 充足可用的资源 ─ 正向 ──┤ 创新
压力 ──┬── 工作挑战性 ──── 正向 ──┤
       └── 工作量压力 ──── 负向 ──┤
创新的组织障碍 ── 组织的障碍 ─ 负向 ──┘
```

图 2.4 评估组织中创新环境模型

资料来源：根据 Amabile 等人（1996）的研究论文及笔者整理而成。

领导者属性（特征）。成功的创新领导力要求领导者具有某些特征。这些包括领域的专业知识、创造力、实施变革型领导行为的能力、计划和意识制定以及社交技能[1]。创新领导者可以通过专业网络和推荐人员招聘和聘用，也可以通过继任计划找到，其中包括确定已经在组织内部工作的创新领导者。

创新领导风格的类型。除了这些基础之外，各种领导风格在创新领导中发挥着重要作用，每种风格都用于创新过程的不同阶段或不同类型的创新（如增值性创新与探索性创新）。经常相关的领导

---

[1] Mumford M D, Scott G M, Gaddis B, et al, "Leading Creative People: Orchestrating Expertise and Relationships", *The Leadership Quarterly*, Vol. 13, No. 6, December 2002, pp. 705 – 750; McEntire L E and Greene-Shortridge T M, "Recruiting and Selecting Leaders for Innovation: How to Find the Right Leader", *Advances in Developing Human Resources*, Vol. 13, No. 3, October 2011, pp. 266 – 278.

风格包括变革型领导[①]、交易型领导[②]、双手灵巧型领导。与创新最密切相关的领导类型是变革型领导[③]。

(三) 创新领导力的关键

创新领导力有如下关键因素。

一是创意生成。如上所述,在创新过程的不同阶段,不同的领导风格和行为可能更合适。目前的研究支持这样一种观念,即在创意生成过程中,创新领导力要求领导者使用更具变革性的领导风格[④]。在此阶段,领导者需要为员工和团队成员提供安全的环境,以表达新颖的想法和原创思维,并为员工提供有效的资源[⑤]。研究还发现,与变革型领导相关的非传统行为的领导者被视为更强大的榜样,从而提高了下属的创新表现。例如,众所周知,谷歌的创始人在办公室里穿着斗篷和跳鞋,因此激发了员工更多的开箱即用思维。这些开放的领导行为表明,非正统和非传统的思想和行为不仅

[①] Rosing K, Frese M, Bausch A, "Explaining the Heterogeneity of the Leadership-Innovation Relationship: Ambidextrous Leadership", *The Leadership Quarterly*, Vol. 22, No. 5, October 2011, pp. 956–974; Chen M Y C, Lin C Y Y, Lin H E, et al, "Does Transformational Leadership Facilitate Technological Innovation? The Moderating Roles of Innovative Culture and Incentive Compensation", *Asia Pacific Journal of Management*, Vol. 29, No. 2, February 2012, pp. 239–264.

[②] Jansen J J P, Vera D, Crossan M, "Strategic Leadership for Exploration and Exploitation: The Moderating Role of Environmental Dynamism", *The Leadership Quarterly*, Vol. 20, No. 1, February 2009, pp. 5–18; Dayan M, Di Benedetto C A, Colak M, "Managerial Trust in New Product Development Projects: Its Antecedents and Consequences", *R&D Management*, Vol. 39, No. 1, December 2009, pp. 21–37.

[③] Rosing K, Frese M, Bausch A, "Explaining the Heterogeneity of the Leadership-Innovation Relationship: Ambidextrous Leadership", *The Leadership Quarterly*, Vol. 22, No. 5, October 2011, pp. 956–974.

[④] King N and Anderson N, "Innovation in Working Groups", in M. A. West & J. L. Farr, eds. *Innovation and Creativity at Work: Psychological and Organizational Strategies*: John Wiley & Sons, 1990, pp. 81–100.

[⑤] Hunter S T and Cushenbery L, "Leading for Innovation: Direct and Indirect Influences", *Advances in Developing Human Resources*, Vol. 13, No. 3, October 2011, pp. 248–265.

被接受，而且受到鼓励①。

二是理念评估与实施。除了为创意创造提供氛围之外，创新领导还要求领导者确保创意过程不会掩盖评估和实施过程。在这些领导阶段，领导者必须支持一些想法，同时放弃其他想法并将支持的想法投入生产。领导者的角色必须从变革性风格转变为更具交易性的领导风格，这涉及对所产生的思想更直接和批判。领导者现在需要确保在他们的下属之间进行创新思想的建设性讨论。这有助于评估每个想法的有用性，消除对组织或目标不可行的那些想法，并将那些看似可行的想法推到生产阶段。领导者必须采用所谓的封闭领导行为来实现这一目标。领导者必须将注意力从产生新想法转向微调现有想法，以实现目标的进展，并最终实现这一想法，而不是刺激创意产生。适当时平衡不同领导风格的挑战称为发电机评估员悖论（Generator Evaluator Paradox）。重要的是要考虑双手灵巧型领导的作用，因为领导者必须能够在必要时在领导角色和风格之间切换，以成功引领创新。

(四) 绿色创新领导力理论

一些学者也做了绿色创新领导力的研究。Chenet 等人（2012）②确定了以下环境创新的内在起源：一是环境领导③；二是环境文化④；三是环境能力。良好的创新环境战略、企业家愿景以

---

① Schmidt E, "Google's CEO on the Enduring Lessons of a Quirky IPO", *Harvard Business Review*, Vol. 88, No. 5, May 2010, pp. 108 – 112.

② Chen M Y C, Lin C Y Y, Lin H E, et al., "Does Transformational Leadership Facilitate Technological Innovation? The Moderating Roles of Innovative Culture and Incentive Compensation" '*Asia Pacific Journal of Management*, Vol. 29, No. 2, February 2012, pp. 239 – 264.

③ Paraschiv D M, Nemoianu E L, Langă C A, et al, "Eco-innovation, responsible leadership and organizational change for corporate sustainability", *Amfiteatru Economic Journal*, Vol. 14, No. 32, June 2012, pp. 404 – 419.

④ Paraschiv D M, Nemoianu E L, Langă C A, et al, "Eco-innovation, responsible leadership and organizational change for corporate sustainability" *Amfiteatru Economic Journal*, Vol. 14, No. 32, June 2012, pp. 404 – 419.

及内部利益相关者的感知压力增加了企业采用绿色创新的可能性。其中 Bossle 等人（2016）[①] 构建的绿色创新与领导力模型如图 2.5。

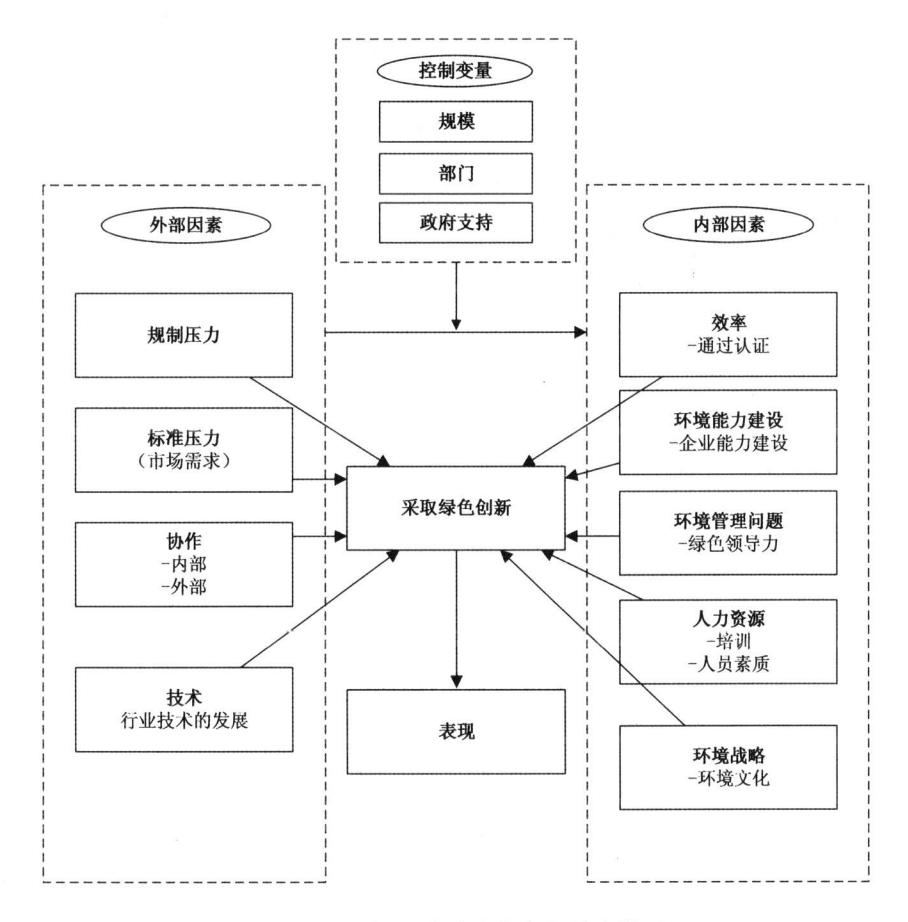

图 2.5 驱动企业绿色创新与领导力模型

资料来源：根据 Bossle 等人（2016）的研究论文及笔者整理而成。

Bossink（2007），探讨并解释了经理领导力对环境友好型创新过程的影响，使用基于文献的分析框架来调查经理对荷兰建筑行业创新的影响。通过一个实证研究项目在四个建筑项目中观察了一系

[①] Bossle M B, de Barcellos M D, Vieira L M, et al., "The Drivers for Adoption of Eco-Innovation", *Journal of Cleaner Production*, Vol. 113, February 2016, pp. 861 – 872.

列可持续创新的经理。研究表明，管理者的魅力、工具、战略或交流领导风格对可持续创新的发展有很大帮助。还表明，组织中的知识和信息交流会影响正在进行的创新过程。该作者建议，经理在领导风格中的表现与知识管理相结合的情况下是成功的[①]。

Paraschiv 等人（2012）认为制定可持续发展战略对组织降低能源价格、增加自然资源、满足客户需求增长等风险至关重要。可持续性要求将社会和环境方面完全融入组织的愿景、文化和运营、组织变革。他分析了企业可持续发展的主要驱动因素，通过全面的文献综述说明以下要素之间的联系：企业可持续性——当前全球背景下的必要性；绿色创新——作为在组织中实施可持续性的一种方式；负责任的领导——与所有利益攸关方建立和保持牢固的道德关系的艺术；组织文化和组织变革——组织不断更新流程和产品，使其适应新环境的基本要素[②]。文中 Epstein 等人（2010）构建的企业可持续发展模型[③]如图 2.6。

（五）绿色创新领导力及相关理论对本书的启示

领导力背景下的创新、创新领导力的基础、创新领导力的关键和绿色创新领导力，这些理论和概念，对于本书的理论机理构建有如下启示和思考。

第一，开放背景下排污权交易能否诱发企业绿色创新，从领导力角度审视，关键在于绿色创新的领导者的胜任力，企业中"董监高"的海外背景是否会产生绿色创新的异质性影响，哪种海外背景

---

① Bossink B A G, "Leadership for Sustainable Innovation", *International Journal of Technology Management & Sustainable Development*, Vol. 6, No. 2, September 2007, pp. 135 – 149.

② Paraschiv D M, Nemoianu E L, Langă C A, et al, "Eco-Innovation, Responsible Leadership and Organizational Change for Corporate Sustainability", *Amfiteatru Economic Journal*, Vol. 14, No. 32, June 2012, pp. 404 – 419.

③ Epstein M J, Buhovac A R, Yuthas K, "Implementing Sustainability: the Role of Leadership and Organizational Culture", *Strategic Finance*, Vol. 91, No. 10, April 2010, pp. 41.

```
投入              过程            产出           结果
```

外部环境 → 内部环境 → 商业环境 → 人力与财务资源 → 领导力 → 可持续发展战略 / 可持续发展结构 / 可持续发展项目和行动 → ② 可持续发展表现 → 持股股东反应 → ③ 企业长期财务表现

①

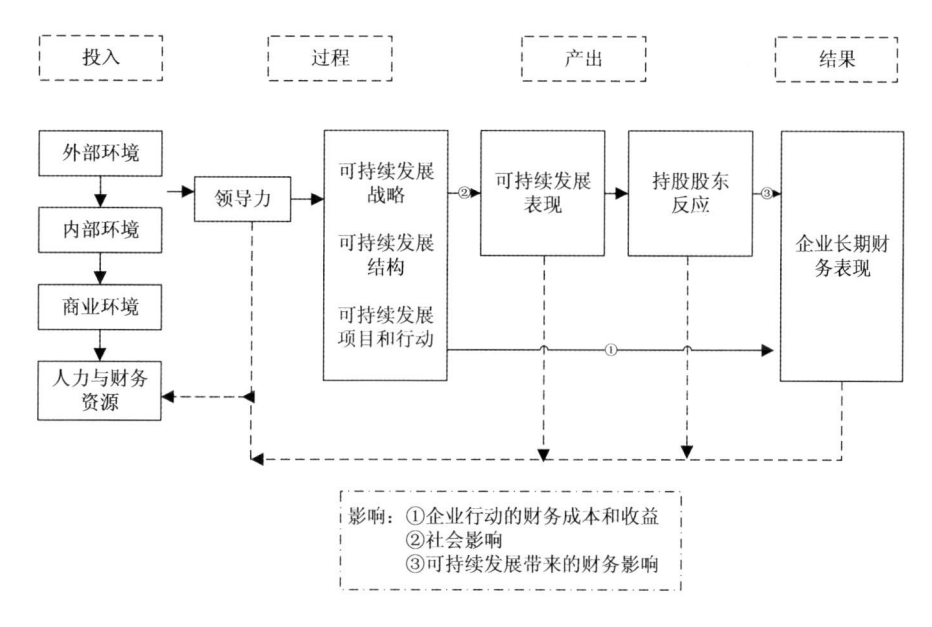

影响：①企业行动的财务成本和收益
②社会影响
③可持续发展带来的财务影响

图 2.6　企业可持续发展模型

资料来源：根据 Epstein 等人（2010）的研究论文及作者整理而成。

会产生这一影响？

第二，开放背景下排污权交易开展以后，企业中有海外背景"董监高"的在绿色创新类型上有何种异质性，是更倾向于"探索性"绿色创新还是"增值性"绿色创新？是更倾向于低碳技术创新还是整体绿色创新？

第三，开放背景下排污权交易开展以后，企业中有海外背景"董监高"的在绿色创新领导力理论、绿色创新领导者属性特征、绿色创新领导力风格、绿色创新领导力视野方面的异质性是否会带来企业绿色创新的正向作用？

第四，开放背景下排污权交易开展以后，哪一类企业的组织文化（气候）更容易诱发绿色创新？

第二节　开放背景下诱发绿色创新的相关理论

本部分总结和梳理国际贸易诱发绿色创新的相关理论及其发展、外国直接投资诱发绿色创新的相关理论及其发展。

一　国际贸易诱发绿色创新的相关理论及其发展

开放背景下，生态关税、技术性贸易壁垒协议、国际环境协定通过各自的机制对绿色创新均产生了一定的促进作用。

（一）生态关税诱发绿色创新相关机制与进展

生态关税，也称为环境关税，是为减少污染和改善环境而建立的贸易壁垒。贸易壁垒可能采取对碳足迹较大的产品征收进口税的措施，或者是对环境法规宽松的进口国家征收出口税[①]。

国际贸易与环境退化。关于增加国际贸易在增加污染方面所起的作用一直存在争议。虽然有些人认为污染的增加导致当地环境退化和全球公地悲剧与国际贸易的密切增加相关，但其他人则认为，随着公民变得更加富裕，他们也会倡导更清洁的环境。根据世界银行的一份文件，由于更自由的贸易增加了收入，它直接导致通过规模效应增加污染水平。但是，它因此导致收入增加和技术进步，这两者都倾向于降低污染水平[②]。

环境关税实施的支持者强调，如果实施得当，通过生态关税，

[①] Mani M S, "Environmental Tariffs on Polluting Imports", *Environmental and Resource Economics*, Vol. 7, No. 4, June 1996, pp. 391-411; Kraus C, *Import Tariffs as Environmental Policy Instruments*, Berlin: Springer Science & Business Media, 2013.

[②] World Bank, *Trade, Global Policy, and the Environment*, 1999; Kraus C, *Import Tariffs as Environmental Policy Instruments*, Berlin: Springer Science & Business Media, 2013.

贸易国家之间的环境标准将得到协调①。

早期生态关税实施提案。美国提案建议对出口国家采取环境关税，因为不那么严格的出口环境法规，使其出口获得了显著的成本优势。拟议的立法被列为1991年的"国际污染威慑法"，并于当年4月在其参议院提出②。

(二) 技术性贸易壁垒协议诱发绿色创新相关机制与进展

技术性贸易壁垒协议，通常被称为TBT协议（Technical Barriers to Trade），是由世界贸易组织管理的国际条约。它是在乌拉圭回合关税和贸易总协定的最后一次重新谈判上诞生的，其现有形式于1995年初成立世贸组织时形成，对所有世贸组织成员具有约束力。

TBT的目的。TBT的存在是为了确保技术法规、标准、测试和认证程序不会对贸易造成障碍。该协议禁止为限制贸易而创建的技术要求，该协议不禁止为消费者或环境保护等合法目的而创建的技术要求。事实上，尽管其促进使用国际标准，但其目的是避免不必要的国际贸易障碍，并承认所有世贸组织成员根据自己的监管自主权保护合法利益。限制贸易的合法利益清单并非详尽无遗，它包括对环境、人类和动物健康和安全的保护③。

TBT的适用范围。根据协议第1条，该协议涵盖所有工业和农业产品，除去服务、卫生和植物检疫措施（根据"卫生和植物检疫措施适用协定"的定义）和"政府机构为生产或政府机构的消费需求"（第1.4条）。技术性贸易壁垒的范围包括实质性范围（包括哪些措施）、个人范围（措施适用的对象）和时间范围。

---

① Xing Y, "Strategic Environmental Policy and Environmental Tariffs", *Journal of Economic Integration*, Vol. 21, No. 4, December 2006, pp. 861–880.

② World Bank, *International Trade and Climate Change: Economic, Legal and Institutional Perspectives*, 2007.

③ WTO, *Legal Texts-Marrakesh Agreement*, 2019.

TBT 的主要原则和义务。一是不歧视。根据规定中的 Art. 2.1 和附件 3.D，成员必须确保技术法规和标准不会给予对进口产品不利的处理，像国家产品或在任何其他国家创造的产品待遇一样。该原则也适用于合格评定程序，该程序必须允许来自其他成员领土的同类产品的供应商，其条件不得低于给予国内同类产品或来自任何其他国家的供应商的条件（第 5.1 和 5.1.1 条）（WTO，2019）。

二是避免不必要的贸易壁垒。第 2.2 条要求会员不要对国际贸易造成不必要的障碍，并在此基础上确保"技术限制不超过实现合法目标所必需的贸易限制"。该条款提供了包含国家安全要求和保护动植物生命或健康的合法目标的包容性清单。但是，第 2.5 条规定，如果技术标准是出于第 2.2 条所列合法目标之一的目的，并且根据相关国际标准，则推定它们不违反第 2.2 条（WTO，2019）。

三是围绕国际标准的协调。当存在国际标准时，成员应将其作为技术法规、标准和合格评定程序的基础，除非在某些情况下（例如，出于气候或技术原因）在实现所追求的目标时使用它们似乎不合适或无效（Art．2.4、5.4 和附件 3.D）（WTO，2019）。

四是通知要求。"技术性贸易壁垒协定"还要求各国相互通知拟议的贸易技术壁垒。为了使各国有机会在措施生效之前提出他们的关切，成员们必须留出合理的时间让会员发表意见，讨论他们的意见并考虑他们的意见。在满足以下三个条件时，成员必须就拟议的 TBT 条款相互通知：第一，该措施必须是技术法规或合格评定程序的评估；第二，必须要么没有相关的国际标准，如果有则必须不符合它；第三，技术法规必须对国际贸易产生重大影响。

以上这些标准比关于技术法规内容的任何义务更广泛，这些义务确保可以在尽可能早的阶段确定随后提起诉讼的任何问题。但是，在"安全、健康、环境保护或国家安全等紧急问题"的情况下,第2.10条提供了另一种加快进程的程序①。

多哈部长级宣言。2001年,卡塔尔多哈进行了谈判,以改进与执行现有协定有关的工作相关问题。这是一次被授权的会议,被称为第四次部长级会议。讨论的问题之一涉及环境商品和服务的贸易壁垒问题。其结果是部长们同意减少或完全取消对环境产品和服务的关税和非关税壁垒,如催化转换器和空气过滤器等。

(三) 国际环境协定诱发绿色创新相关机制与进展

一个国际环境协定或环境协议,是一种条约类型的具有约束力的国际法律,使各方能够达到环保目标。换句话说,它是"一项旨在具有法律约束力的政府间文件,其主要目的是防止或管理人类对自然资源的影响"②。两国之间的协议被称为双边环境协定。如果协议是在三个或更多国家之间达成的,则称为多边环境协定(Multilateral Environmental Agreement,MEA)。这些协议主要由联合国制定,涉及大气政策、淡水政策、危险废物和物质政策、海洋环境、自然保护政策、噪声污染和核安全等主题③。

历史和使用。多边环境协议的使用始于1857年,当时一项德国协议规定了从康斯坦茨湖到奥地利和瑞士的水流量④。在20世纪60年代广泛认识到跨界环境问题之后,国际环境协议以环境治理为特征。在1857—2012年期间,共签订了747项多边环境协定。继1972年斯德哥尔摩政府间会议之后,国际环境协定的制定激增。

---

① Ankersmit L J and Lawrence J C, "The Future of Environmental Labelling: US – Tuna II and the Scope of the TBT", *Legal Issues of Economic Integration*, Vol. 39, No. 1, February 2012, pp. 127 – 147.

② Kanie N, "Governance with Multilateral Environmental Agreements: A Healthy or Ill-Equipped Fragmentation?", *Green Planet Blues: Critical Perspectives on Global Environmental Politics*, Abingdon: Taylor and Francis, 2014, pp. 137 – 153.

③ Birnie P, "The Development of International Environmental Law", *Review of International Studies*, Vol. 3, No. 2, July 1977, pp. 169 – 190.

④ Kim R E, "The Emergent Network Structure of the Multilateral Environmental Agreement System", *Global Environmental Change*, Vol. 23, No. 5, October 2013, pp. 980 – 991.

多边环境评估由联合国推广,自 1972 年以来,大多数多边环境协定已在联合国人类环境会议(也称斯德哥尔摩会议)上实施。出席会议的所有 113 个国家都通过了《斯德哥尔摩宣言》,这是第一份对环境问题具有重要意义的文件(MEA,2007)。MEA 系统需要复杂的网络系统(Kim,2013)。由于反对意见或反对党,一个国家内的政府层面可能相互阻碍,如气候变化协定(Eckersley,2017),使政策实施更加困难并影响外部关系。有关 MEA 的政策由参与国家决定,联合国和世界贸易组织是制定和执行协议的关键政府间组织。

有效性。协议可以采取灵活的方法来提高效率(Tolba,2008)。一个例子是使用制裁:根据《蒙特利尔议定书》(Montreal Protocol),签署国禁止从非签署国购买含氯氟烃,以防止任何意外收益(French,1994)。资金也用于克服南北冲突:"蒙特利尔议定书"成员设立了 2.4 亿美元的基金,用于重新分配过渡费用。"京都议定书"(Kyoto Protocol)所载的差别义务(共同但有区别的义务)也可以鼓励更广泛的参与。虽然协议似乎是最终自上而下的治理模式,且"公众参与的条款很少",但是人们普遍认为跨国网络的影响力正在增长(Zürn,1998),公众舆论是相互联系的,因此必须关注促进政府资源利用的行动和贡献(Haas 等人,1993)。非政府组织也发挥某些作用,从收集信息和制定政策到动员支持。科学起着重要作用,尽管 Susskind 和 Ali(2014)断言,有时候这种角色会因不确定性、分歧和"对手科学"的兴起而减少。商业界也可以参与并产生积极的成果。如何看待协议的有效性取决于人们对它们的期望。协议在所在国行政力量或实际权力很小的情况下,成功地引起了当地政府的关注,改善了合同环境,并通过资产转移提高了能力建设。然而,在一些地区国际环境法的进展也可能像乌龟一样缓慢而稳定(Wiener,1999)。

政府间组织的参与。一是联合国。联合国在若干问题上参与全球多边环境协定,包括生物多样性、化学品和废物以及应对气候变化和臭氧层保护。其中一个例子是"维也纳保护臭氧层公约"(Vienna Convention for the Protection of the Ozone Layer),该公约用以解决氯氟烃对大气层的危害影响。联合国信息门户网站(Infor MEA)通过收集缔约方大会的决定和决议、新闻、事件、MEA成员、国家联络点、国家报告和MEA秘书处的实施计划,将多边环境协定汇集在一起,并围绕一系列商定的条款组织这些信息,维护缔约方和整个环境界的利益(www.informea.org)。二是世界贸易组织。由于协议的贸易影响,世界贸易组织参与了MEA谈判。该组织制定了促进环境保护的贸易和环境政策,其目标是减少贸易壁垒,并将环境政策与贸易有关的措施相协调(www.wto.org)。由于多边环境协定保护和保护环境,它们可能有助于减轻对贸易的限制。WTO的原则基于非歧视,通过减少贸易壁垒和公平竞争实现自由贸易,MEAs因不符合组织原则而被拒绝。WTO正在全球范围内与350多家MEA合作并实施这些MEAs,大多数协议致力于环境改善和自由贸易。世贸组织成员在法律上有义务尊重谈判减少贸易壁垒,但是,由于贸易限制,也出现了冲突[①]。

(四)国际贸易诱发绿色创新的相关理论对本书的启示

国际贸易与环境和绿色创新息息相关,生态关税机制、技术性贸易壁垒协议机制、国际环境协定机制三种国际贸易背景下的机制,对于本书的理论机理构建有如下启示和思考。

第一,中国排污权交易市场是否会对出口企业产生类似"生态关税效应",从而产生绿色创新激励机制。

---

① Stuart L, "Trade and Environment: a Mutually Supportive Interpretation of WT Agreements in Light of Multilateral Environmental Agreements", *New Zealand Journal of Public and International Law*, Vol. 12, 2014, pp. 379.

第二，国际上一些国家或地区的生态关税是否会对中国出口企业产生绿色创新激励机制，并在国内排污权交易的加成效应下进一步提升绿色创新水平？

第三，在中国国内排污权交易开展以后，在 WTO 的技术性贸易壁垒协议下，中国企业能否充分利用协议对绿色技术和环境保护的有利条款，通过贸易国际化、投资国际化和人才国际化三种途径促进绿色创新？

第四，国际环境协定中类似《蒙特利尔议定书》设立的环境专项基金，在中国内开展排污权交易以后是否能通过境外合格机构投资者渠道，投入中国企业开展绿色创新？

第五，国际环境协定背景下，国内企业中有海外背景的"董监高"，在国内排污权交易开展以后，是否产生了绿色创新偏好？

二 外国直接投资诱发绿色创新的相关理论及其发展

外国直接投资和绿色创新涉及国际企业及其与自然界的相互作用和影响。通过应用于外国直接投资政策的严格性以及资本或劳动力激励对投资流入的响应性，可以观察到这些相互作用[①]。

（一）国内环境规制吸引外国直接投资的机制

一个以环境规制为重点的国家制定的法律法规可以直接影响他们所面临的涉及外国直接投资的绿色竞争水平[②]。源于生态激励因素的财政和财务激励措施，如碳税，是基于一国国内所需环境结果

---

① Neequaye N A, Oladi R., "Environment, Growth, and FDI Revisited", *International Review of Economics & Finance*, Vol. 39, September 2015, pp. 47–56.

② Kalamova M and Johnstone N, "Environmental Policy Stringency and Foreign Direct Investment", in Frank Wijen, Kees Zoeteman, Jan Pieters and Paul van Seters eds., *A Handbook of Globalisation and Environmental Policy: National Government Interventions in a Global Arena*, Cheltenham: Edward Elgar Publishing Limited, 2012, pp. 34–56.

的手段，以吸引外国直接投资①。

Kalamova等人（2012）提出的假说认为：东道国降低域内环境规制强度将对外国直接投资产正向促进作用，然而当东道国的环境规制过于宽松时，这一效应将会反转，即环境规制与外国直接投资之间存在效应②，如图2.7。

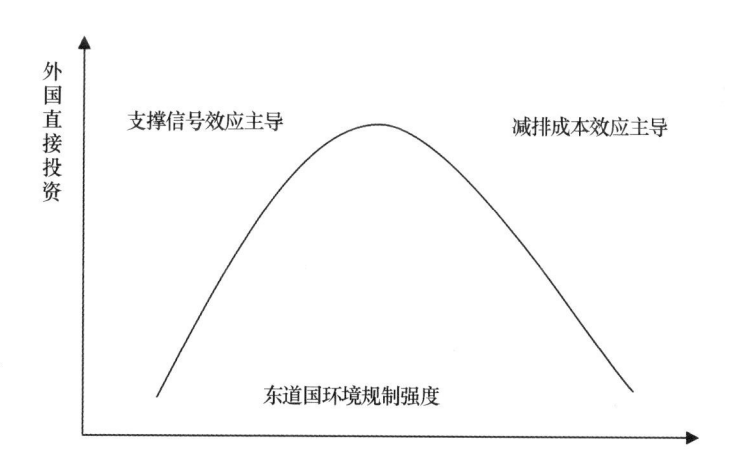

图2.7　环境规制强度和国外直接投资流入的关系

资料来源：根据Kalamova等人（2012）的研究论文及作者整理而成。

（二）外国直接投资对国内绿色创新的激励

来自外国直接投资的外部资金来源刺激了围绕技术进步和绿色

---

① Šimelytė A and Liučvaitienė A, "Foreign Direct Investment Policy – Friendly Business Environment in R&D Sectors: Baltic States versus Visegrad Countries", *Journal of East-West Business*, Vol. 18, No. 1, February 2012, pp. 66 – 93.

② Kalamova M and Johnstone N, "Environmental Policy Stringency and Foreign Direct Investment", in Frank Wijen, Kees Zoeteman, Jan Pieters and Paul van Seters eds., *A Handbook of Globalisation and Environmental Policy: National Government Interventions in a Global Arena*, Cheltenham: Edward Elgar Publishing Limited, 2012, pp. 34 – 56.

创新理念的增加，同时也有可能降低失业率①。当财政和财务动机与环境意识相结合时，绿色和可持续发展创新的促进就会增加。这种环境意识可导致工业污染物的减少，从而降低婴儿死亡率和其他健康问题②。一个国家若制定了吸引创新和环保意识的技术进步的政策，则是鼓励增加大量环境友好型外国直接投资的好方法③。另外，经合组织（OECD）也会促进可产生积极社会和经济影响的政策。

（三）国内环境规制对外国直接投资的负面影响

与此同时，外国直接投资确实有可能对各国产生负面影响。外国直接投资有可能在谈判国家的政策之间达成妥协和协作。但是，围绕生产成本（如环境影响）加强监管可能会降低该国对外国直接投资的吸引力。企业或政府可能希望与一个环境政策不太复杂的国家进行谈判，过于复杂的环境规制政策可能降低一个国家在国际市场上的竞争优势④。

（四）外国直接投资对国内环境规制的促进作用

环境规制政策与外国直接投资激励。一些研究人员发现外国直

---

① Šimelytė A and Liučvaitienė A, "Foreign Direct Investment Policy – Friendly Business Environment in R&D Sectors: Baltic States versus Visegrad Countries", *Journal of East-West Business*, Vol. 18, No. 1, February 2012, pp. 66 – 93.

② Jorgenson A K, "Foreign Direct Investment and the Environment, the Mitigating Influence of Institutional and Civil Society Factors, and Relationships Between Industrial Pollution and Human Health: A Panel Study of Less-Developed Countries", *Organization & Environment*, Vol. 22, No. 2, June 2009, pp. 135 – 157.

③ Ajide K B and Adeniyi O, "FDI and the Environment in Developing Economies: Evidence from Nigeria", *Environmental Research Journal*, Vol. 4, No. 4, April 2010, pp. 291 – 297.

④ Kalamova M and Johnstone N, "Environmental Policy Stringency and Foreign Direct Investment", in Frank Wijen, Kees Zoeteman, Jan Pieters and Paul van Seters eds., *A Handbook of Globalisation and Environmental Policy: National Government Interventions in a Global Arena*, Cheltenham: Edward Elgar Publishing Limited, 2012, pp. 34 – 56.

接投资导致严格的环境规制政策①。正如最近的"巴黎协定"所述,环境意识一直是全球社会讨论和关注的一个迫切主题。为了使一个国家对外国投资者更具吸引力,可以考虑实施同时降低成本的激励措施,并实施环保举措。激励措施是一种政策或监管措施,既可以作为增加外国直接投资的理由,又可以保持对投资可能产生影响的控制。仅靠财政激励措施,例如旨在减轻企业税负的税法,并没有在很大程度上有助于吸引外国直接投资进行研究和开发②。财政激励措施直接从政府向公司提供货币资助,这可能包括直接资本补贴或补贴贷款。结合财政和财务方面的激励措施才能更有效提高投资兴趣③。

(五)外国直接投资诱发绿色创新相关理论对本书的启示

外国直接投资、国内环境规制、绿色创新三者之间相互作用、相互影响,对于本书的理论机理构建有如下启示和思考。

第一,开放背景下中国排污权交易作为一种结合财政和财务方面的激励措施,能否吸引外国直接投资并诱发绿色创新?

第二,开放背景下中国排污权交易开展以后,何种形式的外国直接投资(如外资企业、外资持股)对绿色创新的诱发作用最有效?

第三,开放背景下中国排污权交易对外国直接绿色创新投资是否产生了负面影响?

---

① Dijkstra B R, Mathew A J, Mukherjee A, "Environmental Regulation: an Incentive for Foreign Direct Investment", *Review of International Economics*, Vol. 19, No. 3, July 2011, pp. 568 – 578.

② Rajan R S, "Measures to Attract FDI: Investment Promotion, Incentives and Policy Intervention", *Economic and Political Weekly*, Vol. 39, No. 1, January 2004, pp. 12 – 16.

③ Šimelytė A and Liučvaitienė A, "Foreign Direct Investment Policy – Friendly Business Environment in R&D Sectors: Baltic States versus Visegrad Countries", *Journal of East-West Business*, Vol. 18, No. 1, February 2012, pp. 66 – 93.

第三节 安托西演化博弈模型在本书数理模型中的适用与改进

本书的数理模型主要基于 Antoci 等人（2012）构建的具有随机匹配的演化博弈模型（An Evolutionary Game Model with Random Matching）[①]。安托西（Antoci）、博尔盖西（Borghesi）和索迪尼（Sodini）三位作者构建这一模型，从公司的战略行为和对不合规公司的制裁角度研究 Cap–and–Trade 机制对环境友好型技术创新扩散的影响。本书将这一机制扩展到开放背景下排污权交易对中国企业绿色创新的影响研究。

一 企业绿色创新与否的两种事前策略

考虑到排污权交易政策下存在众多企业，它们通过随机的两两匹配而相互影响，每一家企业都必须在两种可能的策略之间进行事前选择：

策略一是继续使用旧的（落后的）污染技术，其生产成本为 $C_{污染}$，并购买相应的排污权配额，其价格为 $p_{排污}$。

策略二是转向一种绿色创新，这意味着更高的生产成本，即 $C_{绿色} > C_{污染}$，但不需要购买排污权配额。

为了解决问题，现假设每个企业最初都有一个排污权配额可供使用，而使用污染技术的企业（WR 公司）需要两个排污权配额才能正常经营，而采用绿色创新的企业（LS 公司）则不需要排污权配额。因此，WR 公司需要再购买一张排污权配额才能继续生产，

[①] Antoci A, Borghesi S, Sodini M, "ETS and Technological Innovation: A Random Matching Model", FEEM Working Paper, No. 79（December 2012）, https://papers.ssrn.com/sol3/papers.cfm?abstract_id=2187222.

而 LS 公司则可以出售其排污权配额，这样他们的交换条件就明显得到满足。

用 F 表示，如果监管当局发现 WR 公司不遵守规定，它必须支付的罚金，也就是说，如果它用旧技术生产，而不购买为此目的所需的额外排污权配额，将用 $\theta \in (0,1)$ 表示监管机构发现的可能性，因此 θF 表示公司的预期罚金。

二 企业两两匹配预备排污权交易的三种情形

考虑到博弈的随机匹配结构，可以根据不同的公司偏好类型来区分三种可能的情形：

情形一是如果两家 WR 公司匹配到一起，原则上两家公司都必须支付罚金，因为没有一家公司有足够的排污权配额以保证顺利经营。然而，他们可以决定交易他们的排污权配额，即一家 WR 公司将其排污权配额出售给另一家 WR 公司，使其拥有经营所需的两张排污权配额，并分摊预期罚金，其排污权配额交易价格为 $p_{排污} = \theta \frac{F}{2}$，两家公司每一家的收益为 $\pi WR = -C_{污染} - \theta \frac{F}{2}$，这优于两家公司在非交易情况下，即双方都有"完全"预期罚金 θF。这对应的是中国排污权交易中两家不进行绿色创新的企业的交易决策。

此时，排污权交易发生，但没有诱发企业绿色创新。

情形二是如果两家 LS 公司匹配到一起，排污权配额对两家公司都是无用的，因此不会发生排污权配额交易。在这种情况下，这两家公司的收益将是 $\pi LS = -C_{绿色} + \delta$，其中 $\delta \geq 0$ 代表每个 LS 公司在绿色创新扩散中产生的可能的正向溢出①。

---

① Borghesi S, Cainelli G, Mazzanti M, "Linking Emission Trading to Environmental Innovation: Evidence from the Italian Manufacturing Industry", *Research Policy*, Vol. 44, No. 3, April 2015, pp. 669–683.

此时，排污权交易未发生，企业的绿色创新并非排污权交易诱发的，其绿色创新动机更多的来自企业对正向溢出 δ 的期望。

情形三是如果 WR 公司和 LS 公司匹配到一起，前者可以从后者那里购买为避免处罚所需的排污权配额。当然，由于不同的原因，也可能不进行排污权配额交易。例如 WR 公司可能决定不购买排污权配额，并承担由监管当局处罚的风险，因为 WR 公司认为预期的罚款足够低。再例如 LS 公司可以决定不出售排污权配额给 WR 公司，因为两者可能是市场上的潜在竞争对手。

因此，可以在情形三中区分两种子情况。

子情况一是在 WR 公司和 LS 公司之间不发生排污权配额交换，因为 WR 公司不购买排污权配额，或者 LS 公司不出售排污权配额。在这种情况下，如果监管机构没有发现 WR 公司排污，发生概率为 $1-\theta$，则这两家公司的成本仅以各自的成本 $C_{污染}$ 和 $C_{绿色}$ 来表示。相反，如果发现 WR 公司排污，发生概率为 θ，它也必须支付罚款 F，而 LS 公司可能从竞争对手 WR 公司所受的"惩罚"中获得竞争收益 γ，因此，WR 公司和 LS 公司的期望收益值是根据 WR 公司实际上被监管机构发现或未被发现的概率来表示的，具体如下：

$$\pi WR = \theta(-C_{污染} - F) + (1-\theta)(-C_{污染}) = -C_{污染} - \theta F$$

$$\pi LS = \theta(-C_{绿色} + \gamma) + (1-\theta)(-C_{污染}) = -C_{绿色} + \theta\gamma$$

其中，$\gamma \geq 0$ 是 LS 公司从竞争对手 WR 公司所受的"惩罚"中获得竞争收益。

此时，排污权交易未发生，企业进行绿色创新的动机来自于对 γ 的期望。

子情况二是排污权配额交易确实发生，WR 公司从 LS 公司处购买排污权配额。在这种情况下，这两家公司的收益将分别是：

$$\pi WR = -C_{污染} - p_{排污}$$

$$\pi LS = -C_{绿色} + p_{排污}$$

其中，$p_{排污}$为排污权配额交易价格。

值得注意的是，WR公司愿意购买排污权配额的前提是，其相应的收益高于预期不购买排污权配额的收益，即：

$$-C_{污染} - p_{排污} > -C_{污染} - \theta F$$

化简后即为 $p_{排污} < \theta F$。

同样，LS公司只有在其从交易所获得的出售排污许可证的收益高于或至少等于预期不出售排污许可证的收益时，才愿意出售其排污许可证，即：

$$-C_{绿色} + p_{排污} > -C_{绿色} + \theta \gamma$$

化简后即为 $p_{排污} > \theta \gamma$。

因此，排污许可证交易要实际进行，均衡价格必须介于LS公司的最低接受意愿和WR公司的最大支付意愿之间，即 $\theta \gamma < p_{排污} < \theta F$。

此时，排污权交易发生，企业进行绿色创新并参与排污权交易，其动机来自于企业预期出售排污许可证获得的收益 $p_{排污}$ 高于不进行排污权交易获得的收益 $\theta \gamma$。

三　企业排污权交易的两种收益矩阵

因此，现可以构建区别于包括上述所有可能情况的两种新的可能情况：

新情况一。如果 $\theta \gamma \geq \theta F$，即 $\gamma \geq F$，不存在满足上述条件的交易均衡价格，因而公司WR和公司LS之间不会发生排污许可证交易。上文的情形一、情形二和子情况一的部分决策符合此种情况。在这种情况下，矩阵如下：

$$A: \begin{array}{c} \\ WR \\ LS \end{array} \begin{array}{cc} WR & LS \\ \left(\begin{array}{cc} -C_{污染} - \dfrac{\theta F}{2} & -C_{污染} - \theta F \\ -C_{绿色} + \theta \gamma & -C_{绿色} + \delta \end{array} \right) \end{array}$$

新情况二。如果 $\theta\gamma < \theta F$，即 $\gamma < F$，则排污权配额交易对于任何 $p_{排污} \in (\theta\gamma, \theta F)$ 都是方便可行的。因此，上文的情形一、情形二和子情况一的部分决策符合此种情况。在这种情况下，矩阵如下：

$$B: \begin{matrix} & WR & LS \\ WR \\ LS \end{matrix} \begin{pmatrix} -C_{污染} - \dfrac{\theta F}{2} & -C_{污染} - p_{排污} \\ -C_{绿色} + p_{排污} & -C_{绿色} + \delta \end{pmatrix}$$

为了简单起见，假设均衡价格 $p_{排污}$ 介于 LS 公司的最低接受意愿和 WR 公司的最大支付意愿正中间，即：

$$C: \begin{matrix} & WR & LS \\ WR \\ LS \end{matrix} \begin{pmatrix} -C_{污染} - \dfrac{\theta F}{2} & -C_{污染} - \dfrac{\theta(\gamma+F)}{2} \\ -C_{绿色} + \dfrac{\theta(\gamma+F)}{2} & -C_{绿色} + \delta \end{pmatrix}$$

此时，符合中国排污权交易试点政策诱发绿色创新的情景。在接下来的工作中，本书将研究新情况二收益矩阵 C 下产生的动态变化，这些变化可能来自于 F 和 γ 的参数值的变化。

四 企业排污权交易的动态博弈

用 $e(t) \in [0, 1]$ 表示在时间 $t \in [0, \infty]$ 上采用事前策略 WR 的公司所占的份额。相应地，$1 - e(t)$ 是采用可选策略 LS 的公司所占份额。因此，变量 e 代表了这两种策略在企业群体中的分布，如果 $e = 1$，那么所有企业都采用策略 WR，即它们全部继续使用污染技术。相反，如果 $e = 0$ 所有企业都采用策略 LS，即它们全部转向绿色创新。

在任何时候，在随机相互作用的公司之间都会发生大量的自由匹配行为。为了简单起见，假设采用以上两种策略的过程可以用复制动态（Replicator Dynamics）来描述①：

$$\dot{e} = e(1-e)[\prod\nolimits_{WR}(e) - \prod\nolimits_{LS}(e)]$$

其中 $\prod_{WR}(e)$ 和 $\prod_{LS}(e)$ 表示策略 WR 和策略 LS 的期望收益，而 $\dot{e}$ 是 $e(t)$ 的时间导数，即：

$$\dot{e} = \frac{de(t)}{dt}$$

根据复制动态的定义，期望收益高于平均期望收益的策略将在企业群体中逐步取代其他替代策略，即：

$$\dot{e} \geq 0 \text{ 当且仅当} \prod\nolimits_{WR}(x) - \prod\nolimits_{LS}(e) \geq 0,$$

$$\dot{e} < 0 \text{ 当且仅当} \prod\nolimits_{WR}(x) - \prod\nolimits_{LS}(e) < 0,$$

$$\forall e \in (0,1)$$

这一过程可以理解为，当企业绿色创新的期望收益高于所有策略的平均期望收益时，群体中的企业会逐步选择绿色创新，替代污染策略。当企业污染策略的期望收益高于所有策略的平均期望收益时，群体中的企业会逐步选择污染策略，替代绿色创新策略。

因此排污权交易机制若能使得企业绿色创新的期望收益高于所有策略的平均期望收益，则有可能诱发企业的绿色创新。

五　排污权交易促进企业绿色创新策略的动态博弈

如果 $\gamma < F$，则适用收益矩阵 C，即排污权配额不仅在同质企业 WR 之间进行，而且在异质企业 WR 和 LS 之间进行交易。这种情况符合排污权交易促进企业绿色创新的情景，在这种情况下，期望收益是：

---

① 复制动态是低理性层次有限理性博弈方动态策略调整的一种机制，其核心是在群体中较成功的策略采用的个体会逐渐增加，可以用动态微分方程或微分方程组表示（Weibull, 1995）。

$$\prod_{WR}(e) = (-C_{污染} - \frac{\theta F}{2})e + (-C_{污染} - p_{排污})(1-e)$$

$$= -C_{污染} - Ep_{排污} + (Ep_{排污} - \frac{\theta F}{2})e$$

$$= -C_{污染} - \frac{\theta(\gamma + F)}{2} + \frac{\theta T}{2}e$$

$$\prod_{LS}(e) = (-C_{绿色} + p_{排污})e + (-C_{绿色} + \delta)(1-e)$$

$$= -C_{绿色} + \delta + (Ep_{排污} - \delta)e$$

$$= -C_{绿色} + \delta + [\frac{\theta(\gamma + F)}{2} - \delta]e$$

此时，复制动态变为：

$$\dot{e} = e(1-e)[\prod_{WR}(e) - \prod_{LS}(e)]$$

$$= e(1-e)[C_{绿色} - C_{污染} - \delta - Ep_{排污} + (\delta - \frac{\theta F}{2})e]$$

$$= e(1-e)[C_{绿色} - C_{污染} - \delta - \frac{\theta(\gamma + F)}{2} + (\delta - \frac{\theta F}{2})e]$$

值得注意的是，$\prod_{WR}(e)$ 在 e 上单调递增，因此污染策略是自执行的。当 $\frac{\theta(\gamma + F)}{2} - \delta > 0$ 时，绿色创新收益 $\prod_{LS}(x)$ 也是在 x 上单调递增的，即出售给 WR 公司的排污权配额 $\frac{\theta(\gamma + F)}{2}$ 价格高于匹配 $LS(\delta)$ 公司所获得的收益。

$\prod_{WR}(e) - \prod_{NP}(e)$ 在 e 中单调递增，当 $\delta - \frac{\theta F}{2} > 0$ 时；$\prod_{WR}(e) - \prod_{NP}(e)$ 在 x 中单调递减，当 $\delta - \frac{\theta F}{2} < 0$。这与直觉是一致的：如果两家公司 $LS(\delta)$ 的匹配所获得的收益高于两家公司 $WR(\frac{\theta F}{2})$ 匹配的收益，那么随着 LS 公司在群体中的扩散，前者的

利润增长速度快于后者。如果 δ 低于 $\dfrac{\theta F}{2}$，则明显相反。

下面命题说明了在上文 $\gamma < F$ 中可能发生的动态机制的一致性。

命题甲：当 $\gamma < F$ 时，复制动态会导致以下可能的动态机制：

（1）如果 $C_{绿色} - C_{污染} \geqslant \max\left[\dfrac{\theta(\gamma + F)}{2} + \delta, \theta(F + \dfrac{\gamma}{2})\right]$，则无论策略 $e(0) \in (0,1)$ 的初始分布如何，x 总是处于稳定状态，$x = 1$。即此排污权交易下，企业全部继续使用污染技术。

（2）如果 $C_{绿色} - C_{污染} \leqslant \min\left[\dfrac{\theta(\gamma + F)}{2} + \delta, \theta(F + \dfrac{\gamma}{2})\right]$，则无论策略 $e(0) \in (0,1)$ 的初始分布如何，e 总是处于稳定状态，$e = 0$。即此排污权交易下，企业全部转向绿色创新。

（3）如果 $\theta(F + \dfrac{\gamma}{2}) < C_{绿色} - C_{污染} < \dfrac{\theta(\gamma + F)}{2} + \delta$ 并且 $\delta - \dfrac{\theta F}{2} > 0$，则存在一种新的双稳态：

$$\bar{e} = \left[C_{污染} - C_{绿色} + \delta + \dfrac{\theta(\gamma + F)}{2}\right] \Big/ \left(\delta - \dfrac{\theta F}{2}\right) \in (0,1)$$

此时，如果 $e(0) \in (0, \bar{e})$，则 e 变为稳态 $e = 0$，企业转向绿色创新。如果 $e(0) \in (\bar{e}, 1)$，则 $e = 1$，企业继续使用污染技术。

（4）如果 $\dfrac{\theta(\gamma + F)}{2} + \delta < C_{绿色} - C_{污染} < \theta(F + \dfrac{\gamma}{2})$ 并且 $\delta - \dfrac{\theta F}{2} < 0$，那么无论策略 $e(0) \in (0,1)$ 的初始分布是什么，e 总是处于内稳态，$e(0) \in (0,1)$，此时替代策略 WR 和 LS 共存。即此排污权交易下，企业继续使用污染技术与转向绿色创新并存。值得注意的是，即使在目前的情况下，只有当参数 δ 足够高时（$\delta > \dfrac{\theta F}{2}$ 时），才会发生双稳态（路径依赖）的动态机制。

以下命题描述了如何通过改变监管当局的惩罚水平或监督能力

来修改命题甲中所确定的内部均衡,从而影响发现不遵守规定的公司的可能性概率。

命题乙:当 $\gamma < F$ 时,

如果 $\theta(F + \frac{\gamma}{2}) < C_{绿色} - C_{污染} < \frac{\theta(\gamma + F)}{2} + \delta$ 并且 $\delta - \frac{\theta F}{2} > 0$,

即双稳态时,则 $\frac{\partial \bar{x}}{\partial F} > 0$,并且 $\frac{\partial \bar{x}}{\partial \theta} > 0$。

如果 $\frac{\theta(\gamma + F)}{2} + \delta < C_{绿色} - C_{污染} < \theta(F + \frac{\gamma}{2})$ 并且 $\delta - \frac{\theta F}{2} < 0$,

即共存状态时,则 $\frac{\partial \bar{x}}{\partial F} < 0$,并且 $\frac{\partial \bar{x}}{\partial \theta} < 0$。

当一个双稳态的动态机制适用时[命题甲(3)],增加 F 的额度提升了排斥双稳态 $\bar{e}$ 的值,因此相对于 $e = 1$,它增加了 $e = 0$ 的吸引范围。换言之,当系统处于路径依赖时,F 的增加会提升系统可能收敛到稳态 $e = 0$ 的可能性(所有公司均采用绿色创新 LS)。

因此,增加排污权配额监管机构实施的罚款水平的提高,往往会促进新的绿色创新的传播,因为它增加了企业绿色创新策略的吸引力。同样的情况也适用于监管机构监管力度和自身能力建设的提高,提高了 θ 的值,从而使不遵守法规的公司更难逃脱制裁。

最后,必须强调的是,经济的动态机制可能将系统锁定在一个"贫困陷阱"中。事实上,在某些情况下,动态制度可能会导致系统走向"肮脏"的稳定状态 $e = 1$,尽管在"清洁"稳定状态 $e = 0$ 中,企业的利润会更高。但在上述这种状态下,总体上也很可能更好。为了表明这可能是这样的情况,请考虑命题甲存在:

$$\prod_{LS}(0) > \prod_{WR}(1)$$

此时,$-C_{绿色} + \delta > -C_{污染} - \frac{\theta F}{2} + \theta\gamma$,即 $\theta(\frac{F}{2} - \gamma) + \delta > C_{绿色} - C_{污染}$

回顾上文，在命题甲中双稳定动态的条件是：$\theta(F + \frac{\gamma}{2}) < C_{绿色} - C_{污染} < \frac{\theta(\gamma + F)}{2} + \delta$。因此，$\theta(F + \frac{\gamma}{2}) < \theta(\frac{F}{2} - \gamma) + \delta$。化简可得，$\theta(\frac{F}{2} + \frac{3\gamma}{2}) < \delta$。

这一条件表明，如果策略 LS 在市场上所享有的正向效应 δ 足够大，那么所有企业都会通过采用绿色创新而变得更好，但如果许多企业最初不愿改变策略并继续使用旧的技术，那么双稳态可能仍然会引导经济向相反的方向发展。也就是说，正向效应 δ 是满足上述条件的必要条件，但不是充分条件，因为这一条件必须足够高才能实现。换言之，在这种情况下，经济最终可能会陷入帕累托主导的局面，而帕累托最优可能主导整个社会。

第四节　实验经济学和本书实证模型的相关理论

本部分总结和梳理实验经济学和本书实证模型的相关理论，包括实验经济学相关理论、准实验经济学相关理论及其发展，在此基础上确定本书的实证模型。

一　实验经济学相关理论

实验经济学是应用实验方法来研究经济问题[①]。实验中收集的数据用于估计影响规模、检验经济理论的有效性并阐明市场机制。经济实验通常使用现金来激励受试者，以模仿现实世界的激励。实验用于帮助理解市场和其他交换系统如何以及为何如此运作。实验经济学也扩展到了解制度和法律经济学研究中（Experimental Law

---

[①] Roth A E, "The Economist as Engineer: Game Theory, Experimentation, and Computation as Tools for Design Economics", *Econometrica*, Vol. 70, No. 4, February 2002, pp. 1341–1378.

and Economics)①。实验经济学的基本内容是实验设计。实验可以在现场或实验室环境中进行,无论是个人行为还是群体行为②。在这种形式范围之外的受试者的变体包括自然和准自然实验③。

二 准实验经济学相关理论及其发展

准实验是一项经验性干预性研究,用于估计干预对目标人群的因果影响而无须随机分配。准实验研究与传统的实验设计或随机对照实验有相似之处,但它特别缺乏随机分配治疗(处置)或控制的因素。相反,准实验设计通常允许研究人员控制对治疗(处置)条件的分配,但使用除随机分配之外的一些标准(例如,资格截止标记)。在某些情况下,研究人员可以控制治疗(处置)的分配④。

(一)准自然实验的设计

准自然实验的设计。创建准实验设计的第一部分是识别变量。所述独立变量预设为"X"变量,即以影响一个因变量操纵的变量。"X"通常是具有不同级别的分组变量。分组是指两组或更多组,如接受替代治疗(处置)的两组,或治疗(处置)组和未治疗(处置)组(可以给予安慰剂,安慰剂更常用于医学或生理学实验)。预测结果是因变量,这是 y 变量。在时间序列分析中,随着时间的推移观察因变量可能发生的任何变化。一旦确定并定义了

---

① Grechenig K, Nicklisch A, Thöni C, "Punishment Despite Reasonable Doubt—a Public Goods Experiment with Sanctions under Uncertainty", *Journal of Empirical Legal Studies*, Vol. 7, No. 4, November 2010, pp. 847–867.

② Smith V L, *Behavioural and Experimental Economics*, London: Palgrave Macmillan, 2010, pp. 120–136.

③ DiNardo J, "Natural Experiments and Quasi-Natural Experiments", *Microeconomics*, January 2010, pp. 139–153.

④ Rossi P H, Lipsey M W, Henry G T, *Evaluation: A Systematic Approach*, America: SAGE Publications, 2018.

变量，就应该实施一个程序，并检查组差异①。

针对成本、可行性、政策问题，使用准实验也很有效，因为它们使用"事后测试"。这意味着在收集任何数据之前已经完成了测试，以查看是否存在任何人混淆或者是否有任何参与者具有某些倾向，然后进行实际实验、记录测试结果。该数据可以作为研究的一部分进行比较，或者预测试数据可以包括在实际实验数据的解释中。准实验具有已经存在的独立变量，如年龄、性别。这些变量可以是连续的（年龄），也可以是分类的（性别）。简而言之，就是在准实验中测量自然发生的变量②。在本书的国内外现状部分，笔者发现三重差分（Difference in Difference in Differences）方法成为国际环境经济学研究政策评估问题的前沿方法。

虽然准实验有时被那些认为自己是实验纯粹主义者的人所避开（Campbell，1988），但不可否认的是准实验方法在进行实验或随机对照试验不可行或不可取的领域特别有用③。这种情况包括评估公共政策变化、教育干预或大规模卫生干预的影响。如果可以识别和测量混杂变量，则可以使用诸如多元回归的各种统计技术来控制这种偏差。这些技术可用于模拟和分解混杂变量技术的影响，从而提高从准实验中获得的结果的准确性④。

总而言之，准实验是一种有价值的工具，尤其对于应用研究者

---

① Gribbons B and Herman J, "True and Quasi-Experimental Designs", *Practical Assessment, Research, and Evaluation*, Vol. 5, No. 1, 1996, pp. 14.

② Harmon R J, Morgan G A, Gliner J A, et al, "Quasi-Experimental Designs", *Journal of the American Academy of Child & Adolescent Psychiatry*, Vol. 39, No. 6, June 2000, pp. 794–796.

③ Campbell D T, *Methodology and Epistemology for Social Sciences: Selected Papers*, Chicago: University of Chicago Press, 1988.

④ Armstrong J S and Patnaik S, "Using Quasi-Experimental Data to Develop Empirical Generalizations for Persuasive Advertising", *Journal of Advertising Research*, Vol. 49, No. 2, June 2009, pp. 170–175.

而言，它提供了仅通过实验方法无法获得的必要且有价值的信息[①]。

（二）准自然实验的伦理道德优势

准实验通常用于社会科学、公共卫生、教育和政策分析，特别是当将研究参与者随机化为治疗（处置）条件是不切实际或不合理的时候。例如，假设研究者将家庭分为两类：父母打孩子的家庭，以及父母不打孩子的家庭。研究者可以运行线性回归来确定父母的打屁股与孩子的攻击性行为之间是否存在正相关关系。然而，简单地随机化父母打屁股或不打他们的孩子可能不实际或不道德，因为一些父母可能认为打他们的孩子在道德上是错误的并拒绝参加实验[②]。

（三）准自然实验的优缺点

准自然实验的优点。由于在随机分配受试者不切实际或不道德时使用准实验设计，因此它们通常比真正的实验设计更容易设置。此外，利用准自然实验设计可最大限度地减少对生态有效性的威胁，因为与良好控制的实验室环境相比，自然环境不会遭受与人工相同的人为问题。由于准实验是自然实验，其中的一个研究结果可以被应用到其他主体和设置上，从而允许关于人口数量进行一些抽样。而且，该实验方法在纵向研究中是有效的，其设计可以在不同环境中跟踪更长的时间段。准自然实验的其他优点包括实验者可以根据自己的想法选择进行任何操纵。在自然实验中，研究人员不得不让操纵自己进行，无论如何都无法控制它们。此外，在准实验中使用自选群体也会在进行研究时具备消除道德、条件等问题的可能[③]。

---

① Cook T D, Campbell D T, Shadish W, *Experimental and Quasi-Experimental Designs for Generalized Causal Inference*, Boston, MA: Houghton Mifflin, 2002.

② Cook T D, Campbell D T, Shadish W, *Experimental and Quasi-Experimental Designs for Generalized Causal Inference*, Boston, MA: Houghton Mifflin, 2002; DiNardo J, "Natural Experiments and Quasi-Natural Experiments", *Microeconomics*, January 2010, pp. 139 - 153.

③ DeRue D S, Nahrgang J D, Hollenbeck J R, et al, "A Quasi-Experimental Study of After-Event Reviews and Leadership Development", *Journal of Applied Psychology*, Vol. 97, No. 5, September 2012, pp. 997.

准自然实验的缺点。准自然实验的影响估计受到混杂变量的污染（DiNardo，2016）。准自然实验设计方法中缺乏随机分配，这为研究者在内部效度方面带来了许多挑战。此外，即使评估了内部有效性的这些威胁，因果实验者也无法完全控制外部变量，因此仍无法完全建立因果关系。

（四）准自然实验的内外部有效性

准自然实验的内部有效性。内部有效性是关于因果关系或因果关系的推论的近似真实性。这就是为什么有效性对于准自然实验很重要，因为它们都是因果关系。当实验者试图控制可能影响实验结果的所有变量时，就会发生这种情况。统计回归、历史和参与者都是内部有效性的可能威胁（DeRue，2012）。

准自然实验的外部有效性。外部有效性是指从研究样本中获得的结果可以推广到感兴趣的人群的程度。当外部有效性很高时泛化是准确的，并且可以代表实验中的外部世界。在统计研究方面，外部有效性非常重要，因为研究者需要确保对人口进行正确描述。当外部效度低时，研究者的研究可信度就会受到质疑。通过确保随机抽样参与者和随机分配，可以减少对外部有效性的威胁[①]。

三 实验经济学相关理论对本书的启示

实验经济学、准自然实验经济学的理论与实践的发展、方法学上的突破，对于本书的理论机理构建有如下启示和思考。

第一，开放背景下中国排污权交易这一实践，在不违背伦理道德情况下能否找到一次准自然实验，以探究这一环境政策干预对企业绿色创新的影响？

第二，开放背景下中国排污权交易这一实践，尽管运用准自然

---

① Calder B J, Phillips L W, Tybout A M, "The Concept of External Validity", *Journal of Consumer Research*, Vol. 9, No. 3, December 1982, pp. 240–244.

实验方法来研究具备许多优势，但是如何进一步克服这一方法的缺点，进一步排除混杂变量，更好地提炼排污权交易与绿色创新的因果关系？

第五节　本书的理论机制假说

本部分根据前人的理论和文献研究，理论假说的背景主要以保罗·罗默的新古典经济增长理论为前提[①]。结合开放背景下中国宏观经济运行、微观企业发展、排污权交易政策开展等情况，以中国社会主义市场经济为背景，依据《生态文明体制改革总体方案》的总要求，运用有限理性人假设和博弈论试着分析排污权交易对企业绿色创新的作用机理，并提出本书的理论机制假说。

《生态文明体制改革总体方案》中强调，自然生态是有价值的，保护自然就是增值自然价值和自然资本的过程，就是保护和发展生产力，就应得到合理回报和经济补偿。企业的绿色创新就是保护自然的一种方式，因此排污权交易试点政策对企业来说是机遇与挑战并存的，以污染物为标的物的排污权具有产权属性，企业的收益等于企业的收入（包括出售排污权获得的收入、绿色创新获得的收入等）减去成本（包括购买排污权付出的成本、绿色创新付出的成本等），在收益最大化的驱动下，企业会依据各自的实际情况做出是否进行绿色创新、进行何种绿色创新以及出售或购买排污权的决策。

排污权交易试点政策的初衷是，以排污权市场价格为信号，使污染企业成本增加、收益减少，从而使其利润下降，当边际收益接近边际成本时，企业可以选择停产、搬迁、清洁能源替代或就地绿

---

① Romer P M, "Increasing Returns and Long-Run Growth", *Journal of Political Economy*, Vol. 94, No. 5, October 1986, pp. 1002–1037.

色创新，从而控制该区域的排放总量并促使排污企业绿色转型。

企业如果选择停产或搬迁，相当于退出当地市场，那么之前的厂房建设维护、当地市场开拓、客户群维系等成本将变为沉没成本，重新选址过程中将会面临各种新的投入成本，且新址也存在即将被纳入排污权交易试点政策的可能。如果清洁能源要素投入成足够低，企业可能选择低排放（排污）的清洁能源以替代传统化石能源。如果上述成本过大，企业会选择就地绿色创新[①]。

根据前人的研究和中国国情，提出以下本书假说。

一　中国排污权交易的"绿色创新诱发效应"假说

政策强度会受到覆盖地域，纳入行业和参与主体的影响，如果前期缺少足够的政策覆盖范围、纳入行业和参与主体，环境规制政策的运行效果可能会受影响，企业会存在观望情绪，其绿色创新积极性也会打折扣。

结合上文安托西模型，如果排污权交易机制设计不够合理，可能出现情形一，即中国排污权交易中两家 WR 公司进行交易。此时，排污权交易发生，但没有诱发企业绿色创新。没有绿色创新的原因可能是因为模型中 θ 和 F 出现了问题：θ 值过小，反映出的监管机构的自身能力建设不足、监管力度不够、对企业排污行为的监测机制和设备不完善等。F 值过小，反映出的监管机构发现企业排污行为以后处罚力度不足，企业排污成本过低等。

结合上文，安托西模型如果排污权交易机制足够合理，可以诱发企业绿色创新活动，将会出现子情形三中的情况二，即企业进行绿色创新并参与排污权交易，其动机来自 LS 公司预期出售排污许可证获得的收益 $p_{排污}$ 高于不进行排污权交易获得的收益 $\theta\gamma$。WR 公

[①] Anouliès L., "Heterogeneous Firms and the Environment: a Cap‑and‑Trade Program", *Journal of Environmental Economics and Management*, Vol. 84, July 2017, pp. 84–101.

司愿意购买排污权配额的前提是，其相应的净收益 $-p_{排污}$ 高于预期不购买排污权配额的净收益 $-\theta F$。这说明一个设计合理、足够诱发企业绿色创新的排污权交易机制，可能需要合理的排污权配额价格，此价格要低于 WR 公司受惩罚的成本 θF，并高于 LS 公司不出售排污权配额的收益 $\theta \gamma$。同时根据上文的动态博弈分析，只有当企业绿色创新产生的收益 δ 足够高时（$\delta > \dfrac{\theta F}{2}$ 时），才会发生双稳态（路径依赖）的动态机制，即 LS 公司形成了绿色创新的路径依赖。

因此，相应的监管机构可能要保证足够的执法强度、提供更好的绿色创新环境和激励。提出本书的第一个假说：

假说 1，在中国，设计合理的排污权交易可以诱发规制企业的绿色创新活动，即"绿色创新诱发效应"。

同时前人的相关理论，如熊彼特创新理论、希克斯诱发技术创新理论、"波特假说"、戴尔斯排污权理论均支持了本书这一假说。

二 中国排污权交易的"绿色创新溢出效应"假说

在本书中，这种溢出效应主要通过考察排污权交易对高煤耗企业绿色创新活动是否产生溢出，对企业不同类型绿色创新和低碳技术是否产生溢出，对试点地区清洁行业和非试点地区污染行业是否产生溢出。

结合上文安托西模型中的动态博弈分析，当排污权交易机制使得企业形成路径依赖时，F 的增加会提升系统可能收敛到稳态 $e=0$ 的可能性（所有公司均采用 LS 策略），这一过程中 LS 公司数量会在群体中不断扩大，绿色创新的行为更加巩固。因此，认为此时绿色创新活动会向高煤耗企业溢出，绿色创新活动会拓展其范围与类型。此时应保证公司选择策略 LS 在市场上所享有的正向效应 δ 足够大。提出本书的第二个假说：

假说 2，在中国，设计合理的排污权交易可以产生企业绿色创新的正向溢出，即"绿色创新溢出效应"。

三 中国排污权交易的"绿色能源替代效应"假说

在本书中，这种替代效应主要通过考察排污权交易对高能耗企业能源投入是否产生替代作用，对企业由一次能源向二次能源的替代是否产生了促进作用。

结合上文的希克斯诱发创新理论，生产要素的相对价格的变化本身就是对发明的刺激，也是对特定种类的发明（旨在节约使用相对昂贵的因素）的诱导①。该假设被用于观察排污成本的增加，它会使产品减排效率比通常情况提高的更快。在排污权交易产生的影子价格下，一类企业进行了绿色创新，而对于另一类企业，其本身的绿色创新成本可能高于选择替代绿色能源的成本，因此该类企业可能选择用电能等低排污或者"零排污"的能源替代传统高排污的化石能源。提出本书的第三个假说：

假说3，在中国，设计合理的排污权交易可以产生企业绿色能源的正向替代，即"绿色能源替代效应"。

四 中国排污权交易的"民营绿色创新效应"假说

从企业所有制类型来看，一般来讲，排污权交易下民营企业对市场上价格信号反应敏感，符合希克斯的诱发创新理论，民营企业需要保证持续收益，并尽可能获得"波特假说"中的先发优势，因此会更积极地进行绿色创新活动；国有企业体量大、从业人数较多，对当地政府来讲，经济效益要求和政治稳定要求并存，因此排污权交易机制对其绿色创新活动的激励作用不一定立竿见影，会存在一定迟滞。另外，国有企业的绿色研发部门可能更加集中于母公

---

① Hicks J, *The Theory of Wages*, Berlin: Springer, 1963.

司或其直属研究机构,其上市公司更多以营利为目的,可能并不热衷于投入较大的绿色创新。开放背景下,中国外资企业因为资金和技术力量雄厚,可能是一段时间内地方政府招商引资的重点对象,因此各地可能出台许多税收减免、行政补贴等一系列优惠政策,使得外资企业受到"超国民待遇"。

结合上文安托西模型,一是 WR 策略下,民营企业面临的 θ 和 F 值会较大,因此民营企业可能会改变策略选择 LS 策略,从而诱发"民营绿色创新效应",而国有企业可能会具备一定的市场势力和游说能力,降低其受到的 θ 和 F。开放背景下,外资企业可能在地方获得"超国民待遇",因此其面临的 θ 和 F 值会较小,从而选择 WR 策略,把中国作为"污染避难所"。

二是 LS 策略下,国有企业和外资企业可能因为收益 δ 或 γ 足够大而不参与排污权交易,如国企和外资的母公司或直属研发部门已进行了相关绿色创新,并使得其上市部分企业获得了绿色创新的正向收益。此时国有企业和外资企业虽然积极进行绿色创新活动,但这并不是排污权交易的"绿色创新诱发效应"。与此同时,民营企业可能更愿意通过出售排污权配额获得收益 $p_{排污}$,从而保证持续收益。因此,民营企业选用 LS 策略的偏好可能更加强烈。提出本书的第四个假说:

假说4,开放背景下,从企业所有制类型来看,排污权交易可能更容易诱发民营企业的绿色创新活动,即"民营绿色创新效应"。

五 中国排污权交易的"外向型绿色创新效应"假说

企业开展海外业务获得的收入,主要包括进出口贸易收入和海外投资建立分支机构的营业收入。结合上文,相对于无海外业务的企业,有海外业务的企业可能受到国际市场中"生态关税"排污风险作用、"技术性贸易壁垒协议"促进绿色技术引进作用和"国际环境协定"的绿色资金支持作用,其绿色创新成本 $C_{绿色}$ 可能更低,继续运用旧的污染技术的成本 $C_{污染}$ 可能更高。因此,有海外业务的企业选用 LS 策略的偏好可能更加强烈。提出本书的第五个假说:

假说 5,开放背景下,从企业有无海外业务来看,排污权交易可能更容易诱发有海外业务企业的绿色创新活动,即"外向型贸易绿色创新效应"和"外向型投资绿色创新效应"。

结合上文,相对于合格境外机构投资者(Qualified Foreign Institutional Investors,QFII)未持股的企业,合格境外机构投资者持股的企业可能受到"国内环境规制吸引外资"机制、"外资激励国内绿色创新"机制和"外资对国内环境规制正向促进"机制,其绿色创新成本 $C_{绿色}$ 可能更低,继续运用旧的污染技术的成本 $C_{污染}$ 可能更高。同时合格境外机构投资者对企业选用 LS 策略的偏好可能更加强烈,并更关注企业的长期发展,对其进行价值投资。提出本书的第六个假说:

假说 6,开放背景下,从企业有无合格境外机构投资者持股来看,排污权交易可能更容易诱发有合格境外机构投资者持股企业的绿色创新活动,即"外向型融资绿色创新效应"。

结合上文,相对于没有"董监高"海外背景的企业,有"董监高"海外背景的企业可能受到"海外先进管理理念"作用开展"探索性"创新,在绿色创新领导力、绿色创新领导者属性特征、绿色创新领导力风格、绿色创新领导力视野、绿色创新企业家精神方面产生促进作用,其绿色创新成本 $C_{绿色}$ 可能更低,继续运用旧的污染技术的成本 $C_{污染}$ 可能更高。同时"董监高"海外背景对企业选用 LS 策略的偏好可能更加强烈。由此提出本书的第七个假说:

假说 7,开放背景下,从企业有无"董监高"海外背景来看,排污权交易可能更容易诱发有"董监高"海外背景企业的绿色创新活动,即"外向型领导力绿色创新效应"。

本章分析了本书的理论机理，包括环境规制诱发绿色创新的相关理论、开放背景下的诱发绿色创新相关理论、安托西演化博弈模型在本书数理模型中的适用与改进、实验经济学和本书实证模型的相关理论。根据上述理论，本章最后提出了本书的理论机制假说，具体的理论机制假说逻辑框架图见图2.8。

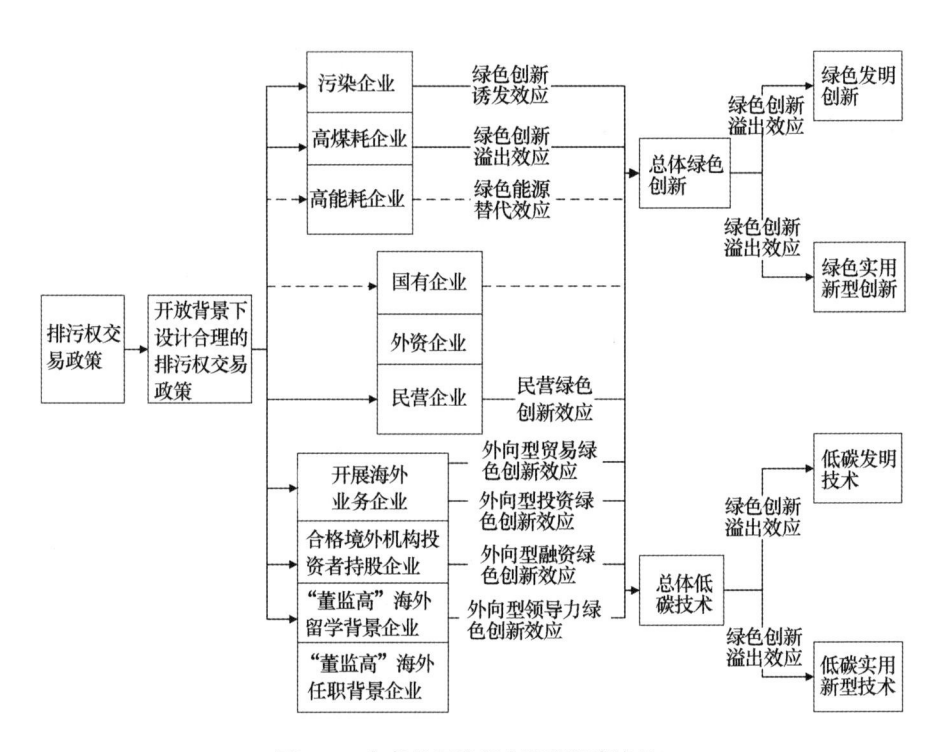

图2.8　本书的理论机制假说逻辑框架

第 三 章

开放背景下排污权交易市场和绿色创新的发展及其相互关系

本书第二章总结了开放背景下环境规制对绿色创新的相关理论，并提出本书的理论机制假说。本章在前文基础上主要分析开放背景下排污权交易市场和绿色创新的发展及其相互关系。美国是全球最早开展排污权交易的国家并取得了成功，中国在20世纪90年代从美国引入了排污权交易，因此接下来分析开放背景下美国和中国排污权交易市场的发展特点、美国和中国绿色创新的发展特点、美国和中国排污权交易市场与绿色创新之间的关系及比较，作为本书后续章节的政策和实证回归的基础。

第一节 开放背景下美国和中国排污权交易市场的发展特点

一 美国的排污权交易市场

美国是利用市场化交易机制进行环境权益管理的实践发源地，其主要的形式是针对二氧化硫和氮氧化物的"排污权交易市场"。美国政府先后出台了《美国清洁空气法》（*Clean Air Act*, CAA）、《清洁空气州际法规》（*Clean Air Interstate Rule*, CAIR）、《跨州空气污染条例》（*Cross-State Air Pollution Rule*, CSAPR）等法律法规，引导和规范相关机制的建设和运行。

美国排污权交易始于20世纪70年代，成熟于20世纪90年代，主要包括酸雨计划、区域清洁空气激励市场和氮氧化物预算交易计划，用于控制二氧化硫和氮氧化物。

(一) 美国的酸雨计划

1990年《美国清洁空气法修正案》明确要求美国国家环境保护局（U. S. Environmental Protection Agency，EPA）实施酸雨计划，美国环保局向电厂发放排污权配额，发电机组需通过技术减排、减产或购买其他机组盈余配额来控制自身的二氧化硫排放在许可范围内，超额减排的部分可以算作配额，美国环保局将持续监测机组排放情况，并对排污权配额的发放清缴进行监督。为满足政府颁发排污权配额的要求，所有的排放源都需加装污染物排放监测和控制系统。

酸雨计划第一阶段（1995—1999年）将东部密西西比河沿岸污染最为严重的263个大于100MW的燃煤发电机组纳入管控，第二阶段（2000—2009年）将近乎美国全部大于25MW的3200余台燃煤机组纳入管控范畴，两个阶段要求合并减排1000万吨二氧化硫，使2010年的排放量控制在895万吨，相较于1980年的二氧化硫排放量减少近50%。据美国环保局统计，2016年酸雨计划管控下的二氧化硫排放量为150万吨，比1990年低91%[1]。

(二) 美国的区域清洁空气激励市场和氮氧化物预算交易计划

1993年至今，美国加州南海岸空气管理局推出了区域清洁空气激励市场（Regional Clean Air Incentive Market，RECLAIM），利用市场化交易机制对所辖南海岸四个地区的二氧化硫和氮氧化物进行管控。2003—2008年，美国环保局推出氮氧化物预算交易计划（NOx

---

[1] 钟悦之、蒋春来等：《行之有效的美国排污权管理体系》，《环境经济》2017年第10期。

Budget Trading Program，NBP），旨在利用市场化交易机制减少美国东部22个州的发电厂和其他大型燃烧源的氮氧化物排放的区域交易，2009年以后该计划相继沿革为CAIR和CSAPR，在原有机制的基础上更加注重对臭氧季（指夏季大规模使用空调等制冷设备会使排放超量的季节）的氮氧化物排放进行管控①。

与酸雨计划的全国适用性不同，RECLAIM是加州的地方性举措，而NBP是针对特定区域的污染物排放进行管控。据美国环保局统计，2016年CSAPR管控下的氮氧化物排放量为80万吨，比2005年低69%；2016年CSAPR管控下臭氧季节氮氧化物排放量为420000吨，比2005年减少53%（EPA，2017）。该州绿色技术投资和专利数目明显领先于其他各州，2016年清洁技术风险投资达14亿美元，约占全国的2/3②。美国已开展的CAT概况如表3.1美国排污权交易市场概况。

表3.1　　　　　　　美国排污权交易市场概况

名称	地域	行业及气体	时间	配额分配
酸雨计划	美国	以电力行业的二氧化硫为主	1995—2009年	免费分配和有偿分配
区域清洁空气激励市场	美国加州南海岸	电力行业和工业部门的二氧化硫及氮氧化物	1993年至今	免费分配
氮氧化物预算交易计划	美国东北部	电力行业和工业部门的氮氧化物	2003—2008年	免费分配

资料来源：根据Schmalensee and Stavins 的研究论文 "Lessons Learned from Three Decades of Experience with Cap–and–Trade"（2015）及作者整理而成。

---

① 钟悦之、蒋春来等：《行之有效的美国排污权管理体系》，《环境经济》2017年第10期。
② 克里斯·布希：《碳交易促进经济可持续增长》，《人民日报》2017年10月12日第22版。

(三) 美国的市场型环境规制严格性指数趋势

为了便于比较，选取经合组织环境政策严格性指数①（the OECD Environmental Policy Stringency Index，EPS）中的市场型环境规制严格性指数（MarketEPS）和总体环境规制严格性指数（EPS），来对照考察1990—2015年美国的市场型环境规制严格性指数变化趋势，如图3.1。经合组织环境政策严格性指数（EPS）是针对特定国家环境政策严格性和国际可比性的衡量标准。该指数的范围从0（不严格）到6（最高严格程度），涵盖1990—2015年期间的28个经合组织国家和6个金砖国家。该指数基于14项环境政策工具的严格程度，主要与气候和空气污染有关。

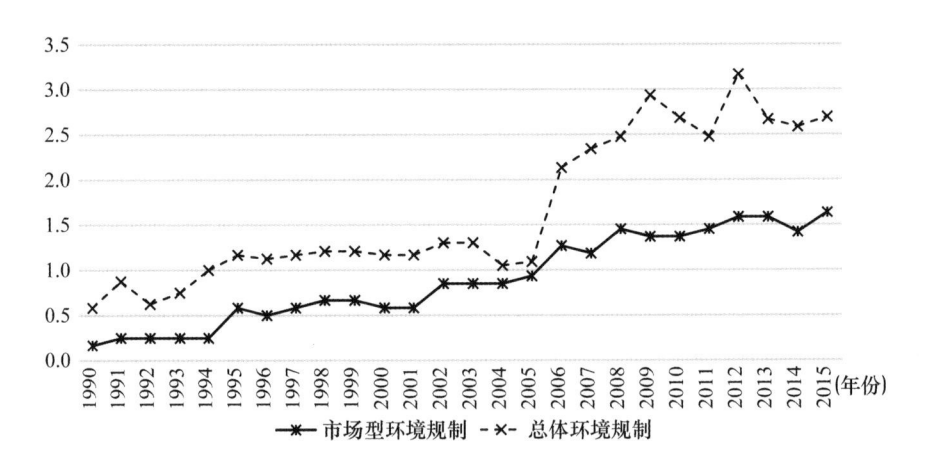

图 3.1 1990—2015 年美国的市场型环境规制严格性指数变化趋势

资料来源：作者根据经合组织统计数据库官网数据计算绘制而得。

从总体环境规制严格性指数来看，样本期内美国的总体环境规

---

① Albrizio S, Botta E, Kozluk T, et al, "Do Environmental Policies Matter For Productivity Growth?", *OECD Economics Department Working Papers*, No.1176, December 2014, https://www.oecd-ilibrary.org/economics/do-environmental-policies-matter-for-productivity-growth_5jxrjncjrcxp-en.

制严格性指数波动增长，由 0.5 增长至 2.5 以上，并一度突破 3。说明这段时期美国的总体环境规制严格性不断增强。

从市场型环境规制严格性指数来看，样本期内美国的市场型环境规制严格性指数不断增长，由 0.17 增长至 1.5 以上。说明这段时期美国的"酸雨计划""区域清洁空气激励市场"和"氮氧化物预算交易计划"这些市场型环境规制的严格性不断增强。

二 中国的排污权交易市场

中国将排污权交易政策市场作为推进生态文明建设的重要内容之一，多次在《国务院关于加快培育和发展战略性新兴产业的决定》（2010）、《中华人民共和国国民经济和社会发展第十三个五年规划纲要》（2016）、《关于构建绿色金融体系的指导意见》（2016）、《中共中央关于全面深化改革若干重大问题的决定》（2018）等文件中提出要建立和完善排污权交易制度。

（一）中国排污权交易的渊源及发展

中国 CAT 市场实践发端于 20 世纪 80 年代的上海市水污染物排污权交易。2001 年，原国家环保总局与美国环保协会合作的"推动中国二氧化硫排放总量控制及排污交易政策实施的研究项目"，2002 年，在山东、山西、江苏、河南四省，上海、天津、柳州三市以及中国华能集团公司开展二氧化硫交易，中国排污权交易进入试点探索阶段[①]。

2007 年以来，国家发展改革委、原环保部和财政部将江苏、天津、浙江、湖北、重庆、湖南、内蒙古、河北、陕西、河南、山西

---

① Yang J and Schreifels J, "Implementing SO₂ Emissions in China", paper delivered to OECD Global Forum on Sustainable Development: Emissions Trading, sponsored by OECD, Paris, April 17 – 18, 2003; Morgenstern R D, Abeygunawardena P, Anderson R, et al, "Emissions Trading to Improve Air Quality in an Industrial City in the People's Republic of China", Resources For the Future, April 2004, http：//www. rff. org/RFF/documents/RFF – DP – 04 – 16. pdf .

11个试点省（自治区、市）设为排污权有偿使用和交易试点①，与此同时，贵州、广东等16个非试点地区也在各自辖区内开展了一些排污权交易探索。试点和非试点地区的多点开花标志着中国排污权交易进入试点深化阶段②。2014年，为进一步推进排污权交易试点工作，国务院办公厅发布《关于进一步推进排污权有偿使用和交易试点工作的指导意见》，要求试点地区排污权有偿使用和交易制度在2017年基本建立。财政部2019年1月23日发布了中国排污权有偿使用和交易的最新数据："截至2018年8月份，一级市场征收排污权有偿使用费累计117.7亿元，在二级市场累计交易金额72.3亿元。浙江、重庆、内蒙古、河南已完成了全部新增污染源的排污权有偿使用，浙江等少数地区已逐步将排污权有偿使用的范围扩展至现有污染源"，中国排污权有偿使用和交易金额显著增加，该项试点工作取得阶段性成效③。

（二）各地排污权交易的制度和实践

为规范和引导排污权交易制度和实践，各地出台了一系列指导意见、实施方案和管理办法等政策文件，结合各辖区实际对排污权有偿使用和交易的具体细节进行了规定。各地有关部门对排污权核定、有偿取得、出让方式、交易管理等关键要素出台制定了大量规范性文件。湖北、湖南、云南、山西等地相继成立了以排污权交易为标的物的交易机构。在纳入行业方面，湖南、湖北等地以工业行业为重点管控对象，而内蒙、山西等地将所有的排污行业均纳入了

---

① 郭默、毕军等：《中国排污权有偿使用定价及政策影响研究》，《中国环境管理》2017年第1期。

② 王金南、董战峰等：《中国排污交易制度的实践和展望》，《环境保护》2009年第10期；王金南、吴悦颖等：《中国排污许可制度改革框架研究》，《环境保护》2016年第Z1期。

③ 郭默、毕军等：《中国排污权有偿使用定价及政策影响研究》，《中国环境管理》2017年第1期；财政部经济建设司：《排污权有偿使用和交易试点工作取得阶段性成效》，http://jjs.mof.gov.cn/zhengwuxinxi/gongzuodongtai/201901/t20190118_3125090.html，2019年1月23日。

管控。在污染物方面，各地以化学需氧量、氨氮、二氧化硫、氮氧化物为主，部分省份依据辖区内的污染特点，纳入了具有区域特征的污染物，如山东青岛将烟尘纳入了管控范畴[1]。在交易方面，以一级市场为主，部分地区增加了二级市场交易，但二级市场的交易活跃度不如一级市场，政府和企业之间的交易仍是交易的主流，企业与企业之间的排污权交易稍显平淡[2]。目前，各试点的交易仍集中于辖区内部，并未进入到跨试点的区域联动以及由试点向全国的过渡阶段[3]。

同时，试点范围不断拓展。在地域范围上，目前全国已有28个省（区、市）开展了试点，另有部分地区结合当地实际的污染特征进行了扩展，如山西和甘肃兰州增加了烟粉尘，湖南省将重金属纳入交易试点范围，广东省顺德区因其臭氧污染突出而将挥发性有机污染物（VOCs）纳入交易试点范围[4]。

法律法规制度逐步健全。在地方性法规或规章层面，全国有18个省（区、市）对试点工作做出了明确规定[5]。

（三）各地建立以排污权交易为驱动的绿色创新实践

众多排污权交易省市还采取多种举措，建立起以排污权交易为

---

[1] 王金南、吴悦颖等：《中国排污许可制度改革框架研究》，《环境保护》2016年第Z1期；陈浩：《走向何方：排污权交易试点十年》，http://www.tanpaifang.com/paiwuquanjiaoyi/2017/07/1460032.html，2017年7月14日。

[2] 周志：《从企业行为角度分析我国排污权交易二级市场存在的问题》，《特区经济》2011年第2期。

[3] Yang J and Schreifels J, "Implementing SO$_2$ Emissions in China", paper delivered to OECD Global Forum on Sustainable Development: Emissions Trading, sponsored by OECD, Paris, April 17 – 18, 2003; Morgenstern R D, Abeygunawardena P, Anderson R, et al, "Emissions Trading to Improve Air Quality in an Industrial City in the People's Republic of China", Resources For the Future, April 2004, http://www.rff.org/RFF/documents/RFF – DP – 04 – 16.pdf.

[4] 财政部经济建设司：《排污权有偿使用和交易试点工作取得阶段性成效》，http://jjs.mof.gov.cn/zhengwuxinxi/gongzuodongtai/201901/t20190118_3125090.html，2019年1月23日。

[5] 董碧娟：《以市场促污染物减排探索取得阶段性成效——排污权有偿使用和交易金额显著增加》，《经济日报》2019年1月24日第3版。

驱动的绿色创新和污染防治模式。例如，试点省份在政策创新层面开展了有效尝试，浙江、湖南、重庆、河北、山西、内蒙古、陕西等省区市开展了排污权抵押贷款，湖南使用环保专项资金实施排污权储备、实行"以购代补"的污染治理资金下达模式等多项政策创新①。具体来看，有以下三种方式：

方式一是出台出让金专项管理文件，明确政府排污权有偿分配收入用途，主要用于支持排污权相关的技术创新、体制机制建设和污染防治。如2010年，湖北省财政厅出台《湖北省主要污染物排污权出让金收支管理暂行办法》，明确要求政府通过公开拍卖竞价转让排污权所取得的收益，将重点用于与排污权交易相关的技术研究、水污染治理、大气污染治理项目的拨款补助或者贷款贴息②；2015年，广东省财政厅和环境保护厅联合出台《排污权有偿使用费和交易出让金征收使用的管理办法》排污权有偿使用费和交易出让金全额纳入环境保护专项资金管理，用于支持大气污染、水污染等环境污染防治，污染减排设施建设等③。

方式二是通过排污权交易鼓励企业减污技术改造。如2015年，浙江省人民政府办公厅发布《关于进一步推进企业技术改造工作的意见》指出，通过技术改造实现减污的企业将获得排污权指标有偿转让收益奖励④。

方式三是通过绿色金融创新，盘活排污权资产，减轻企业资金压

---

① 财政部经济建设司：《排污权有偿使用和交易试点工作取得阶段性成效》，http://jjs.mof.gov.cn/zhengwuxinxi/gongzuodongtai/201901/t20190118_3125090.html，2019年1月23日。

② 湖北省人民政府公报：《湖北省主要污染物排污权出让金收支管理暂行办法》，http://www.ecz.gov.cn/gk/flfg/dfczfg/23995.htm，2011年3月14日。

③ 广东省人民政府公报：《广东省财政厅广东省环境保护厅关于排污权有偿使用费和交易出让金征收使用的管理办法》，http://zwgk.gd.gov.cn/006939991/201708/t20170815_718242.html，2014年12月12日。

④ 浙江省人民政府公报：《浙江省人民政府办公厅关于进一步推进企业技术改造工作的意见》，http://www.zjjxw.gov.cn/art/2015/7/24/art_1108472_730.html，2015年6月30日。

力。如《河北省排污权抵押贷款管理办法》(冀政办字〔2015〕)[①]、《浙江省排污权抵押贷款暂行规定》(浙政发〔2010〕)[②] 明确指出可以将排污权作为一种抵押物,用来申请贷款,资金将定向用于技术改造、排污权交易等领域。截至 2016 年,浙江省累计排污权抵押贷款金额达 24.4 亿元。此外,还有排污权租赁、排污权回购等多种绿色金融模式,可以为排污权持有企业提供资金融通支持,用于企业环保技术改造升级[③]。

总体来看,试点取得阶段性成效。

（四）中国的市场型环境规制趋势

同上,选取市场型环境规制严格性指数和总体环境规制严格性指数,来对照考察 1990—2015 年中国的市场型环境规制严格性指数变化趋势,如图 3.2。

从总体环境规制严格性指数来看,样本期内中国的总体环境规制严格性指数不断增长,由 0.25 增长至 2 以上。说明这段时期中国的总体环境规制严格性不断增强。

从市场型环境规制严格性指数来看,样本期内中国的市场型环境规制严格性指数不断增长,由 0 增长至 1.45,特别是 2002 年、2007 年和 2013 年这三个时间节点之后的市场型环境规制严格性指数大幅增长。说明这段时期中国的"2002 年排污权交易试点""2007 年排污权交易试点"和"2013 年碳排放权交易试点"这些市场型环境规制的严格性不断增强。

---

① 河北省人民政府办公厅:《关于印发河北省排污权有偿使用和交易管理暂行办法的通知》, http://info.hebei.gov.cn/hbszfxxgk/329975/329982/6503135/index.html, 2015 年 10 月 20 日。

② 人民银行杭州中心支行:《浙江省排污权抵押贷款暂行规定》, http://www.hzaee.com/3632/D4237.html, 2015 年 5 月 25 日。

③ 杨斌、严俊等:《浙江省排污权抵押贷款实践特征分析》,《环境与可持续发展》2018 年第 2 期;董碧娟:《以市场促污染物减排探索取得阶段性成效——排污权有偿使用和交易金额显著增加》,《经济日报》2019 年 1 月 24 日第 3 版。

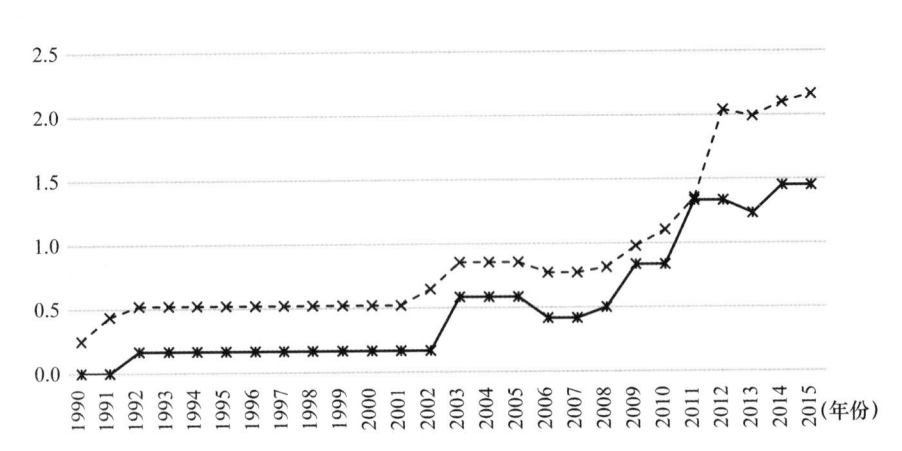

图 3.2　1990—2015 年中国的市场型环境规制严格性指数变化趋势

资料来源：作者根据经合组织统计数据库官网数据计算绘制而得。

第二节　开放背景下美国和中国绿色创新的发展特点

本部分主要梳理国际上几种绿色创新的分类标准、美国的绿色创新发展特点、中国的绿色创新发展特点。

一　国际上几种绿色创新的分类标准

国际上主要推动绿色创新和绿色技术的机构与项目是世界知识产权组织（World Intellectual Property Organization，WIPO）的"国际绿色专利分类清单"（IPC Green Inventory）、世界可持续发展工商理事会（World Business Council for Sustainable Development，WBCSD）与 IBM 公司合作的"生态专利共同体"（Eco – Patent Commons）、欧洲专利局（European Patent Office，EPO）的"可持续技术专利"、经合组织的"环境相关创新"。

（一）国际绿色专利分类清单

2009 年世界知识产权组织（WIPO）提出了绿色专利的共用分享倡议（WIPO，2009）。WIPO 于 2010 年 9 月 16 日启动了一个与其国际专利分类（IPC）系统相关联的在线工具，以便于搜索与无害环境技术（Environmentally Sound Technologies，EST）相关的专利信息。这将有助于确定现有和新兴的绿色创新，以及进一步研发和商业开发的潜在合作伙伴。

该工具"IPC 绿色清单"包含大约 200 个与 EST 直接相关的主题。每个主题都与最相关的 IPC 符号相关联，这些符号由世界各地的专家选择。IPC 绿色清单基于《联合国气候变化框架公约》（UNFCCC）列出的技术术语清单。

该清单与 WIPO 的 PATENTSCOPE ©服务建立了超链接，以自动搜索和显示"专利合作条约"（Patent Cooperation Treaty，PCT）下的所有"绿色"国际申请。IPC 绿色清单库还将帮助研究人员和行业避免投入研发资源来开发已有的绿色创新。IPC 系统将所有技术领域划分为部分、类、子类和组的分层集。它是各地知识产权局不可或缺的工具，用于进行搜索以确定发明的新颖性，或确定特定绿色技术、绿色管理领域的水平（具体见本书附表 1）。

2018 年世界知识产权组织（WIPO）项目和预算中提出了项目 18：知识产权与全球挑战实施战略，与绿色创新相关的条款包括以下几点。

一是进一步发展和维持两个多利益攸关方平台（WIPO Re：Search 和 WIPO GREEN），促进与全球卫生和气候变化相关的有效协作网络和技术及知识转让，特别强调促进合作和伙伴关系，促进发展中国家创新者的全球连通性。

二是扩大 WIPO GREEN 数据库的范围。有针对性地扩展 WIPO

GREEN 网络。加强能力建设活动、服务和资源，旨在将平台转变为无害环境技术与管理的"进入市场"。

三是组织 WIPO GREEN 匹配项目和活动，旨在产生具体成果，适当考虑不同地区的具体需求。

四是进一步探索以 WIPO 正在开展的活动为基础的知识产权与粮食安全的可能战略，包括 WIPO GREEN 的农业部分。与相关的 WIPO 计划和外部利益相关者进行磋商，特别是政府间组织、民间社会、慈善组织和私营部门，以确保采取包容性方法。

五是促进关于知识产权和全球挑战的政策对话，旨在加强 WIPO 作为基于事实的信息和分析的可靠来源的作用，部分是通过组织 WIPO 活动作为讨论这些问题的论坛。确保 WIPO 作为联合国系统的一部分和联合国各机构的观察员组织，以知识产权和创新的相关性为指导，及时、高质量地响应成员国、联合国和国际组织的要求，以及全球卫生、气候变化和粮食安全发展议程和联合国可持续发展目标。

六是根据成员国、政府间组织、民间社会和其他利益攸关方的要求，在与全球卫生、环境和粮食安全有关的论坛中酌情提供意见，确认 WIPO 是知识产权与全球公共政策的论坛和参照点的问题。在这方面，继续与世界卫生组织（World Health Organization，WHO）和世界贸易组织进行三边合作。

（二）生态专利共同体

世界可持续发展工商理事会（World Business Council for Sustainable Development，WBCSD）与 IBM 公司合作，协同多家企业设立了生态专利共同体"Eco‐Patent Commons"。生态专利共同体 Eco‐Patent Commons 旨在创建直接或间接保护环境的专利集合。这些专利将由公司和其他知识产权权利人承诺，并免费提供给任何人。这一共享机制是一个资源，用于以有利于环境的方式和面临类似挑战的方式将那些取得成功的人与特定的挑战联系起来①。

生态专利共同体概念认识到一些提供环境效益的专利可能代表公司的核心竞争力。要求企业放弃这些关键资产并不是共享机制的目标。但是，领先的企业可能拥有一些提供环境效益的专利，并不代表是它们的商业优势的重要来源。虽然这些专利可能为公司提供名义上的许可或排他性潜力，但它们可能在公共资源中提供更大的价值。正如开源软件社区所证明的那样，免费共享知识可以为新的协作和创新提供肥沃的土壤。共享环境专利可以帮助其他人提高生态效率，以更环保的方式运营以实现创新，从而实现社会创新。

生态专利共同体的目标有以下两点。

一是提供一种途径，通过该途径可以轻松共享创新和解决方案，以加速和促进实施，从而保护环境，并可能带来进一步的创新。

二是促进和鼓励承诺专利和潜在用户的企业之间的合作与协作，以促进进一步的联合创新以及有利于环境的解决方案的进步和发展。生态专利共同体为全球企业提供了独特的领导机会，以实现差异化分享他们的创新，支持可持续发展（IBM，2008）。

生态专利共同体的运作。这些专利将在世界可持续发展工商理事会（WBCSD）主办的可搜索网站中确定。共同体将向所有人开放，全球各行各业的企业都参与其中。它将由成为共同体成员的公司提供初始和随后的专利承诺。通过共同体，所有人都可以免费使用这些专利，但需要防御性终止（IBM，2008）。

生态专利的承诺范围有以下三点。

第一，企业希望为共同体提供哪些专利，由各企业自行决定。

第二，专利必须是提供"环境效益"的创新。这些"环境效

---

① IBM, "A leadership Opportunity for Global Business to Protect the Planet", The Eco – Patent Commons, January 2008, https://www.ibm.com/ibm/environment/news/Eco – PatentCommonsBrochure_011008.pdf.

益"可能是专利的直接目的，如加速地下水修复的技术，但也可能不那么直接，如在制造或业务流程中引导、减少危险废物的产生或能源消耗。

第三，企业可以承诺任何数量的专利，以参加共同体。要加入共同体，只需要承诺一项业务专利。虽然随着时间的推移，共同体有望发展并包含大量专利，但欢迎只持有一项或少数相关专利的企业参与并支持这项全球倡议（IBM，2008）。

生态专利包括的类型主要包括以下五个方面，如表3.2。

表3.2　　　　　　　　　　生态专利包括的类型

编号	专利类型
1	节约能源或提高效率
2	污染预防（减少来源，减少废物）
3	使用环保材料或物质
4	材料减少
5	提高回收能力

资料来源：笔者根据生态专利共同体组织官网信息整理。

生态专利共同体对会员公司或其他专利持有人（已承诺专利）的好处有以下六点，如表3.3。

表3.3　生态专利共同体对会员公司或其他专利持有人（已承诺专利）的好处

编号	内容
1	将有助于加速可持续发展的企业提供全球认可
2	将是企业分享创新的有效渠道
3	将为进一步创新提供催化剂，并可为业务合作提供潜在的新机会
4	可以帮助向行业和业内企业介绍出质人员的技术和未来愿景
5	允许出质人终止那些对出质人主张专利的人
6	具备防御性终止

资料来源：笔者根据生态专利共同体组织官网信息整理。

生态专利共同体对专利用户和全球的好处有以下三点。

一是生态专利共同体将免费提供可由其他人利用的专利,以改善其环境方面的运营。

二是信息将在一个易于访问的地方随时提供。

三是共同体将提供一个途径,通过这个途径面临可能产生环境影响的挑战的人可以与已经成功应对挑战的人联系起来①。

(三) 欧盟的可持续技术专利

当今人类面临的最大挑战之一是气候变化。科学家和工程师正在通过开发新技术来减少二氧化碳(CO_2)排放、捕获温室气体,从可再生能源产生能源和更有效地分配能源,从而做出回应。结果,大量的信息出现在专利中与可持续技术(Sustainable Technologies)有关的应用。在欧洲专利局(European Patent Office,EPO)数据库中的9000多万件专利文献中,有超过300万件涉及这些技术。为了帮助工程师、科学家、机构和决策者利用这些丰富的资料,EPO已经开发了一个专门的分类方案,使用户能够在其数据库中找到这些技术。

该方案是与该领域的专家合作伙伴密切合作设计的,使用《联合国气候变化框架公约》制定的生态指南。气候变化和政府间气候小组的新方案使得快速检索相关信息变得更容易,并且可以映射到可持续技术,识别趋势并促进进一步研发。气候变化缓解技术(Climate Change Mitigation Technologies,CCMT)侧重于控制、减少或预防人为《京都议定书》所涵盖的温室气体排放量。新的分类方案包含CCMT和智能电网。

合作专利分类系统(Cooperative Patent Classification System,

---

① IBM, "A leadership Opportunity for Global Business to Protect the Planet", The Eco–Patent Commons, January 2008, https://www.ibm.com/ibm/environment/news/Eco–PatentCommonsBrochure_011008.pdf.

CPC）是 IPC 的扩展，自 2013 年 1 月 1 日起由 EPO 和美国专利商标局（the United States Patent and Trademark Office，USPTO）使用。CPC 包含 25 万个分类符号。对于 EPO，它取代了欧洲分类（the European Classification Scheme，ECLA）计划，也是 IPC 的延伸，ECLA 计划在 CPC 启动时已停止使用。

可持续技术专利分类。之前，与可持续技术有关的文件分散在整个 IPC、ECLA 和 CPC 中，并不属于单一的分类部分。为了使它们更易于识别，EPO 引入了称为 Y 部分的专用标记系统。每次将与可持续技术相关的文档添加到其数据库时，EPO 都会为其分配 Y02 或 Y04 符号。该标记系统包含在 EPO 的 CPC 分类方案中，显示了 Y 部分中的当前子组，如表 3.4。

表 3.4　　可持续技术专利 Y 部分中的当前子组清单

子组	描述	备注
Y02B	与建筑物相关的气候变化减缓技术，包括住房和电器或相关的最终用户应用	可再生能源在建筑物、照明、暖通空调（采暖、通风和空调）、家用电器、电梯和水龙头、建筑或建筑元素、ICT、电力管理中的整合
Y02C	温室气体（GHG）的捕获、储存、封存或处置	二氧化碳捕获和储存，以及其他相关的温室气体
Y02E	气候变化减缓技术在能源生产、输送和分配方面	可再生能源、高效燃烧、核能、生物燃料、高效传输和分配、储能、氢技术
Y02P	气候变化减缓技术在货物的生产或加工中	金属加工、石化工业、矿物加工（如水泥、石灰、玻璃）、农业产业
Y02T	与运输有关的气候变化减缓技术	电动汽车、混合动力汽车、高效内燃机、铁路航空水路运输的高效技术
Y02W	与废水处理或废物管理有关的气候变化减缓技术	废水处理，固体废物管理，生物包装
Y04S	智能电网技术	电网运营，终端用户应用管理，智能计量，电动和混合动力汽车互操作性，交易和营销方面

资料来源：笔者根据欧盟专利局官网数据整理而得。

这些子组中的每一个子栏目划分为更具体的技术标签。有超过1300个Y标签,都与可持续技术有关。

EPO的数据库中已有超过300万个带有Y标签的文件,随着更多文件的发布,这个数字将会增加。新发布的文档分批标记,每年至少两次更新[①]。

(四) 经合组织的环境相关创新

经合组织环境理事会与科学、技术和创新局合作,开发了基于专利的创新指标,适用于跟踪环境相关技术的发展。这些指标可以评估各国和企业的创新绩效以及政府环境和创新政策的设计。这里给出的专利统计是使用从欧洲专利局(EPO)的全球专利统计数据库(PATSTAT)提取的数据并使用经合组织开发的算法构建的,只考虑已授权的"发明专利"申请(不包括实用新型、外观设计专利等)。

使用专门为此目的开发的环境相关技术(ENV – TECH)的搜索策略来识别相关的专利文献。它们允许识别污染治理(Environmental Management)、水有关的适应(Water – related Adaptation)和减缓气候变化(Climate Change Mitigation)相关的技术。标记为"选定的环境相关技术"的聚合类别包括上述提供的所有环境领域。

经合组织环境相关创新数据库提出了三种基于专利的指标。

一是技术发展指标:国家发明人开发的发明数量(简单专利家族),与寻求专利保护的司法管辖区无关(考虑全球所有已知专利家族)。

二是技术开发方面的国际合作指标:该数据集提供了至少两位发明人共同开发的共同发明(简单专利家族)的数量。

---

① European Patent Office, *Finding Sustainable Technologies in Patents*, Rijswijk: European Patent Office, 2016.

其中技术开发方面的国际合作中占比指标包括，在国内开发的共同发明的百分比（来自同一国家的所有发明者）、与外国发明者的百分比、仅与来自经合组织国家的发明者的百分比、与至少一个来自金砖国家的发明人的共同发明的百分比。

三是技术传播指标：在特定管辖区内通过国家、区域或国际路径寻求专利保护的发明数量。它显示了公司和个人寻求"保护"其发明的相关市场（包括国内和国外发明）的程度。

根据数据的权威性、可得性与时效性，本章接下来部分的分析将采用经合组织环境相关创新数据库中的数据进行分析。

二 美国的绿色创新发展特点

本部分从美国污染治理相关的绿色发明专利变化趋势、美国污染治理相关的绿色发明专利国际合作变化趋势、美国污染治理相关的绿色发明专利技术扩散变化趋势三个方面分析开放背景下美国绿色创新的发展特点。

（一）美国污染治理相关的绿色发明专利变化趋势

经合组织环境相关创新数据库包括污染治理创新、水有关的适应创新、减缓气候变化创新三个一级子类，与控制污染物相关的创新为污染治理创新。污染治理创新又包括减少空气污染、减少水污染、废物管理、土壤修复、环境监测五个二级子类。污染治理创新的具体细分子类以及与 IPC 分类号的对应请见附表 2。依据上文，美国的排污权交易市场主要控制的污染物为气体污染物，因此选择减少空气污染、减少水污染、废物管理、土壤修复、环境监测五类绿色发明专利，来对照考察 1990—2015 年美国污染治理相关的绿色发明专利变化趋势，如图 3.3。

从整体看，样本期内美国污染治理相关的绿色发明专利申请个数稳步增长，由不足 2000 个增长至 4600 个以上，在 2013 年突破

[图表：1990—2015年美国污染治理相关绿色发明专利变化趋势，包含减少空气污染、减少水污染、废物管理、土壤修复、环境监测五类数据]

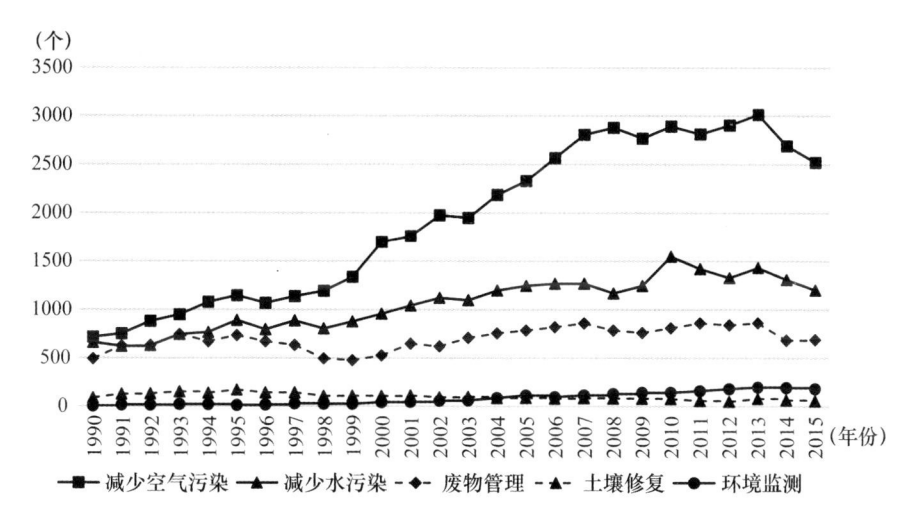

图 3.3　1990—2015 年美国的污染治理相关的绿色发明专利变化趋势

资料来源：笔者根据经合组织统计数据库官网数据计算绘制而得。

5500 个。说明这段时期美国的污染治理相关的绿色发明专利申请较为活跃。

从五种绿色发明专利类别看，样本期内美国减少空气污染类绿色发明专利申请个数增长最快，由 660 个增长至 2500 个以上，在 2013 年突破 3000 个，减少水污染和废物管理类绿色发明专利申请个数稳步增长，土壤修复和环境监测类绿色发明专利申请个数基本持平。说明政策环境更利于美国减少空气污染类绿色创新。

（二）美国污染治理相关的绿色发明专利国际合作变化趋势

选用经合组织环境相关创新数据库中技术开发方面的国际合作指标中与外国发明者共同发明个数或占比，来对照考察 1990—2015 年美国污染治理相关的绿色发明专利国际合作变化趋势，如图 3.4。

从个数看，样本期内美国与外国发明者共同绿色发明专利申请个数稳步上升，由 706 个增长至 1475 个以上，在 2013 年突破

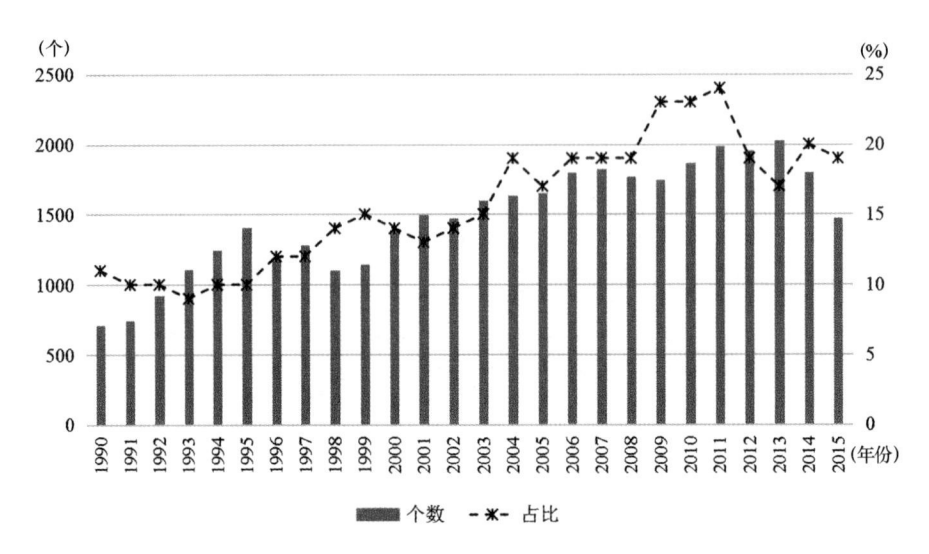

图 3.4　1990—2015 年美国污染治理相关的绿色发明专利国际合作变化趋势

资料来源：笔者根据经合组织统计数据库官网数据计算绘制而得。

2000 个。

从占比看，样本期内美国与外国发明者共同绿色发明专利申请占比稳步上升，由 11% 增长至 20% 以上，在 2011 年突破 24%。

由此可见，样本期内美国污染治理相关的绿色发明专利国际合作稳步加强。

（三）美国污染治理相关的绿色发明专利技术扩散变化趋势

选用经合组织环境相关创新数据库中技术传播指标，即在特定管辖区内通过国家、区域或国际路径寻求专利保护的发明数量，来对照考察 1990—2015 年美国污染治理相关的绿色发明专利技术扩散变化趋势，如图 3.5。

从整体看，样本期内在美国境内通过国家、区域或国际路径寻求专利保护的污染治理相关的绿色发明专利数量稳步增长，由不足 4300 个增长至 11000 个以上，在 2005 年突破 12800 个。说明这段

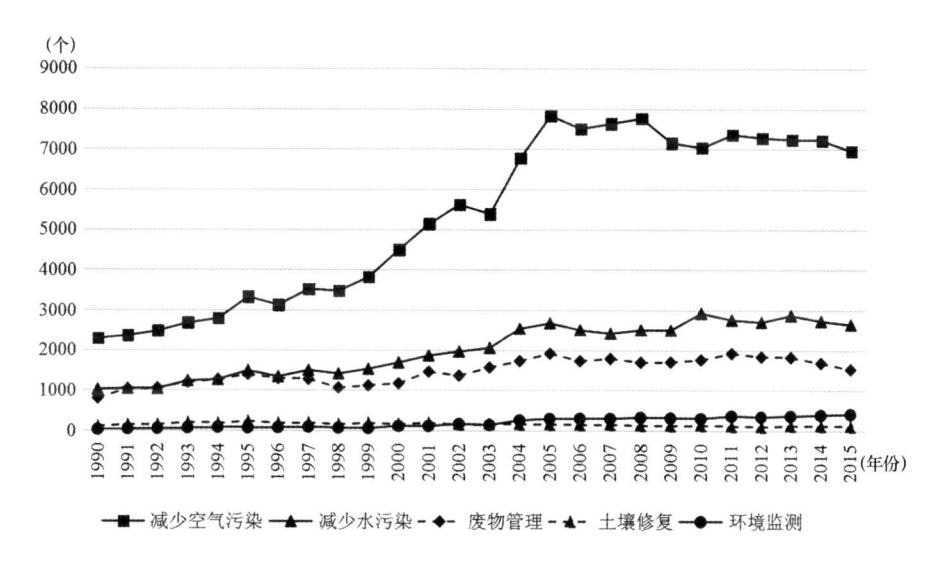

图 3.5 1990—2015 年美国污染治理相关的绿色发明专利技术扩散变化趋势

资料来源：笔者根据经合组织统计数据库官网数据计算绘制而得。

时期美国境内污染治理相关的绿色发明专利技术扩散较为活跃。

从五种绿色发明专利类别看，样本期内美国减少空气污染类绿色发明专利技术扩散最快，由 2287 个增长至 6900 个以上，在 2005 年突破 7800 个，减少水污染和废物管理类绿色发明专利技术扩散稳步增长，土壤修复和环境监测类绿色发明专利技术扩散基本持平。说明政策环境更利于美国减少空气污染类绿色创新的技术扩散。

三 中国的绿色创新发展特点

本部分从中国污染治理相关的绿色发明专利变化趋势、中国污染治理相关的绿色发明专利国际合作变化趋势、中国污染治理相关的绿色发明专利技术扩散变化趋势三个方面分析开放背景下中国绿色创新的发展特点。

(一) 中国污染治理相关的绿色发明专利变化趋势

依据上文，中国的排污权交易市场主要控制的污染物为气体污染物，因此选择减少空气污染、减少水污染、废物管理、土壤修复、环境监测五类绿色发明专利，来对照考察1990—2015年中国污染治理相关的绿色发明专利变化趋势，如图3.6。

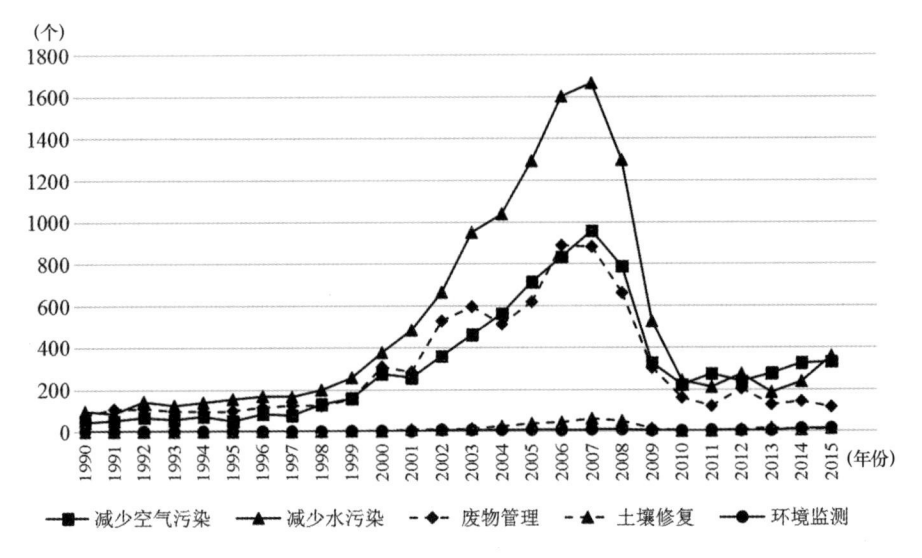

图3.6 1990—2015年中国的污染治理相关的绿色发明专利变化趋势

资料来源：笔者根据经合组织统计数据库官网数据计算绘制而得。

从整体看，样本期内中国污染治理相关的绿色发明专利申请个数经历了先增长后下降，由不足220个增长至3500个以上，在2007年达到顶峰以后，迅速回落到800个左右。其中2000年以后增速较快，2007年以后迅速下降，2010年前后触底反弹。说明这段时期中国的污染治理相关的绿色发明专利申请波动较大。

从五种绿色发明专利类别看，样本期内中国减少水污染类绿色发明专利申请个数增长最快，由96个增长至350个以上，在2007年突破1660个，减少空气污染类绿色发明专利申请个数增长排名第二,由43个增长至320个以上,在2007年突破950个,废物管理类绿色发明专利申请个数增长排名第三,由74个增长至110个以上,在2006年突破880个,土壤修复和环境监测类绿色发明专利申请个数基本持平。说明政策环境更利于中国减少水污染、减少空气污染、废物管理三类绿色创新。

（二）中国污染治理相关的绿色发明专利国际合作变化趋势

选用经合组织环境相关创新数据库中技术开发方面的国际合作指标中与外国发明者共同发明个数或占比,来对照考察1990—2015年中国污染治理相关的绿色发明专利国际合作变化趋势,如图3.7。

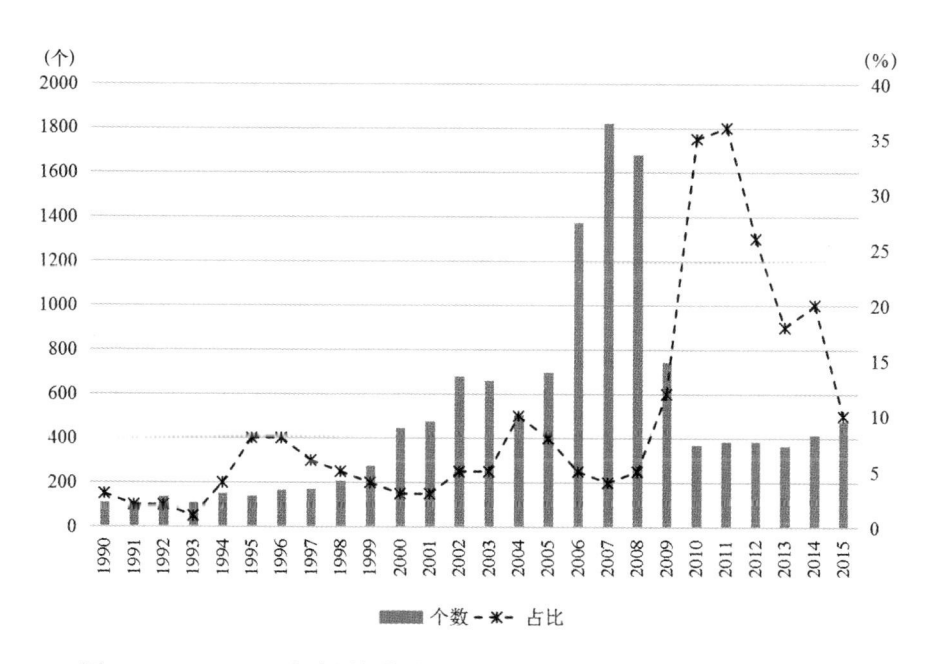

图 3.7　1990—2015 年中国污染治理相关的绿色发明专利国际合作变化趋势

资料来源：笔者根据经合组织统计数据库官网数据计算绘制而得。

从个数看,样本期内中国与外国发明者共同绿色发明专利申请个数先上升后下降,由110个增长至1800个以上,在2007年达到顶峰以后,迅速回落到400个左右。其中2000年以后增速较快,

2007年以后迅速下降，2010年前后触底反弹。说明这段时期中国污染治理相关的绿色发明专利国际合作波动较大。

从占比看，样本期内中国与外国发明者共同绿色发明专利申请占比先上升后下降，由3%增长至30%以上，在2012年达到顶峰以后，迅速下降到15%左右。其中2007年以后增速较快，2012年以后迅速下降。

发上数据说明样本期内中国污染治理相关的绿色发明专利国际合作波动较大。

(三) 中国污染治理相关的绿色发明专利技术扩散变化趋势

选用经合组织环境相关创新数据库中技术传播指标，即在特定管辖区内通过国家、区域或国际路径寻求专利保护的发明数量，来对照考察1990—2015年中国污染治理相关的绿色发明专利技术扩散变化趋势，如图3.8。

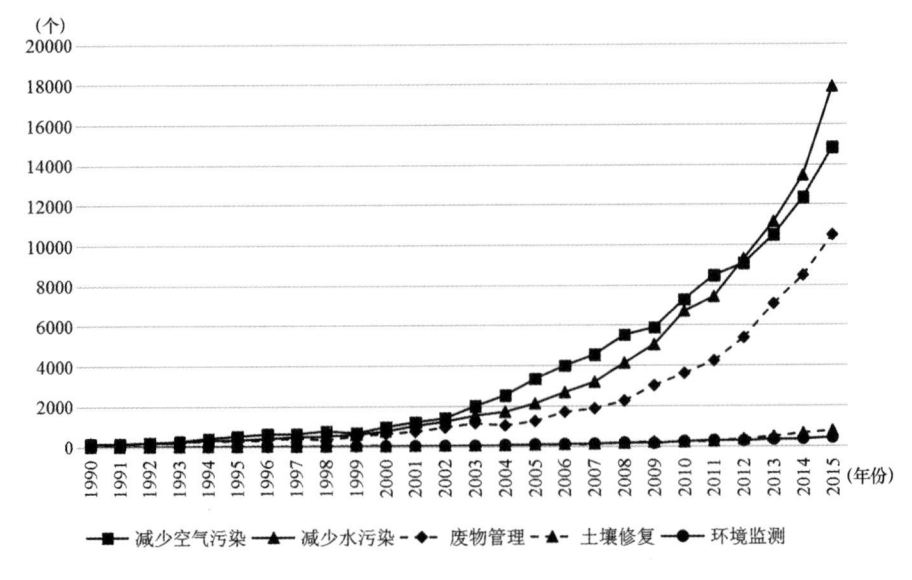

图3.8 1990—2015年中国污染治理相关的绿色发明专利技术扩散变化趋势

资料来源：笔者根据经合组织统计数据库官网数据计算绘制而得。

从整体看,样本期内在中国境内通过国家、区域或国际路径寻求专利保护的污染治理相关的绿色发明专利数量极速增长,由不足 420 个增长至 44000 个以上,在 2015 年突破 44311 个。说明这段时期中国境内污染治理相关的绿色发明专利技术扩散极为活跃。

从五种绿色发明专利类别看,样本期内中国减少水污染类绿色发明专利技术扩散最快,由 162 个增长至 17000 个以上,在 2015 年突破 17865 个,减少空气污染类绿色发明专利技术扩散排名第二,由 139 个增长至 14000 个以上,在 2015 年突破 14835 个,废物管理类绿色发明专利技术扩散排名第三,由 110 个增长至 10000 个以上,在 2015 年突破 10475 个,土壤修复和环境监测类绿色发明专利技术扩散基本持平。说明政策环境更利于中国减少水污染、减少空气污染、废物管理三类绿色创新的技术扩散。

(四)中国绿色专利统计报告

当前中国有关绿色创新的统计数据处于起步阶段,通过文献资料检索,目前所能找到的权威资料来自国家知识产权局近期公布的《中国绿色专利统计报告(2014—2017 年)》,该报告介绍了中国绿色技术中的绿色发明专利统计情况,包括中国绿色专利数据库对绿色专利的定义、中国绿色发明专利申请状况、中国绿色发明专利主要技术领域状况、中国各省市绿色发明专利状况等内容[①]。

中国各省份绿色发明专利申请量占比情况如表 3.5。

---

① 李硕、范丽等:《中国绿色专利统计报告(2014—2017 年)》,《国家知识产权局规划发展司专利统计简报》2018 年第 14 期,http://epub.cnipa.gov.cn/index.action,2018 年 8 月 15 日。

表 3.5　2014—2017 年各省份绿色发明专利申请量占比情况

	2017 年绿色（件）	2017 年全部（件）	绿色占比（％）	累计量绿色（件）	累计量全部（件）	累计量占比（％）
江苏	12543	162554	7.7	38011	565573	6.7
北京	6430	99275	6.5	20998	332670	6.3
广东	7725	165269	4.7	19498	438129	4.5
安徽	6770	91967	7.4	18529	269557	6.9
山东	4593	70028	6.6	17521	267246	6.6
浙江	5825	83965	6.9	16660	251330	6.6
上海	3169	55815	5.7	10710	179335	6.0
四川	3573	47735	7.5	9369	140875	6.7
广西	2632	38062	6.9	7064	110656	6.4
湖北	2381	39767	6.0	6511	105286	6.2
天津	2077	28508	7.3	6473	94625	6.8
辽宁	1873	21584	8.7	6165	76128	8.1
湖南	1954	25473	7.7	5511	68201	8.1
河南	2113	31576	6.7	5443	85164	6.4
陕西	1340	22498	6.0	4979	83885	5.9
福建	1751	24071	7.3	4972	68903	7.2
重庆	1451	28286	5.1	3925	81979	4.8
黑龙江	929	13471	6.9	3315	46933	7.1
河北	1036	13352	7.8	3072	39833	7.7
山西	597	6287	9.5	2094	22379	9.4
江西	676	9575	7.1	1955	24097	8.1
云南	621	7574	8.2	1842	22901	8.0
贵州	723	12395	5.8	1754	31473	5.6
吉林	550	7410	7.4	1574	22544	7.0
甘肃	455	5273	8.6	1439	17399	8.3
台湾	233	6461	3.6	1383	37668	3.7
新疆	270	3216	8.4	908	10034	9.0
内蒙古	271	2677	10.1	833	8323	10.0
宁夏	152	2826	5.4	472	7326	6.4
青海	87	1165	7.5	260	3433	7.6

续表

	2017年绿色（件）	2017年全部（件）	绿色占比（%）	累计量绿色（件）	累计量全部（件）	累计量占比（%）
海南	80	1375	5.8	251	4211	6.0
香港	44	710	6.2	163	3590	4.5
西藏	17	233	7.3	34	563	6.0
澳门	0	24	0.0	6	132	4.5
平均值			6.8			6.7

资料来源：笔者根据《中国绿色专利统计报告（2014—2017年）》整理而得。

该报告分析指出："一是中国绿色技术创新活动非常活跃，绿色技术创新能力不断提高，绿色专利拥有量逐步提升。二是污染控制与治理和环境材料领域是国内绿色技术创新的热点领域，替代能源和节能减排次之，环境材料领域的绿色专利技术相对集中。三是国内绿色技术的创新活跃程度呈现省市分布的不平衡性，绿色技术的创新活动在经济发达地区尤其活跃，西部地区的绿色技术创新活动呈追赶趋势，绿色技术储备与经济发展水平成明显正相关。"[①]

第三节 开放背景下美国和中国排污权交易市场与绿色创新的关系及比较

本部分分析开放背景下排污权交易市场与绿色创新的关系，包括美国排污权交易市场与绿色创新的关系、中国排污权交易市场与绿色创新的关系、美中两国排污权交易诱发绿色创新的比较。

---

① 李硕、范丽等：《中国绿色专利统计报告（2014—2017年）》，《国家知识产权局规划发展司专利统计简报》2018年第14期，http://epub.cnipa.gov.cn/index.action，2018年8月15日。

一 美国排污权交易市场与绿色创新的关系

依据上文,美国的排污权交易市场主要控制的污染物为气体污染物,因此选择减少空气污染专利、减少空气污染专利的技术扩散、污染治理类专利的国际合作、市场型环境规制严格性,来近似考察1990—2015年开放背景下美国排污权交易市场与绿色创新的关系,如图3.9。

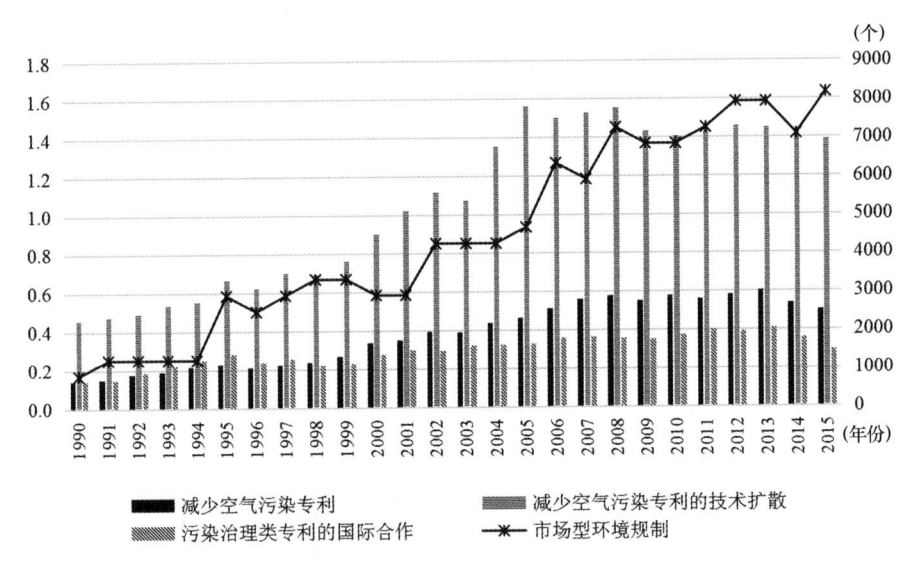

图 3.9 1990—2015年开放背景下美国排污权交易市场与绿色创新的关系

资料来源:笔者根据经合组织统计数据库官网数据计算绘制而得。

从整体看,样本期内随着美国的"酸雨计划""区域清洁空气激励市场"和"氮氧化物预算交易计划"这些市场型环境规制的严格性不断增强,美国的减少空气污染专利个数、减少空气污染专利的技术扩散个数、污染治理类专利的国际合作个数总体上均有增长。

从三种绿色创新方式类别看,样本期内美国境内减少空气污染专利的技术扩散个数增长最快，由2287个增长至6900个以上，在2005年突破7824个，减少空气污染专利个数增长排名第二，由715个增长至2500个以上，在2013年突破3000个，污染治理类专利的国际合作个数稳步增长，由706个增长至1400个以上，在2013年突破2000个。

说明开放背景下美国排污权交易市场与绿色创新存在正向促进关系。

二　中国排污权交易市场与绿色创新的关系

依据上文，中国的排污权交易市场主要控制的污染物为气体污染物，因此选择减少空气污染专利、减少空气污染专利的技术扩散、污染治理类专利的国际合作、市场型环境规制严格性，来近似考察1990—2015年开放背景下中国排污权交易市场与绿色创新的关系，如图3.10。

从整体看，样本期内随着中国的"2002年排污权交易试点""2007年排污权交易试点"和"2013年碳排放权交易试点"这些市场型环境规制的严格性不断增强，中国的减少空气污染专利个数、减少空气污染专利的技术扩散个数、污染治理类专利的国际合作个数总体上均有增长。

从三种绿色创新方式类别看，样本期内中国境内减少空气污染专利的技术扩散个数增长最快，由139个增长至14800个以上，在2015年突破14835个，减少空气污染专利个数增长排名第二，由43个增长至327个以上，在2007年突破956个，污染治理类专利的国际合作个数稳步增长，由110个增长至470个以上，在2007年突破1800个。

值得注意的是，样本期内中国除减少空气污染专利的技术扩散个数逐年增长外，减少空气污染专利个数和污染治理类专利的国际

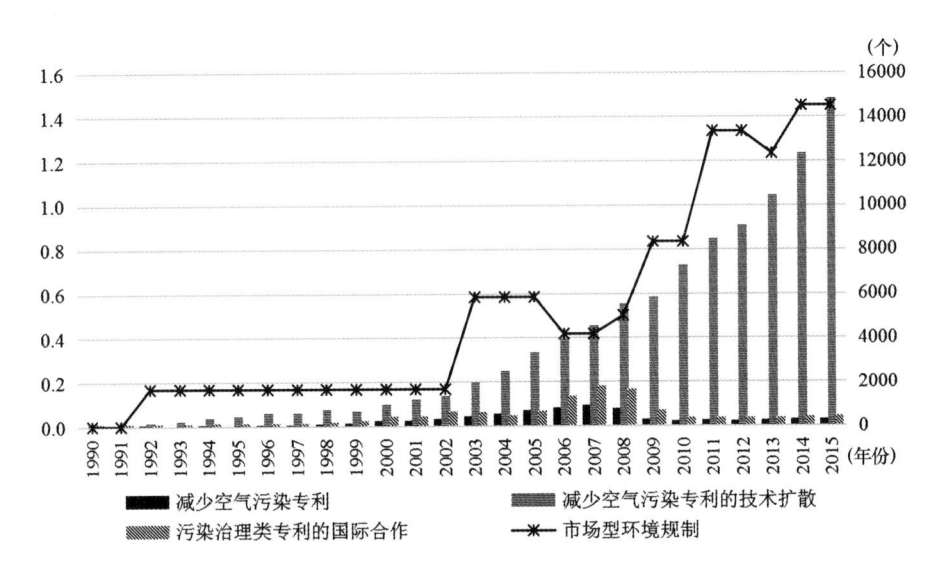

图3.10 1990—2015年开放背景下中国排污权交易市场与绿色创新的关系

资料来源：笔者根据经合组织统计数据库官网数据计算绘制而得。

合作个数均在2007年以后出现较大幅度的回落。

说明开放背景下中国排污权交易市场与绿色创新存在正向促进关系，但更多的是通过促进境内减少空气污染专利的技术扩散来实现的。

三 美国和中国排污权交易市场诱发绿色创新的比较

依据上文，美国和中国的排污权交易市场主要控制的污染物为气体污染物，因此选择市场型环境规制严格性、减少空气污染专利、减少空气污染专利的技术扩散、污染治理类专利的国际合作，来近似比较1990—2015年开放背景下美国和中国排污权交易政策诱发绿色创新的差异。

（一）美国和中国市场型环境规制严格性的比较

分国别看，样本期内美国的市场型环境规制严格性指数不断增长，由0.17增长至1.5以上。说明这段时期美国的"酸雨计划"

"区域清洁空气激励市场"和"氮氧化物预算交易计划"这些市场型环境规制的严格性不断增强。样本期内中国的市场型环境规制严格性指数不断增长,由 0 增长至 1.45,特别是 2002 年、2007 年和 2013 年三个时间节点之后的市场型环境规制严格性指数大幅增长。说明这段时期中国的"2002 年排污权交易试点""2007 年排污权交易试点"和"2013 年碳排放权交易试点"这些市场型环境规制的严格性不断增强。

比较美国和中国,样本期内美国的市场型环境规制严格性指数一直高于中国,2011 年后两国的这一差距迅速减小,如图 3.11。

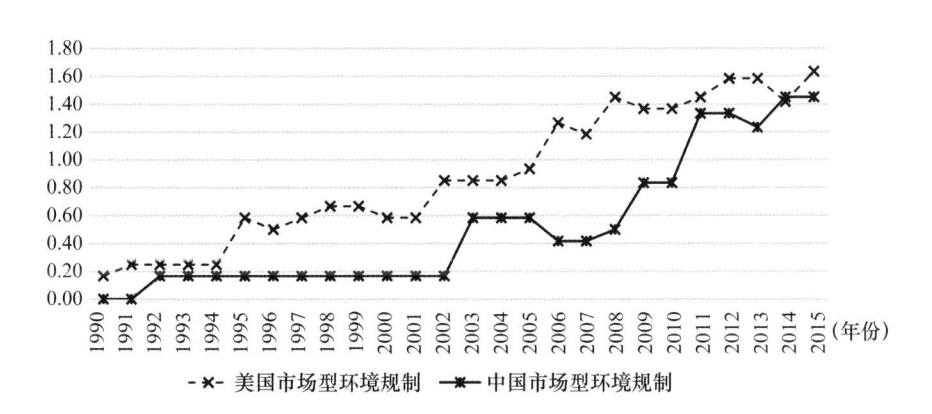

图 3.11　1990—2015 年开放背景下美国和中国市场型环境规制严格性的比较

资料来源:笔者根据经合组织统计数据库官网数据计算绘制而得。

(二) 美国和中国减少空气污染专利的比较

分国别看,样本期内美国减少空气污染类绿色发明专利申请个数增长迅速,由 660 个增长至 2500 个以上,在 2013 年突破 3000 个。样本期内中国减少空气污染类绿色发明专利申请个数增长迅速,由 43 个增长至 320 个以上,在 2007 年突破 950 个。

比较美国和中国,样本期内美国减少空气污染类绿色发明专利申请个数远高于中国,在 2008 年以后两国的这一差距迅速增大,如图 3.12。

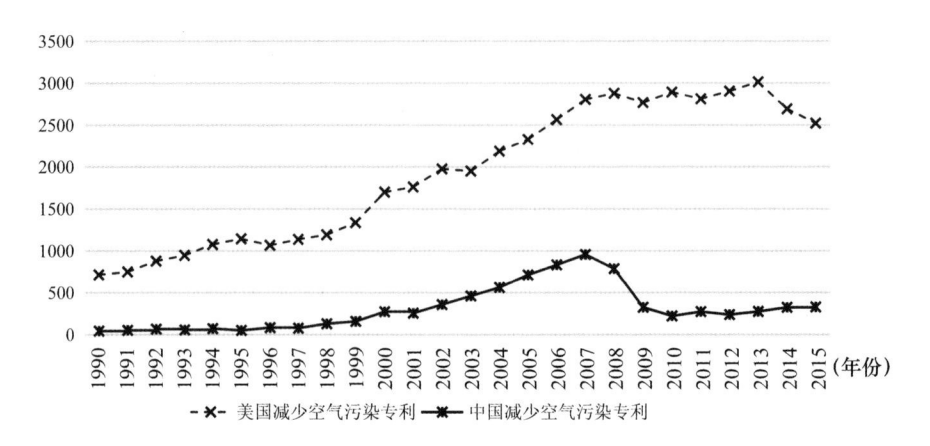

图 3.12　1990—2015 年开放背景下美国和中国减少空气污染专利的比较

资料来源：作者根据经合组织统计数据库官网数据计算绘制而得。

（三）美国和中国减少空气污染专利的技术扩散的比较

分国别看，样本期内美国境内通过国家、区域或国际路径寻求专利保护的减少空气污染类绿色发明专利技术扩散较快，由 2287 个增长至 6900 个以上，在 2005 年突破 7800 个。样本期内中国境内通过国家、区域或国际路径寻求专利保护的减少空气污染类绿色发明专利技术扩散极快，由 139 个增长至 14000 个以上，在 2015 年突破 14835 个。

比较美国和中国，样本期内起初美国减少空气污染类绿色发明专利技术扩散个数高于中国，但在 2010 年以后被中国反超，如图 3.13。

（四）美国和中国污染治理类专利的国际合作的比较

分国别看，样本期内美国与外国发明者污染治理类共同绿色发明专利申请个数稳步上升，由 706 个增长至 1475 个以上，在 2013 年突破 2000 个。样本期内中国与外国发明者污染治理类共同绿色

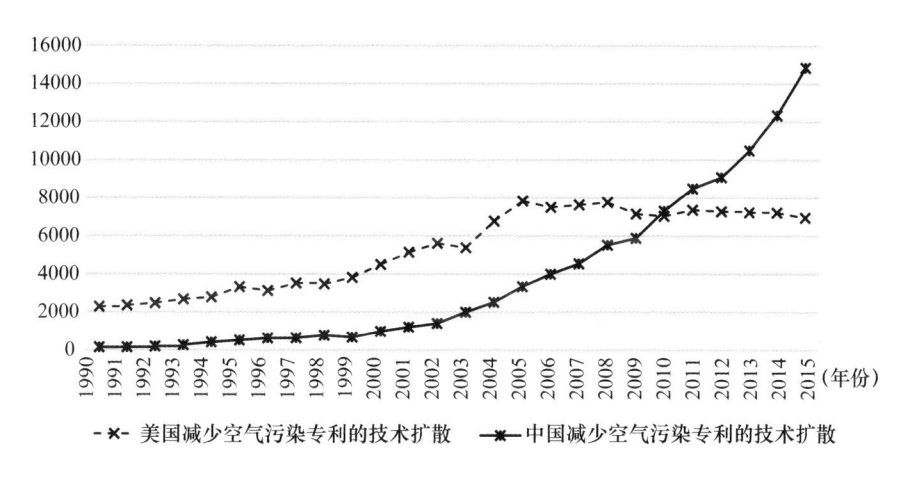

图3.13　1990—2015年开放背景下美国和中国减少
空气污染专利的技术扩散的比较

资料来源：作者根据经合组织统计数据库官网数据计算绘制而得。

发明专利申请个数先上升后下降，由110个增长至1800个以上，在2007年达到顶峰以后，2010年迅速回落到400个左右。其中2000年以后增速较快，2008年以后迅速下降，2010年前后触底略有反弹。

比较美国和中国，样本期内起初美国与外国发明者污染治理类共同绿色发明专利申请个数高于中国，在2006—2008年期间两国的这一指标一度接近，在2009年以后中国的这一指标迅速回落，如图3.14。

综上可以得出，中国与美国在排污权交易市场诱发绿色创新方面存在较大差距，中国的绿色创新不仅受到国内排污权交易市场的影响，开放背景下的国际合作和技术扩散均促进了中国的绿色创新。

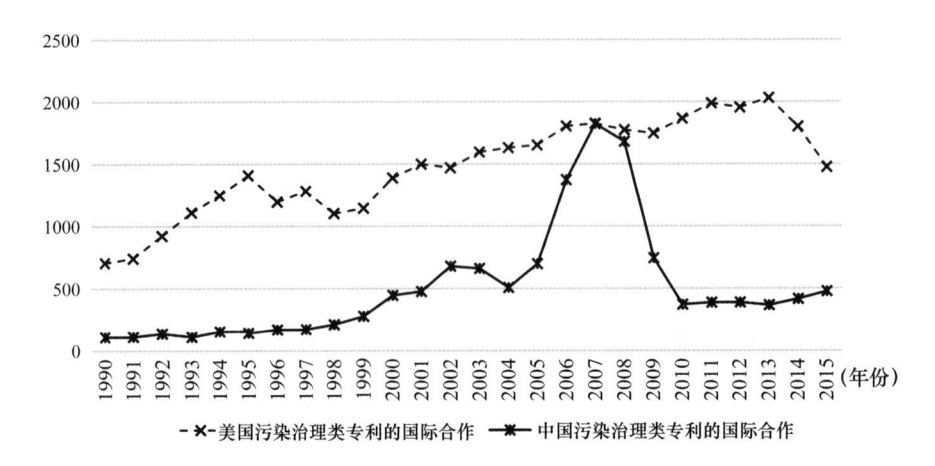

图 3.14　1990—2015 年开放背景下美国和中国污染治理类专利的国际合作的比较

资料来源：作者根据经合组织统计数据库官网数据计算绘制而得。

本章小结

通过国内外主要排污权交易市场及绿色创新的发展特点，对于本书的研究有如下启示和思考。

第一，排污权交易市场在美中两国都是"干中学"的过程，通过动态调整和实践，这一政策才能逐步达到理想状态，从而促进绿色创新和经济增长。

第二，开放背景下美中两国排污权交易市场均促进了减少污染气体类绿色创新的增长，两者存在相关性，其中绿色专利申请、绿色专利国际合作、绿色技术扩散均有增长。

第三，国际上绿色创新有了长足的发展，绿色创新的定义逐渐细化和明确，绿色创新的方式既有国际组织主导、区域组织主导、国家主导，也有企业间主导，形成了自上而下和自下而上的多种方式绿色创新的模式。多种绿色创新方式并存，形成合力，促进全球绿色创新发展。

第四，中国的绿色创新活动进程随着开放背景下国家的生态文明建设和经济增长方式转型等大政方针的推进，有了长足的发展和进步。但是，中国与美国在排污权交易市场诱发绿色创新方面依然存在较大差距，中国的绿色创新受到国内排污权交易市场的影响，开放背景下的国际合作和技术扩散均促进了中国的绿色创新，这为从学术层面研究本书选题提供了依据。

第五，通过借鉴国际绿色创新的分类、技术与实践经验，可以更好地指导对中国绿色创新的学术研究。

第四章

中国排污权交易试点政策对企业绿色创新的诱发效应

本书第三章分析了开放背景下排污权交易市场和绿色创新的发展及其相互关系,发现在美国和中国两者均存在一定的正相关趋势。本章在前文基础上进一步实证检验中国排污权交易试点政策对企业绿色创新的诱发效应,研究内容主要包括数据和变量的选取与处理、三重差分基本模型与平行趋势检验、异质性能源投入企业绿色创新的溢出效应检验和稳健性检验。

建立健全排污权交易市场,将使排污权的价格信号更加清晰,有利于资金向更绿色、更环保的领域流动和倾斜,也有利于基于排污权的企业绿色创新[1],从而落实以企业为主体、市场为导向,产学研深度融合的绿色创新战略。相比以往的命令型环境规制政策,近年来,国家更加倡导市场型环境规制手段来改善环境[2],市场型环境规制政策在中国是否真正存在优势亟待验证。2010年,中国二氧化硫排放总量比2005年下降14.29%[3],企业绿色发展与市场化的

---

[1] 赵萌:《环境权益交易市场建设步入"快车道"》,《金融时报》2017年8月12日第5版。

[2] 王班班、齐绍洲:《市场型和命令型政策工具的节能减排技术创新效应——基于中国工业行业专利数据的实证》,《中国工业经济》2016年第6期。

[3] 中国网新闻中心:《2010年我国二氧化硫排放总量比2005年下降14.29%》,http://www.china.com.cn/news/2012-03/02/content_24781189.htm,2012年3月2日。

排污权交易政策紧密结合，排污权交易试点政策在中国已运行十几年，可以为这一问题的验证提供充分的历史数据。验证排污权交易试点这一市场型 CAT 政策在中国是否诱发企业绿色创新具备了条件。

相对于 2002 年的排污权交易试点政策，2007 年的扩大试点可以被看作一个更加有效的自然实验[①]，以下 2007 年的排污权交易政策（Emissions Trading Pilots，ETP），2002 年的排污权交易政策简称为 ETP02。

第一节　数据和变量选取与处理

本部分说明了本书的绿色创新数据的选取、被解释变量、企业层面经济特征控制变量和变量的描述性统计。

一　绿色创新数据的选取及覆盖范围

企业绿色创新已成为中国经济社会管理的热门学术研究课题[②]。越来越多的公司开始将绿色创新视为获得可持续竞争优势的有效策略[③]。作为创新的新范式，绿色创新旨在引入新的或改进的产品和工艺、组织转型和营销方法，以减少污染物排放和能源及水的自然资源消耗，最终实现环境、经济与社会的和谐发展。事实证明，绿色创新是保护环境的有效途径，它在促进中国经济增长与资源消耗和环境污染脱钩方面发挥着重要作用[④]。

---

① 李永友、文云飞：《中国排污权交易政策有效性研究——基于自然实验的实证分析》，《经济学家》2016 年第 5 期。

② Chen J, Cheng J, Dai S, "Regional Eco – Innovation in China: An Analysis Of Eco – Innovation Levels and Influencing Factors", *Journal of Cleaner Production*, Vol. 153, June 2017, pp. 1 – 14.

③ Lin H, Zeng S X, Ma H Y, et al, "Can Political Capital Drive Corporate Green Innovation? Lessons from China", *Journal of Cleaner Production*, Vol. 64, February 2014, pp. 63 – 72.

④ Yang F and Yang M, "Analysis on China's Eco-Innovations: Regulation Context, Intertemporal Change and Regional Differences", *European Journal of Operational Research*, Vol. 247, No. 3, December 2015, pp. 1003 – 1012.

根据上文,世界知识产权组织(WIPO)于 2010 年推出一个旨在便于检索环境友好型技术相关专利信息的在线工具,即"国际专利分类绿色清单",该检索条目依据《联合国气候变化框架公约》并结合国际专利分类号对绿色专利进行了七大分类:交通运输类(Transportation)、废弃物管理类(Waste Management)、能源节约类(Energy Conservation)、替代能源生产类(Alternative Energy Production)、行政监管与设计类(Administrative Regulatory or Design Aspects)、农林类(Agriculture or Forestry)和核电类(Nuclear Power Generation)。

本书的企业绿色创新数据的选取。作者学习参考 Cui 等人(2018)的方法依照上述划分标准[①],根据企业专利的国际技术分类号,在国家知识产权局数据库(SIPO)中核算了中国上市公司企业每年的绿色专利数量,并区分了绿色发明专利和绿色实用新型专利,作为企业绿色创新活动的核心衡量指标。显然这一绿色创新活动既包括了企业绿色技术创新也包括了绿色管理创新。

本书的企业低碳技术创新数据的选取。作者参考 Cui 等(2018)的方法,选择绿色专利七大分类中,替代能源生产、能源节约和废弃物处理三大类型绿色专利作为本书企业的低碳技术创新数据,进一步考察企业低碳技术创新活动在中国 CAT 机制下的开展情况。

专利申请还是专利授权问题。一种观点认为,选用专利申请而不是专利授权来衡量,是因为专利技术很可能在申请过程中就对企业绩效产生影响,因此专利申请数据会比授予量更稳定、可靠和及时[②]。另外一种观点认为,申请可能存在严重问题,只是反映了企

---

① Cui J, Zhang J, Zheng Y, "Carbon Pricing Induces Innovation: Evidence from China's Regional Carbon Market Pilots", *AEA Papers and Proceedings*, Vol. 108, May 2018, pp. 453 – 457.

② 黎文靖、郑曼妮:《实质性创新还是策略性创新?——宏观产业政策对微观企业创新的影响》,《经济研究》2016 年第 4 期。

业对绿色技术的重视程度并不代表实际技术有多大提升，原则上专利授予情况更能反映技术创新程度。同时，专利授权存在滞后性问题，一项专利从申请到授权往往需要1—2年的时间。因此，综合以上观点，本书样本选用已授权的当期绿色专利申请数据，即本书样本中的绿色专利数据实际上是已授权的绿色专利数据，本书认为这样更有利于体现企业当期的实际创新能力[①]。

二 被解释变量

本书选取样本中的上市公司已授权绿色专利占其当年所有专利申请的占比作为分析对象，用 $EnvrPatRatio$ 表示，因为相比单纯的专利数量，采用绿色专利占比指标能有效地剔除试点政策以外的促进企业创新的其他不可观察到的因素，[②] 比如，创新补贴政策。本书样本选用"已授权的当期绿色专利申请占比"，本书样本中的绿色专利数据实际上是已授权的绿色专利数据，本书认为这样更有利于体现企业当期的实际创新能力。[③] 一般认为，专利的创新性由高到低依次为发明专利、实用新型专利和外观设计专利，因此为了进一步考察专利类型的异质性，在第六章本书选取样本中的上市公司未来已授权绿色发明专利占其当年所有发明专利申请的占比作为分

[①] Ley M, Stucki T, Woerter M, "The Impact of Energy Prices on Green Innovation", *The Energy Journal*, Vol. 31, No. 1, January 2016, pp. 41–75；齐绍洲、张倩等：《新能源企业创新的市场化激励——基于风险投资和企业专利数据的研究》，《中国工业经济》2017年第12期。

[②] Popp D, "Induced Innovation and Energy Prices", American Economic Review, 2002, Vol. 92, No. 1, pp. 160–180; Popp D, "International Innovation and Diffusion of Air Pollution Control Technologies: The Effects of NOX and SO2 Regulation in the US, Japan, and Germany", Journal of Environmental Economics and Management, 2006, Vol. 51, No. 1, pp. 46–71; Ley M, Stucki T, Woerter M, "The impact of energy prices on green innovation", The Energy Journal, 2016, Vol. 37, No. 1, pp. 41–75.

[③] Ley M, Stucki T, Woerter M, "The impact of energy prices on green innovation", The Energy Journal, 2016, Vol. 37, No. 1, pp. 41–75；齐绍洲、林屾、崔静波：《环境权益交易市场能否诱发绿色创新？——基于我国上市公司绿色专利数据的证据》，《经济研究》2018年第53（12）期；齐绍洲、张倩、王班班：《新能源企业创新的市场化激励——基于风险投资和企业专利数据的研究》，《中国工业经济》2017年第12期。

析对象，用 *InvtEnvrPatRatio* 表示；选取样本中的上市公司已授权绿色实用新型专利占其当年所有实用新型专利申请的占比作为分析对象，用 *UtyEnvrPatRatio* 表示，通过区分发明专利和实用新型专利对专利的难度进行划分[①]。此外，本书选取绿色专利七大分类中，替代能源生产、能源节约和废弃物处理三大类型绿色专利作为本书企业的低碳技术数据，进一步考察企业低碳技术活动在中国排污权交易机制下的开展情况。下文若无特殊说明，绿色专利均表示未来已授权的绿色专利。

三　企业层面经济特征控制变量

企业规模，根据基本的企业生产函数，本书将专利视为产出，将资本和劳动力视为投入要素，一般认为企业规模越大创新成功率越高[②]，因此选取样本中的上市公司的企业净资产和企业员工数量作为控制变量来衡量企业规模的大小，取对数后分别用 ln*Capital* 和 ln*Labor* 表示。

企业成熟度，研究发现成立时间较长的企业具有更强烈的创新意识[③]，因此选取样本中上市公司的企业年龄作为控制变量来衡量企业的成熟度，取对数后用 ln*Age* 表示。

企业社会财富创造力，一般认为企业为社会创造价值大于成本投入的，其创新意识越强，企业市场价值与资本重置成本之比定义为 *TobinQ*[④]，数值越大表明企业创造了越多社会财富，因此选取样本中上市公司的企业 *TobinQ* 作为控制变量来衡量企业的社会财富

---

① 王班班：《环境政策与技术创新研究述评》，《经济评论》2017 年第 4 期。

② 王刚刚、谢富纪等：《R&D 补贴政策激励机制的重新审视——基于外部融资激励机制的考察》，《中国工业经济》2017 年第 2 期。

③ 张杰、陈志远等：《中国创新补贴政策的绩效评估：理论与证据》，《经济研究》2015 第 10 期。

④ Tobin J, "A General Equilibrium Approach to Monetary Theory", *Journal of Money, Credit and Banking*, Vol. 1, No. 1, February 1969, pp. 15 – 29.

创造能力，取对数后用 $\ln TobinQ$ 表示。

企业信用评价，研究认为银行贷款衡量了市场投资者对企业信用的评价[①]，同时适度负债经营可以弥补企业营运和长期发展资金的不足，企业可以利用更多资金改善技术设备、改革工艺和开展创新活动，因此选取样本中上市公司的企业 $Debts$ 作为控制变量来衡量企业的信用评价，取对数后用 $\ln Debts$ 表示。

四 变量描述性统计

本书选取变量的描述性统计如表4.1。

表4.1 主要变量描述性统计值

变量	指标含义	平均值	标准差	最小值	最大值
$EnvrPatRatio$	企业绿色专利占比	0.015	0.072	0.000	0.947
$InvtEnvrPatRatio$	企业绿色发明专利占比	0.0105	0.063	0.000	0.944
$UtyEnvrPatRatio$	企业绿色实用新型专利占比	0.0110	0.063	0.000	0.889
$\ln Capital$	企业净资产对数	19.661	1.496	10.919	25.927
$\ln Labor$	企业员工数量对数	7.619	1.241	0.000	13.129
$\ln Age$	企业年龄对数	1.747	0.772	0.000	3.045
$\ln TobinQ$	企业托宾Q值对数	0.394	0.756	-2.831	4.152
$\ln Debts$	企业负债的对数	20.244	1.396	12.635	30.439

注：样本中剔除了所在行业 SO_2 排放占比为0的企业，即非排放企业。

如表4.1所述，企业绿色专利占比均值为0.015，表明在样本期间，所有企业专利申请中，绿色专利占比达1.48%，可见在中国专利申请中，申请绿色专利的比重并不大。进一步细分专利类型，其中企业申请绿色发明专利占比的均值为0.0105，绿色实用新型专

[①] Meuleman M and De Maeseneire W, "Do R&D Subsidies Affect SMEs' Access to External Financing?" *Research Policy*, Vol. 41, No. 3, April 2012, pp. 580–591.

利占比的均值 0.0110，可见申请绿色专利的难度也随着专利类型创新性的提高而增大。

第二节 模型与实证分析结果

本部分主要包括三重差分基本模型与平行趋势检验、实证结果与分析、异质性能源投入企业的绿色创新溢出效应和绿色能源替代效应。

一 三重差分基本模型与平行趋势检验

政策评估实证研究文献采用传统的双重差分模型，通过对比政策前后变动对政策试点地区（实验组、治疗组、处置组）与非试点地区（对照组）的影响之差，剔除掉不随时间变化且不可观察到的混淆因素（Confounding Factors），把政策的处置效应（Treatment Effects）从混淆因素中剥离开来，从而评估政策的因果促进效应。在环境经济学研究中，国际前沿研究会基于双重差分模型，引入第三重差分，即行业的污染属性[1]。环境规制主要针对的是污染行业，试图改善或促进污染行业内企业的相关经济活动或者污染治理行为。然而对于清洁行业来说，环境规制对其行业内企业的相关环境压力会远小于政策对污染企业带来的压力。因此，通过比较环境规制对污染行业与清洁行业的绿色创新活动的影响，本书可以进一步剔除掉不随时间变化的、不可观察到的以及试点政策之外的因素，比如影响所有行业创新的政策激励因素，从而尽可能把试点政策的

---

[1] Greenstone M, List J A, Syverson C, "The Effects of Environmental Regulation on the Competitiveness of US Manufacturing", National Bureau of Economic Research, No. 18392 (September 2012), https://www.nber.org/papers/w18392; Cai H, Chen Y, Gong Q, "Polluting Thy Neighbor: Unintended Consequences of China's Pollution Reduction Mandates", *Journal of Environmental Economics and Management*, Vol. 76, March 2016, pp. 86–104.

效果从其他不可观察到的混淆因素中剥离出来，提炼试点政策对绿色创新的因果促进作用。

（一）三重差分模型

基于三重差分模型，本书关于区域内排污权交易试点政策对企业绿色专利申请占比的基本模型如下：

$$\begin{aligned} EnvrPatRatio_{ijt} = & \beta_0 + \beta_1 Pilot_r \times Post_t \times Pollution_j \\ & + \beta_2 Pilot_r \times Pollution_j + \beta_3 Post_t \times Pollution_j \\ & + \beta_4 Pilot_r \times Post_t + \rho X_{it} + \delta_r \times time \\ & + \varepsilon_j \times time + \gamma_t + \alpha_i + \varepsilon_{ijrt} \end{aligned} \quad (1)$$

其中 i, j, r, t 分别表示上市公司、行业、地区以及时间，ε_{ijrt} 是随机扰动项。

被解释变量为 $EnvrPatRatio_{ijt}$，表示上市公司绿色专利占其当年所有专利申请的占比。在后面章节机制探索中，本书会进一步将专利类型分解成发明专利和实用新型专利，分别考察排污权交易试点政策对绿色专利中的发明专利占比（$InvtEnvrPatRatio_{ijt}$）和实用新型专利占比（$UtyEnvrPatRatio_{ijt}$）的促进作用，并进一步选择绿色专利七大分类中的替代能源生产、能源节约和废弃物处理三大类型绿色专利作为本书企业的低碳技术数据，进一步考察企业低碳技术活动在中国排污权交易机制下的开展情况。

模型的解释变量包括政策试点时间虚拟变量，政策试点区域虚拟变量，行业污染属性变量等。$Pilot_r$ 表示 ETP 试点地区的虚拟变量，如果是政策试点地区时，取值为 1，否则取值为 0。$Post_t$ 为政策试点前后的虚拟变量，ETP 试点期间（2007 年及以后）取值为 1，在非试点期间（2007 年以前）取值为 0。$Pollution_j$ 为行业污染属性指标，即企业所属行业在 1995 年 SO_2 排放占全国排放的比重。采用单一年份的行业排放指标而非跨年度面板数据行业排放指标的原因在于，避免随时间变化的行业排放指标有可能造成模型的内生性问题。此外，模型控制了有可能促进专利申请的上市公司其他经济特征控制变量，由 X_{it} 表示。该企业经济特征控制变量包括：上市公司净资产、员工数量、企业年龄、市场价值与资本重置成本之比（$TobinQ$）和负债等。

$Pilot_r \times Post_t \times Pollution_j$ 是本书感兴趣的交互项也是模型最重要的关注变量，其系数估计是三重差分估计量。经典的双重差分模型考察的是政策变动前后对政策试点地区与非试点地区企业绿色创新的促进作用。在双重差分的基础上，本书进一步比较政策变动对试点地区与非试点地区、污染行业与清洁行业之间企业绿色创新的影响，从而剔除了不随时间变化的地区层面和行业层面不可观察到的混淆因素，有效地提高了政策因果处置效应估计的可信度。

最后，模型引入了 $\delta_r \times time$，用于控制地区的时间趋势效应，并引入 $\varepsilon_j \times time$，用于控制行业的时间趋势效应。同时，年份固定效应（γ_t）和企业固定效应（α_i）的添加进一步巩固了政策评估的因果关系提炼。

对模型（1）主要回归系数的解读。为了更好地理解下文实证结果表格中报告的经济学含义，现绘制表 4.2。

（二）三重差分模型的平行趋势假设

双重差分或者多重差分估计量的一致性需要平行趋势假设成立[1]，即在政策实施之前，控制组与实验组的时间趋势是一样的，表明影响控制组和实验组的不可观察到的因素从图形显示中的确是不随时间变化的。在本书的三重差分模型中，平行趋势是指在排污权交易试点政策实施之前，上市公司污染行业的工业企业（下文简称"污染企业"）与清洁行业的工业企业（下文简称"清洁企业"）

---

[1] 付明卫、叶静怡等：《国产化率保护对自主创新的影响——来自中国风电制造业的证据》，《经济研究》2015 年第 2 期。

在绿色专利申请指标上的时间趋势尽可能是一致的；然而，在试点政策实施之后，平行趋势的打破主要体现在试点地区污染行业相对于清洁行业绿色创新存在趋势变化。

表 4.2　　模型（1）的因果识别示意

模型（1）的因果识别			编号	模型（1）右边项（不考虑控制变量）	一重差分	二重差分	三重差分
污染行业	对照组	试点前	①	β_0	β_3	$\beta_1 + \beta_4$	β_1
		试点后	②	$\beta_0 + \beta_3$			
	实验组	试点前	③	$\beta_0 + \beta_2$	$\beta_1 + \beta_3 + \beta_4$		
		试点后	④	$\beta_0 + \beta_1 + \beta_2 + \beta_3 + \beta_4$			
清洁行业	对照组	试点前	⑤	β_0	0	β_4	
		试点后	⑥	β_0			
	实验组	试点前	⑦	β_0	β_4		
		试点后	⑧	$\beta_0 + \beta_4$			

凡是编号中两项对比相减的系数具有经济学意义：

β_1：与清洁行业相比 ETP 政策对污染行业中企业绿色创新净效应是否更大

$\beta_1 + \beta_4$：ETP 政策对污染行业中企业绿色创新净效应

β_4：ETP 政策对试点地区清洁行业中企业绿色创新净效应

β_3：ETP 政策对非试点地区污染行业中企业绿色创新溢出效应

$\beta_1 + \beta_3 + \beta_4$：ETP 政策对试点地区污染行业中企业绿色创新净效应

资料来源：笔者根据本书模型绘制。

（三）平行趋势的经验观察

图 4.1 为三重差分平行趋势图。图中横轴表示年份，纵轴表示当年加总到地区省级层面的企业绿色专利申请总数除以该地区企业总数。以 2007 年扩大试点为分界点，本书年份可分为非试点期（1990—2006 年）和试点期（2007—2010 年），左图为非试点地区图，右图为试点地区图。图中的实线垂线为 2007 年政策试点开始

的年份，实线为污染行业内企业加总到地区层面的绿色专利申请占比，而实虚线则表示清洁行业内企业加总到地区层面的绿色专利申请占比。污染行业属性的衡量为虚拟变量，如果该行业 1995 年 SO_2 排放占比超过全国排放占比的 5% 取值为 1，否则该行业定义为清洁行业，即虚拟变量取值为 0。[①] 如图左侧所示，在非试点地区，污染行业与清洁行业的绿色专利申请活动随时间变化呈现出平行趋势，即无论是 2007 年政策实施前后，非试点地区污染行业的绿色专利申请都略低于清洁行业。然而，图中右侧显示出在试点地区，在首次执行 2002 年试点政策之前，污染行业与清洁行业的绿色专利申请保持平行趋势。2002 年之后，开始初步实施排污权交易制度，该项政策在第二年的确有效地提高了污染行业相对于清洁行业的绿色创新，然而在 2004—2007 年期间，污染行业的绿色创新活动水平又重新落后于清洁行业的绿色创新活动，该图形进一步佐证了 2002 年试点政策的初步实施并未能长期促进污染行业的绿色创新。因此，在 2007 年进一步扩大排污权交易试点地区，并加大政策实施力度的背景下，从图形中可以清晰地看出 2008 年开始（扩大政策实施的第二年），污染行业的绿色创新再一次超越清洁行业，其趋势持续到样本结束的年份。因此，三重差分的平行趋势假说是可以得到图形支持的。在本书的稳健性讨论章节中，本书将进一步通过比较试点地区与非试点地区、污染行业与清洁行业之间的差异，验证 2002 年初步实施政策和 2007 年扩大实施政策对中国上市企业绿色创新的促进作用。

---

① Greenstone M, List J A, Syverson C, "The Effects of Environmental Regulation on the Competitiveness of US Manufacturing", National Bureau of Economic Research, NO. 18392（September 2012）, https://www.nber.org/papers/w18392; Greenstone M, "The Impacts of Environmental Regulations on Industrial Activity: Evidence from the 1970 And 1977 Clean Air Act Amendments and the Census of Manufactures", *Journal of Political Economy*, Vol. 110, No. 6, December 2002, pp. 1175-1219.

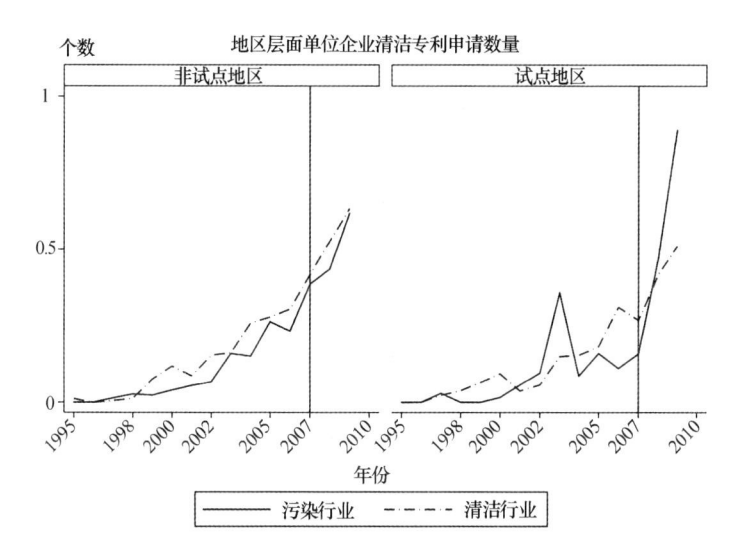

图 4.1　ETP 政策前后地区层面单位企业绿色专利申请数量

资料来源：笔者依据试点区虚拟变量绘制。

二　实证结果与分析

如前文所述，在基本模型检验中本书以模型（1）为基础，在第（1）—（3）列，逐步添加年份固定效应、地区的时间趋势效应和行业的时间趋势效应，在第（4）—（6）列进一步添加了企业固定效应。所有回归分析都采用了行业层面的聚类调整标准误差（Cluster Standard Errors）。

表 4.3 的回归结果显示，首先，ETP 政策诱发了试点地区污染企业的绿色创新活动，净效应大于清洁企业。其中第（1）—（3）列的回归结果显示，"$Pilot_r \times Post_t \times Pollution_j$"三次交互项系数为正，系数均在 1% 水平上显著，添加企业固定效应后，第（4）—（6）列的回归结果显示，"$Pilot_r \times Post_t \times Pollution_j$"三次交互项的系数依然在 1% 水平上显著为正，说明本书基本模型设定是合理的，回归结果也是稳健的。

以第（6）列为例，ETP 政策强度每提高 1 个单位，与清洁行业相比 ETP 政策对污染行业中企业绿色创新净效应多了 0.054 个单位（$\beta_1 = 0.054$），试点地区污染行业中企业绿色创新净效应提升0.051个单位（$\beta_1 + \beta_3 + \beta_4 = 0.054 + 0.005 - 0.008$），污染行业中企业绿色创新净效应提升0.046个单位（$\beta_1 + \beta_4 = 0.054 - 0.008$），试点地区清洁行业中企业绿色创新净效应为$-0.008$个单位（$\beta_4 = -0.008$），不显著，非试点地区污染行业中企业绿色创新溢出效应为0.005个单位（$\beta_3 = 0.005$），不显著（后续章节限于篇幅，不显著的结果不做分析），说明排污权交易政策没有对试点地区的清洁企业和非试点地区的污染企业产生绿色创新溢出效应。综上，本书的假说1得到验证。

其次，企业成熟度和社会财富创造能力对绿色创新活动有促进作用。企业经济特征层面的控制变量中，劳动力要素、资本要素和企业信用评级控制变量的回归系数绝对值很小，且不显著，在控制了企业层面固定效应后，企业成熟度和社会财富创造能力控制变量对绿色专利申请占比有正向的促进作用，其中企业成熟度每提高1个单位，绿色专利申请占比提升0.009个单位，企业社会财富创造能力每提高1个单位，绿色专利申请占比提升0.003个单位，系数均在10%水平上显著，与理论预期相符（后续章节限于篇幅，控制变量不作报告）。

表4.3　ETP政策对绿色专利占比的影响——基于三重差分法

变量	绿色专利占比					
	(1)	(2)	(3)	(4)	(5)	(6)
$Pilot_r \times Post_t \times Pollution_j$	0.053***	0.049***	0.054***	0.051***	0.055***	0.054***
	(0.012)	(0.008)	(0.013)	(0.008)	(0.006)	(0.008)
$Pilot_r \times Pollution_j$	0.008	0.013	0.006			
	(0.011)	(0.011)	(0.011)			
$Post_t \times Pollution_j$	-0.012	-0.007	-0.007	-0.004	0.006	0.005
	(0.009)	(0.011)	(0.012)	(0.009)	(0.013)	(0.014)

续表

变量	绿色专利占比					
	(1)	(2)	(3)	(4)	(5)	(6)
$Pilot_r \times Post_t$	-0.006	0.004	-0.006	-0.009	-0.001	-0.008
	(0.007)	(0.004)	(0.007)	(0.007)	(0.003)	(0.007)
$Pilot_r$	-0.002	0.006	0.012			
	(0.016)	(0.005)	(0.013)			
$Post_t$	0.035**	0.052***	0.062***			
	(0.015)	(0.007)	(0.011)			
$Pollution_j$	-0.005	-0.591***	-0.378			
	(0.004)	(0.141)	(0.235)			
$\ln Capital$	-0.001	0.000	-0.000	-0.001	-0.001	-0.001
	(0.003)	(0.002)	(0.002)	(0.001)	(0.002)	(0.001)
$\ln Labor$	-0.001	-0.001	-0.001	0.001	0.001	0.001
	(0.001)	(0.001)	(0.002)	(0.001)	(0.001)	(0.001)
$\ln Age$	-0.003	-0.003	-0.003	0.011**	0.009*	0.009*
	(0.003)	(0.003)	(0.003)	(0.005)	(0.005)	(0.005)
$\ln TobinQ$	0.003	0.004	0.003	0.003*	0.003*	0.003*
	(0.002)	(0.003)	(0.002)	(0.002)	(0.002)	(0.002)
$\ln Debts$	0.004	0.003	0.003	0.003	0.002	0.002
	(0.003)	(0.002)	(0.002)	(0.002)	(0.002)	(0.002)
Constant	-0.060**	-0.055*	-0.059	-0.020	0.000	-0.006
	(0.022)	(0.031)	(0.035)	(0.025)	(0.025)	(0.024)
观测值	6509	6509	6509	6509	6509	6509
R^2	0.036	0.041	0.060	0.018	0.017	0.022
企业固定效应				Y	Y	Y
年份固定效应	Y	Y	Y	Y	Y	Y
省份×时间趋势固定效应	Y		Y	Y		Y
行业×时间趋势固定效应		Y	Y		Y	Y

注：$Pilot_r$ 表示 ETP 试点地区的虚拟变量，如果是政策试点地区时，取值为1，否则取值为0。$Post_t$ 为政策试点前后的虚拟变量，ETP 试点期间（2007年及以后）取值为1，在非试点期间（2007年以前）取值为0。$Pollution_j$ 为行业污染属性指标，即企业所属行业在1995年 SO_2 排放占全国排放的比重。小括号内为行业层面的聚类调整标准差，*、** 和 *** 分别表示显著性水平为 10%、5% 和 1%。

三 异质性能源投入企业的绿色创新溢出效应和绿色能源替代效应

下面验证 ETP 政策对异质性能源投入企业绿色创新的影响,包括对高煤耗企业绿色创新的溢出效应和高能耗企业绿色能源的替代效应。

(一) 高煤耗企业的绿色创新溢出效应

为进一步验证 ETP 政策对高煤耗企业的绿色创新溢出效应,替换上市公司行业污染物测度标准为行业煤炭消耗占比,来进一步验证结果,令 $Coal_j$ 为新的行业污染属性指标,即企业所属行业在 1995 年煤炭消耗占全国煤炭消耗的比重。

表 4.4 的回归结果显示,ETP 政策诱发了试点地区高煤耗企业的绿色创新活动,净效应大于低煤耗企业。其中第(1)—(3)列的回归结果显示,"$Pilot_r \times Post_t \times Coal_j$"三次交互项系数为正,系数均在 1% 水平上显著,添加企业固定效应后,第(4)—(6)列的回归结果显示,"$Pilot_r \times Post_t \times Coal_j$"三次交互项的系数依然在 1% 水平上显著为正,说明模型设定是合理的,回归结果也是稳健的。

表 4.4 ETP 政策对高煤耗企业的绿色创新溢出效应

变量	绿色专利占比					
	(1)	(2)	(3)	(4)	(5)	(6)
$Pilot_r \times Post_t \times Coal_j$	0.090** (0.033)	0.082*** (0.027)	0.092** (0.034)	0.083*** (0.023)	0.088*** (0.022)	0.085*** (0.025)
$Post_t \times Coal_j$	−0.019 (0.021)	−0.004 (0.028)	−0.005 (0.028)	−0.008 (0.018)	0.012 (0.027)	0.011 (0.027)
$Pilot_r \times Post_t$	−0.007 (0.007)	0.003 (0.004)	−0.006 (0.007)	−0.010 (0.007)	−0.002 (0.003)	−0.009 (0.007)
观测值	6509	6509	6509	6509	6509	6509
R^2	0.036	0.041	0.060	0.017	0.017	0.022

续表

变量	绿色专利占比					
	(1)	(2)	(3)	(4)	(5)	(6)
企业固定效应				Y	Y	Y
年份固定效应	Y	Y	Y	Y	Y	Y
省份×时间趋势固定效应	Y		Y	Y		Y
行业×时间趋势固定效应		Y	Y		Y	Y

注：$Pilot_i$表示 ETP 试点地区的虚拟变量，如果是政策试点地区时，取值为1，否则取值为0。$Post_t$为政策试点前后的虚拟变量，ETP 试点期间（2007年及以后）取值为1，在非试点期间（2007年以前）取值为0。$Coal_j$为行业污染属性指标，即企业所属行业在1995年煤炭消耗占全国排放的比重。小括号内为行业层面的聚类调整标准差，*、** 和 *** 分别表示显著性水平为10%、5%和1%。表中模型都控制了上市公司经济特征变量，包括上市公司净资产、员工数量、企业年龄、市场价值与资本重置成本之比（Tobin Q）和负债，其余二次项、一次项和常数项均已控制，因篇幅有限不作报告。

以第（6）列为例，ETP 政策强度每提高1个单位，与低煤耗行业相比 ETP 政策对高煤耗行业中企业绿色创新净效应多了0.085个单位（$\beta_1 = 0.085$），试点地区高煤耗行业中企业绿色创新净效应提升0.087个单位（$\beta_1 + \beta_3 + \beta_4 = 0.085 + 0.011 - 0.009$），高煤耗行业中企业绿色创新净效应提升0.046个单位（$\beta_1 + \beta_4 = 0.054 - 0.008$）。本书的假说2得到验证。

（二）高能耗企业的绿色能源替代效应

为进一步验证 ETP 政策对高能耗企业的绿色能源替代效应，本书替换上市公司行业污染物测度标准为行业能源消耗（包括一次、二次能源）占比，来进一步验证结果，令 $Energy_j$ 为新的行业污染属性指标，即企业所属行业在1995年能源消耗占全国能源消耗的比重。

表4.5的回归结果显示，ETP 政策诱发了试点地区高能耗企业的绿色创新活动，净效应大于低能耗企业，但系数不显著。其中第

(1) —(3) 列的回归结果显示,"$Pilot_r \times Post_t \times Energy_j$"三次交互项系数为正,系数不显著,添加企业固定效应后,第(4) —(6) 列的回归结果显示,"$Pilot_r \times Post_t \times Energy_j$"三次交互项的系数依然不显著为正,说明本书的假说2在高能耗企业中无法得到验证。然而高能耗企业在考量其绿色创新与绿色能源替代两者的成本以后,可能更偏向于后者,即使用电能这一绿色能源,因此假说3在高能耗企业中得到验证。

表 4.5 　　ETP 政策对高能耗企业的绿色能源替代效应

变量	绿色专利占比					
	(1)	(2)	(3)	(4)	(5)	(6)
$Pilot_r \times Post_t \times Energy_j$	0.041 (0.093)	0.038 (0.091)	0.043 (0.098)	0.026 (0.075)	0.037 (0.078)	0.024 (0.079)
$Post_t \times Energy_j$	0.090** (0.036)	0.117*** (0.037)	0.110** (0.041)	0.083*** (0.030)	0.112*** (0.039)	0.119*** (0.034)
$Pilot_r \times Post_t$	-0.005 (0.008)	0.005 (0.005)	-0.004 (0.008)	-0.007 (0.007)	0.000 (0.004)	-0.007 (0.007)
观测值	6509	6509	6509	6509	6509	6509
R^2	0.036	0.040	0.059	0.018	0.017	0.022
企业固定效应				Y	Y	Y
年份固定效应	Y	Y	Y	Y	Y	Y
省份×时间趋势固定效应	Y		Y	Y		Y
行业×时间趋势固定效应		Y	Y		Y	Y

注:$Pilot_r$ 表示 ETP 试点地区的虚拟变量,如果是政策试点地区时,取值为1,否则取值为0。$Post_t$ 为政策试点前后的虚拟变量,ETP 试点期间(2007 年及以后)取值为1,在非试点期间(2007 年以前)取值为0。$Energy_j$ 为行业污染属性指标,即企业所属行业在1995 年能源消耗(包括一次、二次能源)占全国排放的比重。小括号内为行业层面的聚类调整标准差,*、** 和 *** 分别表示显著性水平为10%、5%和1%。表中模型都控制了上市公司经济特征变量,包括上市公司净资产、员工数量、企业年龄、市场价值与资本重置成本之比(Tobin Q)和负债,其余二次项、一次项和常数项均已控制,因篇幅有限不作报告。

四 稳健性检验

下面验证 ETP 政策对污染行业测度标准为 SO_2 排放占比超过全国 7% 和 10% 的虚拟变量的稳健性。

（一）替换污染行业测度标准为 SO_2 排放占比超过全国 7% 的虚拟变量

为进一步验证 ETP 政策的稳健性，现替换上市公司污染行业测度标准为 SO_2 排放占比超过全国 7% 的行业，来进一步验证结果，令 $Dirty7Dummy_j$ 为行业污染属性指标，污染行业取值为 1（企业所属行业在 1995 年 SO_2 排放占全国排放的比重大于等于 7%），否则该行业定义为清洁行业，即虚拟变量取值为 0。

表 4.6 的回归结果显示，ETP 政策诱发了试点地区污染企业的绿色创新活动，净效应大于清洁企业。其中第（1）—（3）列的回归结果显示，"$Pilot_r \times Post_t \times Dirty7Dummy_j$"三次交互项系数为正，系数均在 1% 水平上显著，添加企业固定效应后，第（4）—（6）列的回归结果显示，"$Pilot_r \times Post_t \times Dirty7Dummy_j$"三次交互项的系数依然在 1% 水平上显著为正，说明模型设定是合理的，回归结果也是稳健的。

表 4.6　ETP 政策在污染行业测度标准为 $Dirty7Dummy_j$ 时的稳健性

变量	绿色专利占比					
	（1）	（2）	（3）	（4）	（5）	（6）
$Pilot_r \times Post_t \times Dirty7Dummy_j$	0.022*** (0.007)	0.022*** (0.006)	0.022*** (0.007)	0.021*** (0.006)	0.023*** (0.006)	0.020*** (0.006)
$Post_t \times Dirty7Dummy_j$	0.001 (0.008)	0.000 (0.007)	0.001 (0.007)	0.003 (0.007)	0.003 (0.006)	0.004 (0.005)
$Pilot_r \times Post_t$	−0.007 (0.007)	0.003 (0.004)	−0.006 (0.007)	−0.010 (0.006)	−0.002 (0.003)	−0.009 (0.006)

续表

变量	绿色专利占比					
	(1)	(2)	(3)	(4)	(5)	(6)
观测值	6509	6509	6509	6509	6509	6509
R^2	0.038	0.041	0.061	0.019	0.018	0.023
企业固定效应				Y	Y	Y
年份固定效应	Y	Y	Y	Y	Y	Y
省份×时间趋势固定效应	Y		Y	Y		Y
行业×时间趋势固定效应		Y	Y		Y	Y

注：$Pilot_r$ 表示 ETP 试点地区的虚拟变量，如果是政策试点地区时，取值为 1，否则取值为 0。$Post_t$ 为政策试点前后的虚拟变量，ETP 试点期间（2007 年及以后）取值为 1，在非试点期间（2007 年以前）取值为 0。$Dirty7Dummy_j$ 为行业污染属性指标，污染行业取值为 1（企业所属行业在 1995 年 SO_2 排放占全国排放的比重大于等于 7%），否则取值为 0。小括号内为行业层面的聚类调整标准差，*、** 和 *** 分别表示显著性水平为 10%、5% 和 1%。表中模型都控制了上市公司经济特征变量，包括上市公司净资产、员工数量、企业年龄、市场价值与资本重置成本之比（Tobin Q）和负债，其余二次项、一次项和常数项均已控制，因篇幅有限不作报告。

以第（6）列为例，ETP 政策强度每提高 1 个单位，与清洁行业相比 ETP 政策对污染行业中企业绿色创新净效应多了 0.020 个单位（$\beta_1 = 0.020$），试点地区污染行业中企业绿色创新净效应提升 0.015 个单位（$\beta_1 + \beta_3 + \beta_4 = 0.020 + 0.004 - 0.009$），污染行业中企业绿色创新净效应提升 0.011 个单位（$\beta_1 + \beta_4 = 0.020 - 0.009$）。本书的假说 1 的结果是稳健的。

（二）替换污染行业测度标准为 SO_2 排放占比超过全国 10% 的虚拟变量

为进一步验证 ETP 政策的稳健性，现替换上市公司污染行业测度标准为 SO_2 排放占比超过全国 10% 的行业，来进一步验证结果，令 $Dirty10Dummy_j$ 为行业污染属性指标，污染行业取值为 1（企业所属行业在 1995 年 SO_2 排放占全国排放的比重大于等于 10%），否则该行业定义为清洁行业，即虚拟变量取值为 0。

表 4.7 的回归结果显示，ETP 政策诱发了试点地区污染企业的绿色创新活动，净效应大于清洁企业。其中第（1）—（3）列的回归结果显示，"$Pilot_r \times Post_t \times Dirty10Dummy_j$"三次交互项系数为正，系数均在 1% 水平上显著，添加企业固定效应后，第（4）—（6）列的回归结果显示，"$Pilot_r \times Post_t \times Dirty10Dummy_j$"三次交互项的系数依然在 1% 水平上显著为正，说明模型设定是合理的，回归结果是稳健的。

表 4.7 ETP 政策在污染行业测度标准为 $Dirty10Dummy_j$ 时的稳健性

变量	绿色专利占比					
	（1）	（2）	（3）	（4）	（5）	（6）
$Pilot_r \times Post_t \times Dirty10Dummy_j$	0.028***	0.027***	0.029***	0.027***	0.030***	0.028***
	（0.004）	（0.004）	（0.004）	（0.003）	（0.003）	（0.003）
$Post_t \times Dirty10Dummy_j$	-0.011***	-0.009***	-0.009**	-0.007*	-0.003	-0.003
	（0.004）	（0.003）	（0.003）	（0.003）	（0.004）	（0.004）
$Pilot_r \times Post_t$	-0.005	0.005	-0.004	-0.008	-0.000	-0.007
	（0.007）	（0.004）	（0.007）	（0.007）	（0.003）	（0.007）
观测值	6509	6509	6509	6509	6509	6509
R^2	0.036	0.041	0.060	0.017	0.017	0.022
企业固定效应				Y	Y	Y
年份固定效应	Y	Y	Y	Y	Y	Y
省份×时间趋势固定效应	Y		Y	Y		Y
行业×时间趋势固定效应		Y	Y		Y	Y

注：$Pilot_r$ 表示 ETP 试点地区的虚拟变量，如果是政策试点地区时，取值为 1，否则取值为 0。$Post_t$ 为政策试点前后的虚拟变量，ETP 试点期间（2007 年及以后）取值为 1，在非试点期间（2007 年以前）取值为 0。$Dirty10Dummy_j$ 为行业污染属性指标，污染行业取值为 1（企业所属行业在 1995 年 SO_2 排放占全国排放的比重大于等于 10%），否则取值为 0。小括号内为行业层面的聚类调整标准差，*、** 和 *** 分别表示显著性水平为 10%、5% 和 1%。表中模型都控制了上市公司经济特征变量，包括上市公司净资产、员工数量、企业年龄、市场价值与资本重置成本之比（Tobin Q）和负债，其余二次项、一次项和常数项均已控制，因篇幅有限不作报告。

以第（6）列为例，ETP 政策强度每提高 1 个单位，与清洁行业相比 ETP 政策对污染行业中企业绿色创新净效应多了 0.028 个单位（$\beta_1 = 0.028$），试点地区污染行业中企业绿色创新净效应提升 0.010 个单位（$\beta_1 + \beta_3 + \beta_4 = 0.020 - 0.003 - 0.007$），污染行业中企业绿色创新净效应提升 0.013 个单位（$\beta_1 + \beta_4 = 0.020 - 0.007$）。本书的假说 1 的结果是稳健的。

本章小结

本章通过中国排污权交易政策文件的分析汇总，较好地找到了一次难得的准自然实验环境。选取了合理的绿色创新数据及覆盖范围、被解释变量、企业层面经济特征控制变量，在通过平行趋势检验后构建了本书的三重差分基本实证模型，并通过替换行业污染物测度标准进行了本书假说 1、假说 2 和假说 3 的验证，结果如下。

第一，ETP 政策可以诱发规制企业的绿色创新活动，即存在"绿色创新诱发效应"，希克斯的诱发创新理论得以验证，"波特假说"得以验证。

第二，ETP 政策可以产生高煤耗企业绿色创新的正向溢出，即存在"绿色创新溢出效应"。

第三，ETP 政策可以产生高能耗企业绿色创新的正向溢出，但并不显著，即同时存在"绿色创新溢出效应"和"绿色能源替代效应"。

第四，ETP 政策未能产生试点地区清洁企业绿色创新的正向溢出。

第五，ETP 政策未能产生非试点地区污染企业绿色创新的正向溢出。

第五章

中国排污权交易试点政策的异质性对企业绿色创新的影响

本书第四章实证检验中国排污权交易试点政策对企业绿色创新的诱发效应,发现该效应确实存在并产生对高煤耗企业的"绿色创新溢出效应"和对高能耗企业的"绿色能源替代效应"。本章在前文基础上,进一步实证检验中国排污权交易试点政策本身的异质性对企业绿色创新的影响,研究内容主要包括2002年试点政策对企业绿色创新的影响、2002年和2007年试点政策对企业绿色创新的总体效应、2002年和2007年试点政策对企业绿色创新的异质性影响、同时期排污费征收政策与排污权交易试点政策并行对企业绿色创新的异质性影响。

第一节 试点政策节点的选取问题

中国2002年即开始了排污权交易试点政策,而2007年试点地区逐步扩大,规模不断加大,涉及交易量逐年提升。因此排污权交易这一CAT政策在理论上具有两个政策节点,即2002年以后的试点地区和2007年以后扩大的试点地区。前文检验了2007年ETP政策诱发了试点地区污染企业的绿色创新活动,涂正革和谌仁俊(2015)的研究表明,2002年的排污权交易试点政策在中国未能产生波特效应[①]，根据上一章图 4.1，作者也发现 2002—2004 年试点地区污染企业的绿色专利申请数量确实存在一次跳跃，然而 2002 年的 ETP 政策是否诱发了试点地区污染企业的绿色创新活动？2002—2007 年的 ETP 政策的诱发作用是否存在？2007 年以后的 ETP 政策是否比 2002 年的 ETP 政策更有效？这些问题值得进一步讨论。根据以上问题，本书拟选取三个细分层次进一步讨论和检验。

一 2002 年试点政策对企业绿色创新的影响

第一个细分层次是验证 ETP02 政策对企业绿色创新的诱发作用。

（一）2002 年试点政策诱发企业绿色创新的基本模型

将模型（1）中试点地区变量替换为 $Pilot'_r$，把政策试点时间变量替换为 $Post02_t$：

$$\begin{aligned} EnvrPatRatio_{ijt} = & \beta_0 + \beta_1 Pilot'_r \times Post02_t \times Pollution_j \\ & + \beta_2 Pilot'_r \times Pollution_j + \beta_3 Post02_t \times Pollution_j \\ & + \beta_4 Pilot'_r \times Post02_t \\ & + \rho X_{it} + \delta_r \times time + \varepsilon_j \times time + \gamma_t + \alpha_i + \varepsilon_{ijrt} \end{aligned} \quad (2)$$

模型（2）中 $Pilot'_r$ 替换为山东省、山西省、江苏省、河南省、上海市、天津市、柳州市和华能国际电力股份有限公司，$Post02_t$ 替换为 2002 年，其余变量与模型（1）相同，表的（1）—（6）列的回归方法、固定效应的添加与表 2 相同。

对模型（2）主要回归系数的解读。为了更好地理解下文实证结果表格中报告的经济学含义，现绘制表 5.1。

[①] 涂正革、谌仁俊：《排污权交易机制在中国能否实现波特效应?》，《经济研究》2015 年第 7 期。

表 5.1　　模型（2）的因果识别示意

模型（2）的因果识别			编号	模型（2）右边项（不考虑控制变量）	一重差分	二重差分	三重差分
污染行业	对照组	试点前	①	β_0	β_3	$\beta_1 + \beta_4$	β_1
		试点后	②	$\beta_0 + \beta_3$			
	实验组	试点前	③	$\beta_0 + \beta_2$	$\beta_1 + \beta_3 + \beta_4$		
		试点后	④	$\beta_0 + \beta_1 + \beta_2 + \beta_3 + \beta_4$			
清洁行业	对照组	试点前	⑤	β_0	0	β_4	
		试点后	⑥	β_0	β_4		
	实验组	试点前	⑦	β_0	β_4		
		试点后	⑧	$\beta_0 + \beta_4$			

凡是编号中两项对比相减的系数具有经济学意义：

β_1：与清洁行业相比 ETP02 政策对污染行业中企业绿色创新净效应是否更大

$\beta_1 + \beta_4$：ETP02 政策对污染行业中企业绿色创新净效应

β_4：ETP02 政策对试点地区清洁行业中企业绿色创新净效应

β_3：ETP02 政策对非试点地区污染行业中企业绿色创新溢出效应

$\beta_1 + \beta_3 + \beta_4$：ETP02 政策对试点地区污染行业中企业绿色创新净效应

资料来源：笔者根据本书模型绘制。

表 5.2 的回归结果显示，ETP02 政策诱发了试点地区污染企业的绿色创新活动，但净效应小于清洁企业。其中第（1）—（3）列的回归结果显示，"$Pilot_r' \times Post\,02_t \times Pollution_j$"三次交互项的系数结果不理想，符号方向不一致，添加企业固定效应后，第（4）—（6）列的回归结果显示，"$Pilot_r \times Post\,02_t \times Pollution_j$"三次交互项的系数方向变为负，在 5% 水平上显著为负。

以第（6）列为例，ETP02 政策强度每提高 1 个单位，与清洁行业相比，ETP 政策对污染行业中企业绿色创新净效应少了 0.028 个单位（$\beta_1 = -0.028$），试点地区污染行业中企业绿色创新净效应提升 0.003 个单位（$\beta_1 + \beta_3 + \beta_4 = -0.028 + 0.035 - 0.004$），污染行业中企业绿色创新净效应下降 0.032 个单位（$\beta_1 + \beta_4 = -0.028 - 0.004$），ETP02 政策的效果不明显。这表明，制定排污权交易机制只是第一步，中国监管部门是否可以有效地运用排污权交易机制来诱发企业的绿色创新发展是另一回事[①]。这一结论支持了涂正革和谌仁俊（2015）的观点。

表 5.2　　ETP02 政策对绿色专利占比的影响

变量	绿色专利占比					
	（1）	（2）	（3）	（4）	（5）	（6）
$Pilot'_r \times Post\,02_t \times Pollution_j$	0.010	-0.014	0.002	-0.021	-0.039***	-0.028**
	(0.030)	(0.015)	(0.025)	(0.016)	(0.010)	(0.013)
$Post\,02_t \times Pollution_j$	0.011*	0.032***	0.028**	0.022***	0.039***	0.035***
	(0.006)	(0.010)	(0.011)	(0.006)	(0.011)	(0.011)
$Pilot'_r \times Post\,02_t$	-0.003	-0.001	-0.002	-0.005	-0.001	-0.004
	(0.008)	(0.006)	(0.008)	(0.008)	(0.004)	(0.008)
观测值	6509	6509	6509	6509	6509	6509
R^2	0.036	0.039	0.060	0.017	0.017	0.022
企业固定效应				Y	Y	Y
年份固定效应	Y	Y	Y	Y	Y	Y
省份×时间趋势固定效应	Y		Y	Y		Y
行业×时间趋势固定效应		Y	Y		Y	Y

注：$Pilot'_r$ 表示 ETP02 试点地区的虚拟变量，如果是 2002 年政策试点地区时，取值为 1，否则取值为 0。$Post\,02_t$ 为政策试点前后的虚拟变量，ETP02 试点期间（2002 年及以后）取值为 1，在非试点期间（2002 年以前）取值为 0。$Pollution_j$ 为行业污染属性指标，即企业所属行业在 1995 年 SO_2 排放占全国排放的比重。小括号内为行业层面的聚类调整标准差，*、** 和 *** 分别表示显著性水平为 10%、5% 和 1%。表中模型都控制了上市公司经济特征变量，包括上市公司净资产、员工数量、企业年龄、市场价值与资本重置成本之比（Tobin Q）和负债，其余二次项、一次项和常数项均已控制，因篇幅有限不作报告。

[①] Zhu Q, Sarkis J, Lai K, "Green Supply Chain Management Innovation Diffusion and Its Relationship to Organizational Improvement: an Ecological Modernization Perspective", *Journal of Engineering and Technology Management*, Vol. 29, No. 1, January – March 2012, pp. 168 – 185.

(二) 2002 年试点政策对高煤耗企业的绿色创新溢出效应

为进一步验证 ETP02 政策对高煤耗企业的绿色创新溢出效应，本书替换上市公司行业污染物测度标准为行业煤炭消耗占比，来进一步验证结果，令 $Coal_j$ 为新的行业污染属性指标，即企业所属行业在 1995 年煤炭消耗占全国煤炭消耗的比重。

表 5.3 的回归结果显示，ETP02 政策诱发了试点地区高煤耗企业的绿色创新活动，但净效应小于低煤耗企业，且系数不显著。其中第（1）—（3）列的回归结果显示，"$Pilot'_r \times Post\,02_t \times Coal_j$" 三次交互项的系数结果不理想，符号方向不一致，添加企业固定效应后，第（4）—（6）列的回归结果显示，"$Pilot'_r \times Post\,02_t \times Coal_j$" 三次交互项的系数方向变为负，不显著。

以第（6）列为例，ETP02 政策强度每提高 1 个单位，与低煤耗行业相比，ETP 政策对高煤耗行业中企业绿色创新净效应少了 0.043 个单位（$\beta_1 = -0.043$），试点地区高煤耗行业中企业绿色创新净效应提升 0.014 个单位（$\beta_1 + \beta_3 + \beta_4 = -0.043 + 0.060 - 0.003$），高煤耗行业中企业绿色创新净效应下降 0.046 个单位（$\beta_1 + \beta_4 = -0.043 - 0.003$），ETP02 政策对高煤耗企业的绿色创新溢出效应不显著。

表 5.3　ETP02 政策对高煤耗企业的绿色创新溢出效应

变量	绿色专利占比					
	（1）	（2）	（3）	（4）	（5）	（6）
$Pilot'_r \times Post\,02_t \times Coal_j$	0.033 (0.071)	-0.025 (0.033)	0.019 (0.060)	-0.035 (0.034)	-0.068*** (0.021)	-0.043 (0.029)
$Post\,02_t \times Coal_j$	0.015 (0.014)	0.057** (0.022)	0.047* (0.025)	0.033** (0.015)	0.068*** (0.023)	0.060** (0.024)
$Pilot'_r \times Post\,02_t$	-0.004 (0.009)	-0.001 (0.006)	-0.003 (0.009)	-0.005 (0.009)	0.000 (0.004)	-0.003 (0.009)

续表

变量	绿色专利占比					
	(1)	(2)	(3)	(4)	(5)	(6)
观测值	6509	6509	6509	6509	6509	6509
R^2	0.036	0.039	0.060	0.017	0.017	0.022
企业固定效应				Y	Y	Y
年份固定效应	Y	Y	Y	Y	Y	Y
省份×时间趋势固定效应	Y		Y	Y		Y
行业×时间趋势固定效应		Y	Y		Y	Y

注：$Pilot'_r$ 表示 ETP02 试点地区的虚拟变量，如果是 2002 年政策试点地区时，取值为 1，否则取值为 0。$Post\,02_t$ 为政策试点前后的虚拟变量，ETP02 试点期间（2002 年及以后）取值为 1，在非试点期间（2002 年以前）取值为 0。$Coal_j$ 为行业污染属性指标，即企业所属行业在 1995 年煤炭消耗占全国排放的比重。小括号内为行业层面的聚类调整标准差，*、**和***分别表示显著性水平为 10%、5% 和 1%。表中模型都控制了上市公司经济特征变量，包括上市公司净资产、员工数量、企业年龄、市场价值与资本重置成本之比（Tobin Q）和负债，其余二次项、一次项和常数项均已控制，因篇幅有限不作报告。

（三）2002 年试点政策对高能耗企业的绿色能源替代效应

为进一步验证 ETP02 政策对高能耗企业的绿色能源替代效应，本书现替换上市公司行业污染物测度标准为行业能源消耗（包括一次、二次能源）占比，来进一步验证结果，令 $Energy_j$ 为新的行业污染属性指标，即企业所属行业在 1995 年能源消耗占全国能源消耗的比重。

表 5.4 的回归结果显示，ETP02 政策未能诱发试点地区高能耗企业的绿色创新活动。其中第（1）—（6）列的回归结果显示，"$Pilot'_r \times Post\,02_t \times Energy_j$" 三次交互项的系数结果不理想，符号方向不一致且不显著，说明本书的假说 2 在高能耗企业中无法得到验证。

表5.4　　ETP02 政策对高能耗企业的绿色能源替代效应

变量	绿色专利占比					
	(1)	(2)	(3)	(4)	(5)	(6)
$Pilot'_r \times Post\,02_t \times Energy_j$	0.229**	0.051	0.191**	0.033	-0.080	-0.012
	(0.092)	(0.067)	(0.087)	(0.067)	(0.058)	(0.063)
$Post\,02_t \times Energy_j$	-0.008	-0.049	-0.068	0.007	-0.038	-0.052
	(0.027)	(0.072)	(0.073)	(0.029)	(0.085)	(0.086)
$Pilot'_r \times Post\,02_t$	-0.010	-0.003	-0.009	-0.007	-0.000	-0.006
	(0.011)	(0.006)	(0.011)	(0.010)	(0.005)	(0.009)
观测值	6509	6509	6509	6509	6509	6509
R^2	0.036	0.038	0.059	0.017	0.016	0.021
企业固定效应				Y	Y	Y
年份固定效应	Y	Y	Y	Y	Y	Y
省份×时间趋势固定效应	Y		Y	Y		Y
行业×时间趋势固定效应		Y	Y		Y	Y

注：$Pilot'_r$ 表示 ETP02 试点地区的虚拟变量，如果是 2002 年政策试点地区时，取值为 1，否则取值为 0。$Post\,02_t$ 为政策试点前后的虚拟变量，ETP02 试点期间（2002 年及以后）取值为 1，在非试点期间（2002 年以前）取值为 0。$Energy_j$ 为行业污染属性指标，即企业所属行业在 1995 年能源消耗（包括一次、二次能源）占全国排放的比重。小括号内为行业层面的聚类调整标准差，*、** 和 *** 分别表示显著性水平为 10%、5% 和 1%。表中模型都控制了上市公司经济特征变量，包括上市公司净资产、员工数量、企业年龄、市场价值与资本重置成本之比（Tobin Q）和负债，其余二次项、一次项和常数项均已控制，因篇幅有限不作报告。

二　2002 年和 2007 年试点政策对企业绿色创新的总体影响

第二个细分层次是验证 ETP02 政策和 ETP 政策对企业绿色创新的总体影响。

（一）2002 年和 2007 年试点政策对企业绿色创新总体影响的基本模型

将模型（1）、（2）中的 $Pilot_r$、$Pilot'_r$、$Post_t$、$Post\,02_t$ 合并替换 $Treat_{it}$，规定 2002 年后的 7 个试点地区 $Treat_{it}$ 数值为 1，2007 年后的 11 个试点地区 $Treat_{it}$ 数值为 1，其余数值 $Treat_{it}$ 为 0，用引入虚

拟变量的方法来考察 ETP02 政策和 ETP 政策的总体效应，如模型
（3）：

$$\begin{aligned}EnvrPatRatio_{ijt} = & \beta_0 + \beta_1 Treat_{it} \times Pollution_j + \beta_2 Treat_{it} \\ & + \beta_3 Pollution_j + {}_j\rho X_{it} + \delta_r \times time + \varepsilon_j \times time \\ & + \gamma_t + \alpha_i + \varepsilon_{ijrt}\end{aligned} \quad (3)$$

为了更好地理解下文实证结果表格中报告的经济学含义，现绘制表 5.5。

表 5.5　　　　　　　　模型（3）的因果识别示意

模型（3）的因果识别		编号	模型（3）右边项 （不考虑控制变量）	一重差分	二重差分
对照组	试点前	①	β_0	β_2	β_1
	试点后	②	$\beta_0 + \beta_2$		
实验组	试点前	③	β_0	$\beta_1 + \beta_2$	
	试点后	④	$\beta_0 + \beta_1 + \beta_2$		

凡是编号中两项对比相减的系数具有经济学意义：

β_1：与清洁行业相比 ETP02 和 ETP 政策对污染行业中企业绿色创新净效应是否更大

$\beta_1 + \beta_2$：ETP02 和 ETP 政策对污染行业中企业绿色创新净效应

β_2：ETP02 和 ETP 政策对清洁行业中企业绿色创新净效应

资料来源：笔者根据本书模型绘制。

表 5.6 的回归结果显示，ETP02 政策和 ETP 政策总体上诱发了试点地区污染企业的绿色创新活动。其中第（1）—（3）列的回归结果显示，"$Treat_{it} \times Pollution_j$" 二次交互项系数为正，添加企业固定效应后，第（4）—（6）列的回归结果显示，"$Treat_{it} \times Pollution_j$" 二次交互项的系数依然在 1% 水平上显著为正，说明模型设定是合理的，回归结果也是稳健的。

两次 ETP 政策总体上促进了试点地区污染企业的绿色创新活

动。以第（6）列为例，两次 ETP 政策总体强度提高 1 个单位，与清洁行业相比政策总体上对污染行业中企业绿色创新净效应多了 0.053 个单位（$\beta_1 = 0.053$），对污染行业中企业绿色创新净效应提升 0.049 个单位（$\beta_1 + \beta_2 = 0.049$）。

表 5.6　ETP02 和 ETP 政策对绿色专利占比的总体影响

变量	绿色专利占比					
	(1)	(2)	(3)	(4)	(5)	(6)
$Treat_{it} \times Pollution_j$	0.014 (0.013)	0.016 (0.012)	0.013 (0.013)	0.046*** (0.008)	0.054*** (0.006)	0.053*** (0.008)
$Treat_{it}$	0.001 (0.003)	0.012* (0.006)	0.001 (0.004)	−0.004 (0.003)	−0.000 (0.003)	−0.004 (0.004)
观测值	6509	6509	6509	6509	6509	6509
R^2	0.035	0.041	0.059	0.017	0.017	0.022
企业固定效应				Y	Y	Y
年份固定效应	Y	Y	Y	Y	Y	Y
省份×时间趋势固定效应	Y		Y	Y		Y
行业×时间趋势固定效应		Y	Y		Y	Y

注：将模型（1）、（2）中的 $Pilot_r$、$Pilot_r'$、$Post_t$、$Post02_t$ 合并替换 $Treat_{it}$，规定 2002 年后的 7 个试点地区 $Treat_{it}$ 数值为 1，2007 年后的 11 个试点地区 $Treat_{it}$ 数值为 1，其余数值 $Treat_{it}$ 为 0，$Pollution_j$ 为行业污染属性指标，即企业所属行业在 1995 年 SO_2 排放占全国排放的比重。小括号内为行业层面的聚类调整标准差，*、** 和 *** 分别表示显著性水平为 10%、5% 和 1%。表中模型都控制了上市公司经济特征变量，包括上市公司净资产、员工数量、企业年龄、市场价值与资本重置成本之比（Tobin Q）和负债，其余一次项和常数项均已控制，因篇幅有限不作报告。

（二）2002 年和 2007 年试点政策对高煤耗企业绿色创新溢出效应的总体影响

为进一步验证 ETP02 政策和 ETP 政策总体对高煤耗企业的绿色创新溢出效应，本书现替换上市公司行业污染物测度标准为行业煤炭消耗占比，来进一步验证结果，令 $Coal_j$ 为新的行业污染属性指标，即企业所属行业在 1995 年煤炭消耗占全国煤炭消耗的比重。

表 5.7 的回归结果显示，ETP02 政策和 ETP 政策总体上诱发了

试点地区高煤耗企业的绿色创新活动。其中第（1）—（3）列的回归结果显示，"$Treat_{it} \times Coal_j$"二次交互项系数为正，添加企业固定效应后，第（4）—（6）列的回归结果显示，"$Treat_{it} \times Coal_j$"二次交互项的系数依然在1%水平上显著为正，说明本书基本模型设定是合理的。

以第（6）列为例，两次ETP政策总体上促进了试点地区高煤耗企业的绿色创新活动。其中"$Treat_{it} \times Coal_j$"的回归系数均为正，且大部分在1%水平上显著，说明两次ETP政策总体强度提高1个单位，与清洁行业相比，政策总体上对污染行业中企业绿色创新净效应多了0.079个单位（$\beta_1 = 0.079$），对污染行业中企业绿色创新净效应提升0.074个单位（$\beta_1 + \beta_2 = 0.074$）。

表5.7 ETP02和ETP政策对高煤耗企业绿色创新溢出效应的总体影响

变量	绿色专利占比					
	（1）	（2）	（3）	（4）	（5）	（6）
$Treat_{it} \times Coal_j$	0.013 (0.034)	0.014 (0.035)	0.011 (0.033)	0.067*** (0.022)	0.081*** (0.023)	0.079*** (0.023)
$Treat_{it}$	0.001 (0.004)	0.012* (0.007)	0.001 (0.004)	-0.005 (0.004)	-0.001 (0.003)	-0.005 (0.004)
观测值	6509	6509	6509	6509	6509	6509
R^2	0.035	0.041	0.059	0.017	0.017	0.022
企业固定效应				Y	Y	Y
年份固定效应	Y	Y	Y	Y	Y	Y
省份×时间趋势固定效应	Y		Y	Y		Y
行业×时间趋势固定效应		Y	Y		Y	Y

注：将模型（1）、（2）中的$Pilot_r$、$Pilot'_r$、$Post_t$、$Post02_t$合并替换$Treat_{it}$，规定2002年后的7个试点地区$Treat_{it}$数值为1，2007年后的11个试点地区$Treat_{it}$数值为1，其余数值$Treat_{it}$为0，$Coal_j$为行业污染属性指标，即企业所属行业在1995年煤炭消耗占全国排放的比重。小括号内为行业层面的聚类调整标准差，*、**和***分别表示显著性水平为10%、5%和1%。表中模型都控制了上市公司经济特征变量，包括上市公司净资产、员工数量、企业年龄、市场价值与资本重置成本之比（Tobin Q）和负债，其余一次项和常数项均已控制，因篇幅有限不作报告。

(三) 2002年和2007年试点政策对高能耗企业绿色能源替代效应的总体影响

为进一步验证 ETP02 政策和 ETP 政策总体对高能耗（包括一次、二次能源）企业绿色能源替代效应的总体影响，本书现替换上市公司行业污染物测度标准为行业能源消耗占比，来进一步验证结果，令 $Energy_j$ 为新的行业污染属性指标，即企业所属行业在1995年能源消耗占全国能源消耗的比重。

表 5.8 的回归结果显示，ETP02 政策和 ETP 政策总体上未能诱发试点地区高能耗企业的绿色创新活动。其中第（1）—（3）列的回归结果显示，"$Treat_{it} \times Energy_j$" 二次交互项系数符号不一致，添加企业固定效应后，第（4）—（6）列的回归结果显示，"$Treat_{it} \times Energy_j$" 二次交互项的系数依然符号不一致，且均不显著。然而高能耗企业在权衡其绿色创新与绿色能源替代两者的成本以后，可能更偏向于后者，即使用电能这一绿色能源，假说3在高能耗企业中得到验证。

表 5.8　　ETP02 和 ETP 政策对高能耗企业绿色能源替代效应的总体影响

变量	绿色专利占比					
	(1)	(2)	(3)	(4)	(5)	(6)
$Treat_{it} \times Energy_j$	0.007	-0.047	-0.040	0.043	-0.008	-0.013
	(0.083)	(0.083)	(0.089)	(0.052)	(0.044)	(0.048)
$Treat_{it}$	0.002	0.014*	0.003	-0.003	0.003	-0.001
	(0.005)	(0.008)	(0.005)	(0.004)	(0.003)	(0.004)
观测值	6509	6509	6509	6509	6509	6509
R^2	0.035	0.041	0.059	0.017	0.016	0.021
企业固定效应				Y	Y	Y

续表

变量	绿色专利占比					
	(1)	(2)	(3)	(4)	(5)	(6)
年份固定效应	Y	Y	Y	Y	Y	Y
省份×时间趋势固定效应	Y		Y	Y		Y
行业×时间趋势固定效应		Y	Y		Y	Y

注：将模型（1）、（2）中的 $Pilot_r$、$Pilot'_r$、$Post_t$、$Post02_t$ 合并替换 $Treat_{it}$，规定 2002 年后的 7 个试点地区 $Treat_{it}$ 数值为 1，2007 年后的 11 个试点地区 $Treat_{it}$ 数值为 1，其余数值 $Treat_{it}$ 为 0，$Energy_j$ 为行业污染属性指标，即企业所属行业在 1995 年能源消耗占全国排放的比重。小括号内为行业层面的聚类调整标准差，*、** 和 *** 分别表示显著性水平为 10%、5% 和 1%。表中模型都控制了上市公司经济特征变量，包括上市公司净资产、员工数量、企业年龄、市场价值与资本重置成本之比（Tobin Q）和负债，其余一次项和常数项均已控制，因篇幅有限不作报告。

三 2002 年和 2007 年试点政策对企业绿色创新的异质性影响

第三个细分层次是验证 ETP02 政策和 ETP 政策对企业绿色创新的异质性影响。

（一）2002 年和 2007 年试点政策对企业绿色创新异质性影响的基本模型

为了进一步区分 ETP02 政策和 ETP 政策对企业绿色创新的异质性影响，本书现引入 $Post02_t$ 和 $Post07_t$ 变量，规定 $Post02_t$ 变量在 2002 年至 2006 年时取值为 1，$Post07_t$ 变量在 2007 年以后取值为 1，其余年份两组变量均取值为 0，再结合 $Pilot'_r$ 和 $Pilot_r$ 构建两组并存的三重差分，如模型（4）：

$$\begin{aligned}EnvrPatRatio_{ijt} = & \beta_0 + \beta_1 Post02_t \times Pilot'_r \times Pollution_j \\ & + \beta_2 Post07_t \times Pilot_r \times Pollution_j \\ & + \beta_3 Pilot'_r \times Pollution_j + \beta_4 Post02_t \\ & \times Pollution_j + \beta_5 Pilot'_r \times Post02_t \\ & + \beta_6 Pilot_r \times Pollution_j + \beta_7 Post07_t\end{aligned}$$

$$\times Pollution_j + \beta_8 Pilot_r \times Post07_t + \rho X_{it}$$
$$+ \delta_r \times time + \varepsilon_j \times time + \gamma_t + \alpha_i + \varepsilon_{ijrt} \qquad (4)$$

为了更好地理解下文实证结果表格中报告的经济学含义,现绘制表5.9。

表5.9　　　　　　　　模型(4)的因果识别示意

模型(4)的因果识别			编号	模型(4)右边项（不考虑控制变量）	一重差分	二重差分	三重差分
ETP02	污染行业	对照组	试点前 ①	β_0	β_4	$\beta_1 + \beta_5$	β_1
			试点后 ②	$\beta_0 + \beta_4$			
		实验组	试点前 ③	$\beta_0 + \beta_3$	$\beta_1 + \beta_4 + \beta_5$		
			试点后 ④	$\beta_0 + \beta_1 + \beta_3 + \beta_4 + \beta_5$			
	清洁行业	对照组	试点前 ⑤	β_0	0	β_5	
			试点后 ⑥	β_0			
		实验组	试点前 ⑦	β_0	β_5		
			试点后 ⑧	$\beta_0 + \beta_5$			
ETP	污染行业	对照组	试点前 ⑨	β_0	β_7	$\beta_2 + \beta_8$	β_2
			试点后 ⑩	$\beta_0 + \beta_7$			
		实验组	试点前 ⑪	$\beta_0 + \beta_6$	$\beta_2 + \beta_7 + \beta_8$		
			试点后 ⑫	$\beta_0 + \beta_2 + \beta_6 + \beta_7 + \beta_8$			
	清洁行业	对照组	试点前 ⑬	β_0	0	β_8	
			试点后 ⑭	β_0			
		实验组	试点前 ⑮	β_0	β_8		
			试点后 ⑯	$\beta_0 + \beta_8$			

凡是编号中两项对比相减的系数具有经济学意义

注：笔者根据本书模型绘制。

表5.10的回归结果显示,ETP02政策诱发了试点地区污染企业的绿色创新活动,但净效应小于清洁行业,且系数不显著。其中第(1)—(3)列的回归结果显示,"$Pilot'_r \times Post\,02_t \times Pollution_j$"三次交互项的系数仅在10%水平上显著,符号方向为负,添加企业固定

效应后，第（4）—（6）列的回归结果显示，"$Pilot_r' \times Post\,02_t \times Pollution_j$"三次交互项的系数不显著为负。说明 2002—2007 年间的 ETP02 政策对试点地区污染企业绿色创新活动的诱发作用并不显著。

表 5.10　　ETP02 和 ETP 政策对企业绿色创新的异质性影响

变量	绿色专利占比					
	（1）	（2）	（3）	（4）	（5）	（6）
$Post\,02_t \times Pilot_r' \times Pollution_j$	-0.045*	-0.041*	-0.046*	-0.019	-0.020	-0.024
	(0.023)	(0.023)	(0.024)	(0.017)	(0.017)	(0.017)
$Post\,07_t \times Pilot_r \times Pollution_j$	0.041***	0.039***	0.041***	0.047***	0.050***	0.048***
	(0.011)	(0.009)	(0.012)	(0.008)	(0.007)	(0.009)
$Post\,02_t \times Pollution_j$	0.022***	0.053***	0.053***	0.017**	0.061***	0.061***
	(0.005)	(0.008)	(0.008)	(0.007)	(0.008)	(0.008)
$Post\,07_t \times Pollution_j$	0.002	0.058***	0.058***	0.007	0.086***	0.085***
	(0.008)	(0.015)	(0.017)	(0.006)	(0.016)	(0.017)
$Post\,02_t \times Pilot_r'$	0.002	0.003	0.002	-0.000	0.001	-0.000
	(0.004)	(0.005)	(0.004)	(0.003)	(0.004)	(0.004)
$Post\,07_t \times Pilot_r$	-0.006	0.005	-0.005	-0.009	-0.001	-0.008
	(0.007)	(0.004)	(0.007)	(0.007)	(0.003)	(0.007)
观测值	6509	6509	6509	6509	6509	6509
R^2	0.038	0.044	0.062	0.018	0.018	0.023
企业固定效应				Y	Y	Y
年份固定效应	Y	Y	Y	Y	Y	Y
省份×时间趋势固定效应	Y		Y	Y		Y
行业×时间趋势固定效应		Y	Y		Y	Y

注：$Pilot_r'$ 表示 ETP02 试点地区的虚拟变量，如果是 2002 年政策试点地区时，取值为 1，否则取值为 0。$Post\,02_t$ 为政策试点前后的虚拟变量，ETP02 试点期间（2002 年及以后）取值为 1，在非试点期间（2002 年以前）取值为 0。$Pilot_r$ 表示 ETP 试点地区的虚拟变量，如果是政策试点地区时，取值为 1，否则取值为 0。$Post_t$ 为政策试点前后的虚拟变量，ETP 试点期间（2007 年及以后）取值为 1，在非试点期间（2007 年以前）取值为 0。$Pollution_j$ 为行业污染属性指标，即企业所属行业在 1995 年 SO_2 排放占全国排放的比重。小括号内为行业层面的聚类调整标准差，*、** 和 *** 分别表示显著性水平为 10%、5% 和 1%。表中模型都控制了上市公司经济特征变量，包括上市公司净资产、员工数量、企业年龄、市场价值与资本重置成本之比（Tobin Q）和负债，其余二次项、一次项和常数项均已控制，因篇幅有限不作报告。

ETP政策诱发了试点地区污染企业的绿色创新活动，效果大于清洁企业。其中第（1）—（3）列的回归结果显示，"$Post\,07_t \times Pilot_r \times Pollution_j$"三次交互项的系数在1%水平上显著为正，添加企业固定效应后，第（4）—（6）列的回归结果显示，"$Post\,07_t \times Pilot_r \times Pollution_j$"三次交互项的系数依旧在1%水平上显著为正，说明模型设定是合理的，回归结果是稳健的。

以第（6）列为例，ETP政策强度每提高1个单位，与清洁行业相比，ETP政策对污染行业中企业绿色创新净效应多了0.048个单位（$\beta_2 = 0.048$），试点地区污染行业中企业绿色创新净效应提升0.125个单位（$\beta_2 + \beta_7 + \beta_8 = 0.048 + 0.085 - 0.008$），污染行业中企业绿色创新净效应提升0.040个单位（$\beta_2 + \beta_8 = 0.048 - 0.008$）。

（二）2002年和2007年试点政策对高煤耗企业绿色创新溢出效应的异质性影响

为进一步验证ETP02政策和ETP政策对高煤耗企业绿色创新溢出效应的异质性影响，本书替换上市公司行业污染物测度标准为行业煤炭消耗占比，来进一步验证结果，令$Coal_j$为新的行业污染属性指标，即企业所属行业在1995年煤炭消耗占全国煤炭消耗的比重。

表5.11的回归结果显示，ETP02政策诱发了试点地区高煤耗企业的绿色创新活动，但净效应小于低煤耗企业，且系数不显著。表中第（1）—（3）列的回归结果显示，"$Pilot_r' \times Post\,02_t \times Coal_j$"三次交互项的系数仅在10%水平上显著，符号方向为负，添加企业固定效应后，第（4）—（6）列的回归结果显示，"$Pilot_r' \times Post\,02_t \times Coal_j$"三次交互项的系数不显著为负。说明2002—2007年的ETP02政策对试点地区高煤耗企业的绿色创新溢出效应并不显著。

ETP 政策诱发了试点地区高煤耗企业的绿色创新活动，效果大于低煤耗企业。其中第（1）—（3）列的回归结果显示，"$Post\,07_t \times Pilot_r \times Coal_j$"三次交互项的系数在 1% 水平上显著为正，添加企业固定效应后，第（4）—（6）列的回归结果显示，"$Post\,07_t \times Pilot_r \times Coal_j$"三次交互项的系数依旧在 1% 水平上显著为正，说明模型设定是合理的，回归结果是稳健的。

以第（6）列为例，ETP 政策强度每提高 1 个单位，与低煤耗行业相比，ETP 政策对高煤耗行业中企业绿色创新净效应多了 0.074 个单位（$\beta_2 = 0.074$），试点地区高煤耗行业中企业绿色创新净效应提升 0.217 个单位（$\beta_2 + \beta_7 + \beta_8 = 0.074 + 0.152 - 0.009$），高煤耗行业中企业绿色创新净效应提升 0.065 个单位（$\beta_2 + \beta_8 = 0.074 - 0.009$）。

表5.11　ETP02 和 ETP 政策对高煤耗企业绿色创新溢出效应的异质性影响

变量	绿色专利占比					
	(1)	(2)	(3)	(4)	(5)	(6)
$Post\,02_t \times Pilot_r' \times Coal_j$	-0.092*	-0.092	-0.097*	-0.040	-0.041	-0.047
	(0.052)	(0.055)	(0.052)	(0.037)	(0.037)	(0.036)
$Post\,07_t \times Pilot_r \times Coal_j$	0.068**	0.061**	0.068**	0.075***	0.078***	0.074***
	(0.030)	(0.027)	(0.031)	(0.023)	(0.024)	(0.025)
$Post\,02_t \times Coal_j$	0.038***	0.105***	0.105***	0.028**	0.108***	0.107***
	(0.012)	(0.020)	(0.019)	(0.013)	(0.016)	(0.016)
$Post\,07_t \times Coal_j$	0.003	0.122***	0.122***	0.010	0.153***	0.152***
	(0.019)	(0.038)	(0.039)	(0.016)	(0.032)	(0.031)
$Post\,02_t \times Pilot_r'$	0.003	0.004	0.003	0.000	0.001	0.000
	(0.004)	(0.005)	(0.004)	(0.003)	(0.004)	(0.004)
$Post\,07_t \times Pilot_r$	-0.006	0.005	-0.006	-0.010	-0.002	-0.009
	(0.007)	(0.004)	(0.007)	(0.007)	(0.003)	(0.007)

续表

变量	绿色专利占比					
	(1)	(2)	(3)	(4)	(5)	(6)
观测值	6509	6509	6509	6509	6509	6509
R^2	0.038	0.044	0.062	0.018	0.018	0.023
企业固定效应				Y	Y	Y
年份固定效应	Y	Y	Y	Y	Y	Y
省份×时间趋势固定效应	Y		Y	Y		Y
行业×时间趋势固定效应		Y	Y		Y	Y

注：$Pilot'_i$表示ETP02试点地区的虚拟变量，如果是2002年政策试点地区时，取值为1，否则取值为0。$Post02_t$为政策试点前后的虚拟变量，ETP02试点期间（2002年及以后）取值为1，在非试点期间（2002年以前）取值为0。$Pilot_i$表示ETP试点地区的虚拟变量，如果是政策试点地区时，取值为1，否则取值为0。$Post_t$为政策试点前后的虚拟变量，ETP试点期间（2007年及以后）取值为1，在非试点期间（2007年以前）取值为0。$Coal_j$为行业污染属性指标，即企业所属行业在1995年煤炭消耗占全国排放的比重。小括号内为行业层面的聚类调整标准差，*、**和***分别表示显著性水平为10%、5%和1%。表中模型都控制了上市公司经济特征变量，包括上市公司净资产、员工数量、企业年龄、市场价值与资本重置成本之比（Tobin Q）和负债，其余二次项、一次项和常数项均已控制，因篇幅有限不作报告。

（三）2002年和2007年试点政策对高能耗企业绿色能源替代效应的异质性影响

为进一步验证ETP02政策和ETP政策对高能耗（包括一次、二次能源）企业绿色能源替代效应的异质性影响，本书替换上市公司行业污染物测度标准为行业能源消耗占比，来进一步验证结果，令$Energy_j$为新的行业污染属性指标，即企业所属行业在1995年能源消耗占全国能源消耗的比重。

表5.12的回归结果显示，ETP02政策未能诱发试点地区高能耗企业的绿色创新活动。其中第（1）—（3）列的回归结果显示，"$Pilot'_i \times Post02_t \times Energy_j$"三次交互项的系数符号方向为负，添加企业固定效应后，第（4）—（6）列的回归结果显示，

"$Pilot'_r \times Post\,02_t \times Energy_j$"三次交互项的系数不显著为负。说明2002—2007年间的ETP02政策未能诱发试点地区高能耗企业绿色创新活动。

ETP政策诱发了试点地区高能耗企业的绿色创新活动，净效应大于低能耗企业，但系数不显著。表中第（1）—（3）列的回归结果显示，"$Post\,07_t \times Pilot_r \times Energy_j$"三次交互项的系数不显著，符号方向为正，添加企业固定效应后，第（4）—（6）列的回归结果显示，"$Post\,07_t \times Pilot_r \times Energy_j$"三次交互项的系数依旧不显著为正。

表5.12　　ETP02和ETP政策对高能耗企业绿色能源替代效应的异质性影响

变量	绿色专利占比					
	（1）	（2）	（3）	（4）	（5）	（6）
$Post\,02_t \times Pilot'_r \times Energy_j$	-0.238***	-0.245**	-0.237***	-0.140*	-0.136	-0.137
	(0.079)	(0.090)	(0.085)	(0.074)	(0.086)	(0.082)
$Post\,07_t \times Pilot_r \times Energy_j$	0.032	0.027	0.033	0.022	0.032	0.021
	(0.096)	(0.096)	(0.102)	(0.077)	(0.082)	(0.082)
$Post\,02_t \times Energy_j$	0.060*	0.098	0.101	0.007	0.058	0.056
	(0.029)	(0.067)	(0.068)	(0.022)	(0.083)	(0.079)
$Post\,07_t \times Energy_j$	0.094**	0.164	0.165	0.063*	0.142	0.147
	(0.035)	(0.124)	(0.130)	(0.031)	(0.153)	(0.145)
$Post\,02_t \times Pilot'_r$	0.007	0.009*	0.007	0.003	0.004	0.003
	(0.004)	(0.005)	(0.005)	(0.004)	(0.005)	(0.004)
$Post\,07_t \times Pilot_r$	-0.004	0.007	-0.003	-0.007	0.001	-0.006
	(0.007)	(0.005)	(0.007)	(0.007)	(0.004)	(0.007)
观测值	6509	6509	6509	6509	6509	6509
R^2	0.037	0.043	0.060	0.018	0.017	0.023
企业固定效应			Y	Y	Y	Y

续表

变量	绿色专利占比					
	(1)	(2)	(3)	(4)	(5)	(6)
年份固定效应	Y	Y	Y	Y	Y	Y
省份×时间趋势固定效应	Y		Y	Y		Y
行业×时间趋势固定效应		Y	Y		Y	Y

注：$Pilot'_i$ 表示 ETP02 试点地区的虚拟变量，如果是 2002 年政策试点地区时，取值为 1，否则取值为 0。$Post\ 02_t$ 为政策试点前后的虚拟变量，ETP02 试点期间（2002 年及以后）取值为 1，在非试点期间（2002 年以前）取值为 0。$Pilot_i$ 表示 ETP 试点地区的虚拟变量，如果是政策试点地区时，取值为 1，否则取值为 0。$Post_t$ 为政策试点前后的虚拟变量，ETP 试点期间（2007 年及以后）取值为 1，在非试点期间（2007 年以前）取值为 0。$Energy_j$ 为行业污染属性指标，即企业所属行业在 1995 年能源消耗（包括一次、二次能源）占全国排放的比重。小括号内为行业层面的聚类调整标准差，*、** 和 *** 分别表示显著性水平为 10%、5% 和 1%。表中模型都控制了上市公司经济特征变量，包括上市公司净资产、员工数量、企业年龄、市场价值与资本重置成本之比（Tobin Q）和负债，其余二次项、一次项和常数项均已控制，因篇幅有限不作报告。

因此，高能耗企业在权衡其绿色创新与绿色能源替代两者的成本以后，可能更偏向于后者，即使用电能这一绿色能源，假说 3 在高能耗企业中得到验证。

综合上述分析可以得出，2007 年的 ETP 政策才是更有效的排污权交易政策，ETP02 政策没有显著诱发试点地区污染企业的绿色创新活动，因此本书选用 2007 年作为排污权交易政策的节点进行准"自然实验"是合理的，这也支持了李永友和刘云飞（2016）的研究结论。相关资料显示，2007 年以前各试点还停留在理论学习阶段，多是研究项目的形式以及地方开展的个案探索，总体上处于摸索和理论研究的阶段①，并没有出台完善的相关制度文件，几乎没有交易额。随着市场经济不断完善，2007 年扩大试点以后，各试

---

① 中国新闻网：《环保部：江浙等全国 11 省市已开展排污权交易试点》，http://finance.chinanews.com/ny/2014/09-04/6562428.shtml，2014 年 9 月 4 日。

点相继出台了与排污权交易相关的《指导意见》《暂行办法》和《管理办法》等制度文件,并从纳入污染物种类、纳入行业和纳入地域三个方面逐步扩大覆盖范围,相应的交易额大幅提升。

第二节 排污费征收与排污权交易试点政策并行的问题

1979年,《中华人民共和国环境保护法(试行)》正式确立了排污费制度,现行环境保护法延续了这一制度。2003年国务院公布的《排污费征收使用管理条例》对排污费征收、使用的管理作了规定。排污费征收政策与排污权交易试点政策并行,因此需要控制排污费征收政策对企业绿色创新的影响,进一步提炼排污权交易试点政策对企业绿色创新的因果关系。

根据以上问题,本书拟选取全国重点监控企业排污费征收额,排污费解缴入库户数,排污费解缴入库户金额三个指标,分别作为排污费征收政策的代理变量,进一步讨论和检验。数据来源于原国家环境保护部,为省级层面的年度数据,根据数据的可得性,全国重点监控企业排污费征收额样本期间为2002—2010年;排污费解缴入库户数和排污费解缴入库户金额样本期间为2000—2010年(其中2009年数据缺失用插值法补全),三个指标均取对数。

在模型(1)中添加省级层面排污费征收控制变量 Fee_{rt},如模型(5):

$$\begin{aligned}EnvrPatRatio_{ijt} =\ & \beta_0 + \beta_1 Pilot_r \times Post_t \times Pollution_j \\& + \beta_2 Pilot_r \times Pollution_j + \beta_3 Post_t \times Pollution_j \\& + \beta_4 Pilot_r \times Post_t + \beta_5 Fee_{rt} + \rho X_{it} \\& + \delta_r \times time + \varepsilon_j \times time + \gamma_t + \alpha_i + \varepsilon_{ijrt}\end{aligned} \quad (5)$$

模型(5)中 Fee_{rt} 分别用全国重点监控企业排污费征收额

(Fee_{rt}^1)，排污费解缴入库户数（Fee_{rt}^2），排污费解缴入库户金额（Fee_{rt}^3）3 个指标替换，其余变量与模型（1）相同。

一 以排污费征收额为代理变量考察政策并行问题

表 5.13 的回归结果显示，首先，ETP 政策诱发了试点地区污染企业的绿色创新活动，净效应大于清洁企业。表中第（1）—(3) 列的回归结果显示，"$Pilot_r \times Post_t \times Pollution_j$" 三次交互项系数为正，系数均在 1% 水平上显著，添加企业固定效应后，第 (4) —(6) 列的回归结果显示，"$Pilot_r \times Post_t \times Pollution_j$" 三次交互项的系数依然在 1% 水平上显著为正，说明模型设定是合理的，回归结果是稳健的。

表 5.13　排污费征收额与 ETP 政策对企业绿色创新的异质性影响

变量	绿色专利占比					
	（1）	（2）	（3）	（4）	（5）	（6）
$Pilot_r \times Post_t \times Pollution_j$	0.049***	0.042***	0.049***	0.048***	0.049***	0.049***
	(0.013)	(0.010)	(0.014)	(0.009)	(0.009)	(0.010)
Fee_{rt}^1	0.013	-0.001	0.013	0.010	0.004	0.009
	(0.008)	(0.002)	(0.008)	(0.008)	(0.004)	(0.008)
观测值	5364	5364	5364	5364	5364	5364
R^2	0.036	0.042	0.061	0.017	0.015	0.024
企业固定效应				Y	Y	Y
年份固定效应	Y	Y	Y	Y	Y	Y
省份×时间趋势固定效应	Y		Y	Y		Y
行业×时间趋势固定效应		Y	Y		Y	Y

注：$Pilot_r$ 表示 ETP 试点地区的虚拟变量，如果是政策试点地区时，取值为 1，否则取值为 0。$Post_t$ 为政策试点前后的虚拟变量，ETP 试点期间（2007 年及以后）取值为 1，在非试点期间（2007 年以前）取值为 0。$Pollution_j$ 为行业污染属性指标，即企业所属行业在 1995 年 SO_2 排放占全国排放的比重，Fee_{rt}^1 为重点监控企业排污费征收额，小括号内为行业层面的聚类调整标准差，*、** 和 *** 分别表示显著性水平为 10%、5% 和 1%。表中模型都控制了上市公司经济特征变量，包括上市公司净资产、员工数量、企业年龄、市场价值与资本重置成本之比（Tobin Q）和负债，其余二次项、一次项和常数项均已控制，因篇幅有限不作报告。

以第（6）列为例，ETP政策强度每提高1个单位，与清洁行业相比，ETP政策对污染行业中企业绿色创新净效应多了0.049个单位（$\beta_1 = 0.049$）。

其次，排污费征收额的增多，对污染企业绿色创新活动的影响不明朗。观察"Fee_{rt}^1"系数及显著性，发现"排污费征收额"系数值为正，但不显著，说明排污费征收额的增多，没有明显促进污染企业绿色创新活动。

二 以排污费解缴入库户数为代理变量考察政策并行问题

表5.14的回归结果显示，首先，ETP政策诱发了试点地区污染企业的绿色创新活动，净效应大于清洁企业。其中第（1）—（3）列的回归结果显示，"$Pilot_r \times Post_t \times Pollution_j$"三次交互项系数为正，系数均在1%水平上显著，添加企业固定效应后，第（4）—（6）列的回归结果显示，"$Pilot_r \times Post_t \times Pollution_j$"三次交互项的系数依然在1%水平上显著为正，说明模型设定是合理的，回归结果是稳健的。

表5.14　排污费解缴入库户数与ETP政策对企业绿色创新的异质性影响

变量	绿色专利占比					
	（1）	（2）	（3）	（4）	（5）	（6）
$Pilot_r \times Post_t \times Pollution_j$	0.055***	0.048***	0.055***	0.057***	0.058***	0.058***
	(0.012)	(0.009)	(0.013)	(0.008)	(0.007)	(0.009)
Fee_{rt}^2	−0.002	−0.003	−0.003	−0.001	−0.001	−0.001
	(0.007)	(0.002)	(0.007)	(0.007)	(0.004)	(0.007)
观测值	6007	6007	6007	6007	6007	6007
R^2	0.038	0.043	0.064	0.017	0.015	0.023
企业固定效应				Y	Y	Y
年份固定效应	Y	Y	Y	Y	Y	Y

续表

变量	绿色专利占比					
	(1)	(2)	(3)	(4)	(5)	(6)
省份×时间趋势固定效应	Y		Y	Y		Y
行业×时间趋势固定效应		Y	Y		Y	Y

注：$Pilot_r$ 表示 ETP 试点地区的虚拟变量，如果是政策试点地区时，取值为 1，否则取值为 0。$Post_t$ 为政策试点前后的虚拟变量，ETP 试点期间（2007 年及以后）取值为 1，在非试点期间（2007 年以前）取值为 0。$Pollution_j$ 为行业污染属性指标，即企业所属行业在 1995 年 SO_2 排放占全国排放的比重，Fee_{rt}^2 为排污费解缴入库户数，小括号内为行业层面的聚类调整标准差，*、**和 *** 分别表示显著性水平为 10%、5% 和 1%。表中模型都控制了上市公司经济特征变量，包括上市公司净资产、员工数量、企业年龄、市场价值与资本重置成本之比（Tobin Q）和负债，其余二次项、一次项和常数项均已控制，因篇幅有限不作报告。

以第（6）列为例，ETP 政策强度每提高 1 个单位，与清洁行业相比，ETP 政策对污染行业中企业绿色创新净效应多了 0.058 个单位（$\beta_1 = 0.058$）。

其次，排污费解缴入库户数的增多，对污染企业绿色创新活动有负向影响但不显著。观察"Fee_{rt}^2"系数及显著性，发现"排污费解缴入库户数"系数值均为负，且不显著，说明排污费解缴入库户数的增多，可能抑制了污染企业绿色创新活动。

三 以排污费解缴入库金额为代理变量考察政策并行问题

表 5.15 的回归结果显示，首先，ETP 政策诱发了试点地区污染企业的绿色创新活动，净效应大于清洁行业。其中第（1）—（3）列的回归结果显示，"$Pilot_r \times Post_t \times Pollution_j$"三次交互项系数为正，系数均在 1% 水平上显著，添加企业固定效应后，第（4）—（6）列的回归结果显示，"$Pilot_r \times Post_t \times Pollution_j$"三次交互项的系数依然在 1% 水平上显著为正，说明模型设定是合理的，回归结果是稳健的。

以第（6）列为例，ETP 政策强度每提高 1 个单位，与清洁行业相比，ETP 政策对污染行业中企业绿色创新净效应多了 0.058 个单位（$\beta_1 = 0.058$）。

表 5.15　排污费解缴入库金额与 ETP 政策对企业绿色创新的异质性影响

变量	绿色专利占比					
	(1)	(2)	(3)	(4)	(5)	(6)
$Pilot_r \times Post_t \times Pollution_j$	0.055***	0.048***	0.055***	0.057***	0.058***	0.058***
	(0.012)	(0.009)	(0.013)	(0.008)	(0.007)	(0.009)
Fee_{rt}^3	0.012	−0.002	0.012	0.007	0.002	0.006
	(0.008)	(0.002)	(0.008)	(0.007)	(0.004)	(0.007)
观测值	6007	6007	6007	6007	6007	6007
R^2	0.038	0.042	0.064	0.017	0.015	0.023
企业固定效应				Y	Y	Y
年份固定效应	Y	Y	Y	Y	Y	Y
省份×时间趋势固定效应	Y		Y	Y		Y
行业×时间趋势固定效应		Y	Y		Y	Y

注：$Pilot_r$ 表示 ETP 试点地区的虚拟变量，如果是政策试点地区时，取值为 1，否则取值为 0。$Post_t$ 为政策试点前后的虚拟变量，ETP 试点期间（2007 年及以后）取值为 1，在非试点期间（2007 年以前）取值为 0。$Pollution_j$ 为行业污染属性指标，即企业所属行业在 1995 年 SO_2 排放占全国排放的比重，Fee_{rt}^3 为排污费解缴入库金额，小括号内为行业层面的聚类调整标准差，*、**和*** 分别表示显著性水平为 10%、5% 和 1%。表中模型都控制了上市公司经济特征变量，包括上市公司净资产、员工数量、企业年龄、市场价值与资本重置成本之比（Tobin Q）和负债，其余二次项、一次项和常数项均已控制，因篇幅有限不作报告。

其次，排污费解缴入库金额的增多，对污染企业绿色创新活动的影响不明朗。观察"Fee_{rt}^3"系数及显著性，发现"排污费解缴入库金额"系数值为正，但不显著，说明排污费解缴入库金额的增多，没有明显促进污染企业绿色创新活动。

综上，排污费征收政策对污染企业的绿色创新活动影响不大，

ETP 政策才是诱发试点地区污染企业的绿色创新的主要原因，相比于命令型的排污费征收政策，市场型的排污权交易试点政策更能诱发企业绿色创新。这可能是因为，排污费征收政策更多的是对企业污染物排放行为的限制、约束甚至惩罚，解缴入库的资金经过环保和财政部门的再分配后才能用于环境治理；排污权交易市场既是对企业排污行为的限制、约束和惩罚，同时也是奖励在市场上出售排污权配额企业的减排行为。排污权配额在市场上出售后，资金可以及时流向减排企业，既能够奖励企业当期通过绿色技术进步的减排行为，也能激励企业进一步的绿色创新活动，促使企业进行更持久彻底的绿色创新，形成创新的路径依赖。排污权交易的污染物单价远高于排污费征收，对企业的激励效果明显增强[1]。

本章小结

本章进一步从排污权交易试点政策节点选取问题、同时期其他政策并行问题两个方面，做进一步实证讨论。以中国排污权交易政策的异质性为切入点，通过研究 ETP02 政策对企业绿色创新的影响、ETP02 政策和 ETP 政策对企业绿色创新的总体效应、ETP02 政策和 ETP 政策对企业绿色创新的异质性影响和排污费征收政策对企业绿色创新的影响，来实证中国排污权交易设计的合理性，从而验证中国排污权交易的"绿色创新诱发效应"假说（假说1）。通过研究排污权交易政策对高煤耗企业绿色创新的协同效应和高能耗企业绿色能源的替代效应，来实证中国排污权交易的"绿色创新溢出效应"和"绿色能源替代效应"假说（假说2、3），发现的结果如下。

---

[1] 刘立平：《湖南修订排污权交易政府指导价格》，《中国环境报》2016 年 9 月 27 日第 9 版。

第一，ETP02 政策诱发了试点地区污染企业的绿色创新活动，但净效应小于清洁企业，即该政策存在"绿色创新诱发效应"，但不明显。

第二，ETP02 政策诱发了试点地区高煤耗企业的绿色创新活动，但净效应小于低煤耗企业，且系数不显著，即该政策对试点地区高煤耗企业存在"绿色创新溢出效应"，但不显著。

第三，ETP02 政策未能产生高能耗企业绿色创新的正向溢出，即该政策对试点地区高能耗企业不存在"绿色创新溢出效应"，但存在"绿色能源替代效应"。

第四，ETP02 政策和 ETP 政策总体上诱发了试点地区污染企业的绿色创新活动，即上述政策总体上存在对试点地区污染企业的"绿色创新诱发效应"。

第五，ETP02 政策和 ETP 政策总体上诱发了试点地区高煤耗企业的绿色创新活动，即上述政策总体上存在对试点地区高煤耗企业的"绿色创新溢出效应"。

第六，ETP02 政策和 ETP 政策总体上未能诱发了试点地区高能耗企业的绿色创新活动，即上述政策总体上不存在对试点地区高能耗企业的"绿色创新溢出效应"，但存在"绿色能源替代效应"。

第七，排污费征收额、排污费解缴入库户数和排污费解缴入库金额均未能显著促进企业绿色创新，因此同时期的排污费征收政策未能诱发企业绿色创新。

第八，2007 年的 ETP 政策才是设计合理的排污权交易政策，该政策能更有效诱发企业绿色创新。

第 六 章

中国排污权交易试点政策对企业异质性绿色创新类型的溢出效应

本书第五章实证检验中国排污权交易试点政策本身的异质性对企业绿色创新的影响，发现中国 2007 年的排污权交易试点政策才是设计合理的排污权交易政策，该政策能更有效诱发企业绿色创新。本章在前文基础上从四个方面进一步实证检验中国 2007 年排污权交易政策对企业不同类型绿色创新和低碳技术是否产生"绿色创新溢出效应"，即排污权交易试点政策对企业绿色发明专利的溢出效应、对企业绿色实用新型专利的溢出效应、对企业低碳发明技术专利的溢出效应、对企业低碳实用新型技术专利的溢出效应，同时通过高煤耗企业进一步验证结论的稳健性和溢出效应。

第一节 "破坏型"和"积累型"绿色创新的溢出效应

考察 ETP 政策对企业异质性绿色创新类型的溢出效应，本书使用绿色发明专利申请占比和绿色实用新型专利申请占比作为企业绿色专利申请占比的替代变量。在国家知识产权局（SIPO）专利数据库中，专利按照申请的难易程度依次划分为发明专利、实用新型专利和外观设计专利，其中发明专利和实用新型专利中存在绿色创新活动的可能性更大，因此本书选用发明专利申请和实用新型专利申请中绿色专利申请的占比来验证ETP政策对企业异质性绿色创新类型的溢出效应。根据专利类型的定义和熊彼特创新理论，用绿色发明专利代表"破坏型"绿色创新，绿色实用新型专利代表"积累型"绿色创新。

接下来考察ETP政策对企业发明和实用新型绿色创新的溢出效应。替换模型（1）被解释变量为样本中的上市公司未来已授权绿色发明专利占其当年所有发明专利申请的占比作为分析对象，用 $InvtEnvrPatRatio$ 表示；替换模型（1）被解释变量为样本中的上市公司已授权绿色实用新型专利占其当年所有实用新型专利申请的占比作为分析对象，用 $UtyEnvrPatRatio$ 表示，通过区分绿色发明专利和绿色实用新型专利对企业"破坏型"绿色创新和"积累型"绿色创新活动进行研究。

一　企业绿色发明创新的溢出效应

表6.1的回归结果显示，ETP政策诱发了试点地区污染企业的绿色发明创新活动，净效应大于清洁企业。其中第（1）—（3）列的回归结果显示，"$Pilot_r \times Post_t \times Pollution_j$"三次交互项系数为正，系数均在1%水平上显著，添加企业固定效应后，第（4）—（6）列的回归结果显示，"$Pilot_r \times Post_t \times Pollution_j$"三次交互项的系数依然在1%水平上显著为正，说明模型设定是合理的，回归结果是稳健的。

以第（6）列为例，ETP政策强度每提高1个单位，与清洁行业相比，ETP政策对污染行业中企业绿色发明创新净效应多了0.052个单位（$\beta_1 = 0.052$），试点地区污染行业中企业绿色发明创新净效应提升0.035个单位（$\beta_1 + \beta_3 + \beta_4 = 0.052 - 0.008 - 0.009$），污染行业中企业绿色发明创新净效应提升0.043个单位

($\beta_1 + \beta_4 = 0.052 - 0.009$)。本书的假说 2 得到验证。

表6.1 　　ETP 政策对企业绿色发明创新的溢出效应

变量	绿色发明专利占比					
	(1)	(2)	(3)	(4)	(5)	(6)
$Pilot_r \times Post_t \times Pollution_j$	0.037***	0.035***	0.037***	0.052***	0.057***	0.052***
	(0.013)	(0.010)	(0.013)	(0.009)	(0.008)	(0.009)
$Post_t \times Pollution_j$	-0.016**	-0.012*	-0.011*	-0.013**	-0.008	-0.008
	(0.006)	(0.006)	(0.006)	(0.005)	(0.005)	(0.006)
$Pilot_r \times Post_t$	-0.006	0.004	-0.006	-0.010	-0.002	-0.009
	(0.007)	(0.005)	(0.007)	(0.006)	(0.004)	(0.007)
观测值	6509	6509	6509	6509	6509	6509
R^2	0.026	0.036	0.046	0.013	0.017	0.021
企业固定效应				Y	Y	Y
年份固定效应	Y	Y	Y	Y	Y	Y
省份×时间趋势固定效应	Y		Y	Y		Y
行业×时间趋势固定效应		Y	Y		Y	Y

注：$Pilot_r$ 表示 ETP 试点地区的虚拟变量，如果是政策试点地区时，取值为 1，否则取值为 0。$Post_t$ 为政策试点前后的虚拟变量，ETP 试点期间（2007 年及以后）取值为 1，在非试点期间（2007 年以前）取值为 0。$Pollution_j$ 为行业污染属性指标，即企业所属行业在 1995 年 SO_2 排放占全国排放的比重，小括号内为行业层面的聚类调整标准差，*、** 和 *** 分别表示显著性水平为 10%、5% 和 1%。表中模型都控制了上市公司经济特征变量，包括上市公司净资产、员工数量、企业年龄、市场价值与资本重置成本之比（Tobin Q）和负债，其余二次项、一次项和常数项均已控制，因篇幅有限不作报告。

二　企业绿色实用新型创新的溢出效应

表 6.2 的回归结果显示，ETP 政策诱发了试点地区污染企业的绿色实用新型创新活动，净效应大于清洁企业。其中第（1）—（3）列的回归结果显示，"$Pilot_r \times Post_t \times Pollution_j$" 三次交互项系数为正，系数均在 1% 水平上显著，添加企业固定效应后，第（4）—（6）列的回归结果显示，"$Pilot_r \times Post_t \times Pollution_j$" 三

次交互项的系数依然在 1% 水平上显著为正,说明模型设定是合理的,回归结果是稳健的。

以第(6)列为例,ETP 政策强度每提高 1 个单位,与清洁行业相比,ETP 政策对污染行业中企业绿色实用新型创新净效应多了 0.032 个单位($\beta_1 = 0.032$),试点地区污染行业中企业绿色实用新型创新净效应提升 0.031 个单位($\beta_1 + \beta_3 + \beta_4 = 0.032 + 0.005 - 0.006$),污染行业中企业绿色发明创新净效应提升 0.026 个单位($\beta_1 + \beta_4 = 0.032 - 0.006$)。本书的假说 2 得到验证。

表 6.2　ETP 政策对企业绿色实用新型创新的溢出效应

变量	绿色实用新型专利占比					
	(1)	(2)	(3)	(4)	(5)	(6)
$Pilot_r \times Post_t \times Pollution_j$	0.035***	0.036***	0.036***	0.030***	0.035***	0.032***
	(0.011)	(0.010)	(0.012)	(0.008)	(0.007)	(0.008)
$Post_t \times Pollution_j$	-0.008	-0.006	-0.005	-0.003	0.005	0.005
	(0.009)	(0.012)	(0.014)	(0.009)	(0.014)	(0.014)
$Pilot_r \times Post_t$	-0.004	0.001	-0.004	-0.007	-0.002	-0.006
	(0.006)	(0.003)	(0.006)	(0.006)	(0.003)	(0.006)
观测值	6509	6509	6509	6509	6509	6509
R^2	0.033	0.036	0.054	0.018	0.023	0.026
企业固定效应				Y	Y	Y
年份固定效应	Y	Y	Y	Y	Y	Y
省份×时间趋势固定效应	Y		Y	Y		Y
行业×时间趋势固定效应		Y	Y		Y	Y

注:$Pilot_r$ 表示 ETP 试点地区的虚拟变量,如果是政策试点地区时,取值为 1,否则取值为 0。$Post_t$ 为政策试点前后的虚拟变量,ETP 试点期间(2007 年及以后)取值为 1,在非试点期间(2007 年以前)取值为 0。$Pollution_j$ 为行业污染属性指标,即企业所属行业在 1995 年 SO_2 排放占全国排放的比重,小括号内为行业层面的聚类调整标准差,*、** 和 *** 分别表示显著性水平为 10%、5% 和 1%。表中模型都控制了上市公司经济特征变量,包括上市公司净资产、员工数量、企业年龄、市场价值与资本重置成本之比(Tobin Q)和负债,其余二次项、一次项和常数项均已控制,因篇幅有限不作报告。

三 高煤耗企业绿色发明创新的溢出效应

为进一步验证 ETP 政策对高煤耗企业发明绿色创新的溢出效应，替换上市公司行业污染物测度标准为行业煤炭消耗占比，来进一步验证结果，令 $Coal_j$ 为新的行业污染属性指标，即企业所属行业在 1995 年煤炭消耗占全国煤炭消耗的比重。

表 6.3 的回归结果显示，ETP 政策诱发了试点地区高煤耗企业的绿色发明创新活动，净效应大于低煤耗企业。其中第（1）—（3）列的回归结果显示，"$Pilot_r \times Post_t \times Coal_j$" 三次交互项系数为正，系数均在 1% 水平上显著，添加企业固定效应后，第（4）—（6）列的回归结果显示，"$Pilot_r \times Post_t \times Coal_j$" 三次交互项的系数依然在 1% 水平上显著为正，说明模型设定是合理的，回归结果是稳健的。

以第（6）列为例，ETP 政策强度每提高 1 个单位，与低煤耗行业相比，ETP 政策对高煤耗行业中企业绿色发明创新净效应多了 0.092 个单位（$\beta_1 = 0.092$），试点地区高煤耗行业中企业绿色发明创新净效应提升 0.066 个单位（$\beta_1 + \beta_3 + \beta_4 = 0.092 - 0.016 - 0.010$），高煤耗行业中企业绿色发明创新净效应提升 0.082 个单位（$\beta_1 + \beta_4 = 0.092 - 0.010$）。本书的假说 2 得到验证。

表 6.3　ETP 政策对高煤耗企业绿色发明创新的溢出效应

变量	绿色发明专利占比					
	(1)	(2)	(3)	(4)	(5)	(6)
$Pilot_r \times Post_t \times Coal_j$	0.069*	0.065**	0.070*	0.092***	0.100***	0.092***
	(0.036)	(0.028)	(0.035)	(0.024)	(0.022)	(0.024)
$Post_t \times Coal_j$	-0.038**	-0.020	-0.018	-0.033**	-0.017	-0.016
	(0.015)	(0.013)	(0.014)	(0.015)	(0.012)	(0.012)

续表

变量	绿色发明专利占比					
	(1)	(2)	(3)	(4)	(5)	(6)
$Pilot_r \times Post_t$	-0.007	0.003	-0.007	-0.012*	-0.003	-0.010
	(0.007)	(0.005)	(0.007)	(0.006)	(0.004)	(0.007)
观测值	6509	6509	6509	6509	6509	6509
R^2	0.026	0.036	0.046	0.013	0.017	0.021
企业固定效应				Y	Y	Y
年份固定效应	Y	Y	Y	Y	Y	Y
省份×时间趋势固定效应	Y		Y	Y		Y
行业×时间趋势固定效应		Y	Y		Y	Y

注：$Pilot_r$ 表示 ETP 试点地区的虚拟变量，如果是政策试点地区时，取值为 1，否则取值为 0。$Post_t$ 为政策试点前后的虚拟变量，ETP 试点期间（2007 年及以后）取值为 1，在非试点期间（2007 年以前）取值为 0。$Coal_j$ 为行业污染属性指标，即企业所属行业在 1995 年煤炭消耗占全国排放的比重，小括号内为行业层面的聚类调整标准差，*、** 和 *** 分别表示显著性水平为 10%、5% 和 1%。表中模型都控制了上市公司经济特征变量，包括上市公司净资产、员工数量、企业年龄、市场价值与资本重置成本之比（Tobin Q）和负债，其余二次项、一次项和常数项均已控制，因篇幅有限不作报告。

四 高煤耗企业绿色实用新型创新的溢出效应

为进一步验证 ETP 政策对高煤耗企业实用新型绿色创新的溢出效应，替换上市公司行业污染物测度标准为行业煤炭消耗占比，来进一步验证结果，令 $Coal_j$ 为新的行业污染属性指标，即企业所属行业在 1995 年煤炭消耗占全国煤炭消耗的比重。

表 6.4 的回归结果显示，ETP 政策诱发了试点地区高煤耗企业的绿色实用新型创新活动，净效应大于低煤耗企业。其中第 (1)—(3) 列的回归结果显示，"$Pilot_r \times Post_t \times Coal_j$" 三次交互项系数为正，系数均在 1% 水平上显著，添加企业固定效应后，第 (4)—(6) 列的回归结果显示，"$Pilot_r \times Post_t \times Coal_j$" 三次交互项的系数依然在 1% 水平上显著为正，说明模型设定是合理的，

回归结果是稳健的。

以第（6）列为例，ETP政策强度每提高1个单位，与低煤耗行业相比，ETP政策对高煤耗行业中企业绿色实用新型创新净效应多了0.047个单位（$\beta_1 = 0.047$），试点地区高煤耗行业中企业绿色实用新型创新净效应提升0.052个单位（$\beta_1 + \beta_3 + \beta_4 = 0.047 + 0.012 - 0.007$），高煤耗行业中企业绿色实用新型创新净效应提升0.040个单位（$\beta_1 + \beta_4 = 0.047 - 0.007$）。本书的假说2得到验证。

表6.4　ETP政策对高煤耗企业绿色实用新型创新的溢出效应

变量	绿色实用新型专利占比					
	(1)	(2)	(3)	(4)	(5)	(6)
$Pilot_r \times Post_t \times Coal_j$	0.050	0.052*	0.052	0.045**	0.054**	0.047**
	(0.030)	(0.028)	(0.031)	(0.021)	(0.021)	(0.023)
$Post_t \times Coal_j$	-0.005	-0.002	-0.001	0.001	0.012	0.012
	(0.022)	(0.029)	(0.031)	(0.021)	(0.028)	(0.029)
$Pilot_r \times Post_t$	-0.004	0.001	-0.004	-0.007	-0.003	-0.007
	(0.006)	(0.004)	(0.006)	(0.006)	(0.003)	(0.006)
观测值	6509	6509	6509	6509	6509	6509
R^2	0.033	0.036	0.054	0.018	0.018	0.023
企业固定效应				Y	Y	Y
年份固定效应	Y	Y	Y	Y	Y	Y
省份×时间趋势固定效应	Y		Y	Y		Y
行业×时间趋势固定效应		Y	Y		Y	Y

注：$Pilot_r$表示ETP试点地区的虚拟变量，如果是政策试点地区时，取值为1，否则取值为0。$Post_t$为政策试点前后的虚拟变量，ETP试点期间（2007年及以后）取值为1，在非试点期间（2007年以前）取值为0。$Coal_j$为行业污染属性指标，即企业所属行业在1995年煤炭消耗占全国排放的比重，小括号内为行业层面的聚类调整标准差，*、** 和 *** 分别表示显著性水平为10%、5%和1%。表中模型都控制了上市公司经济特征变量，包括上市公司净资产、员工数量、企业年龄、市场价值与资本重置成本之比（Tobin Q）和负债，其余二次项、一次项和常数项均已控制，因篇幅有限不作报告。

第二节 "技术型"绿色创新的溢出效应

选取绿色专利七大分类中，替代能源生产、能源节约和废弃物处理三大类型绿色专利作为本书企业的低碳技术数据，进一步考察企业低碳技术活动在中国排污权交易机制下的开展情况。

接下来考察 ETP 政策对企业发明和实用新型低碳技术的溢出效应。替换模型（1）被解释变量为样本中的上市公司未来已授权低碳发明专利占其当年所有发明专利申请的占比作为分析对象，用 $Alt3InvtEnvrPatRatio$ 表示；替换模型（1）被解释变量为样本中的上市公司已授权低碳实用新型专利占其当年所有实用新型专利申请的占比作为分析对象，用 $Alt3UtyEnvrPatRatio$ 表示，通过区分低碳发明专利和低碳实用新型专利对企业"破坏型"低碳技术和"积累型"低碳技术进行研究。

一 企业低碳发明技术的溢出效应

表6.5 的回归结果显示，ETP 政策诱发了试点地区污染企业的低碳发明技术活动，净效应大于清洁企业。其中第（1）—（3）列的回归结果显示，"$Pilot_r \times Post_t \times Pollution_j$"三次交互项系数为正，系数均在 1% 水平上显著，添加企业固定效应后，第（4）—（6）列的回归结果显示，"$Pilot_r \times Post_t \times Pollution_j$"三次交互项的系数依然在 1% 水平上显著为正，说明模型设定是合理的，回归结果是稳健的。

以第（6）列为例，ETP 政策强度每提高 1 个单位，与清洁行业相比，ETP 政策对污染行业中企业低碳发明技术净效应多了 0.088 个单位（$\beta_1 = 0.088$），试点地区污染行业中企业绿色发明创新净效应提升 0.083 个单位（$\beta_1 + \beta_3 + \beta_4 = 0.088 - 0.003 -$

0.002），污染行业中企业绿色发明创新净效应提升 0.086 个单位（$\beta_1 + \beta_4 = 0.088 - 0.002$）。本书的假说 2 得到验证。

表 6.5　　ETP 政策对企业低碳发明技术的溢出效应

变量	低碳发明专利占比					
	(1)	(2)	(3)	(4)	(5)	(6)
$Pilot_r \times Post_t \times Pollution_j$	0.051***	0.046***	0.051***	0.087***	0.089***	0.088***
	(0.011)	(0.008)	(0.012)	(0.012)	(0.009)	(0.013)
$Post_t \times Pollution_j$	0.015**	0.011**	0.010	0.005	-0.004	-0.003
	(0.007)	(0.005)	(0.006)	(0.006)	(0.005)	(0.006)
$Pilot_r \times Post_t$	0.001	0.004	0.001	-0.003	-0.002	-0.002
	(0.007)	(0.004)	(0.007)	(0.007)	(0.004)	(0.007)
观测值	6509	6509	6509	6509	6509	6509
R^2	0.034	0.046	0.059	0.025	0.027	0.033
企业固定效应				Y	Y	Y
年份固定效应	Y	Y	Y	Y	Y	Y
省份×时间趋势固定效应	Y		Y	Y		Y
行业×时间趋势固定效应		Y	Y		Y	Y

注：$Pilot_r$ 表示 ETP 试点地区的虚拟变量，如果是政策试点地区时，取值为 1，否则取值为 0。$Post_t$ 为政策试点前后的虚拟变量，ETP 试点期间（2007 年及以后）取值为 1，在非试点期间（2007 年以前）取值为 0。$Pollution_j$ 为行业污染属性指标，即企业所属行业在 1995 年 SO_2 排放占全国排放的比重，小括号内为行业层面的聚类调整标准差，*、** 和 *** 分别表示显著性水平为 10%、5% 和 1%。表中模型都控制了上市公司经济特征变量，包括上市公司净资产、员工数量、企业年龄、市场价值与资本重置成本之比（Tobin Q）和负债，其余二次项、一次项和常数项均已控制，因篇幅有限不作报告。

二　企业低碳实用新型技术的溢出效应

表 6.6 的回归结果显示，ETP 政策诱发了试点地区污染企业的低碳实用新型技术活动，净效应大于清洁企业。其中第（1）—（3）列的回归结果显示，"$Pilot_r \times Post_t \times Pollution_j$"三次交互项系数为正，系数均在 1% 水平上显著，添加企业固定效应后，第

(4)—(6)列的回归结果显示,"$Pilot_r \times Post_t \times Pollution_j$"三次交互项的系数依然在1%水平上显著为正,说明本书基本模型设定是合理的。

以第(6)列为例,ETP政策强度每提高1个单位,与清洁行业相比,ETP政策对污染行业中企业低碳实用新型技术净效应多了0.021个单位($\beta_1 = 0.021$),试点地区污染行业中企业低碳实用新型技术净效应提升0.025个单位($\beta_1 + \beta_3 + \beta_4 = 0.021 + 0.008 - 0.004$),污染行业中企业低碳发明技术净效应提升0.017个单位($\beta_1 + \beta_4 = 0.021 - 0.004$)。本书的假说2得到验证。

表6.6　　ETP政策对企业低碳实用新型技术的溢出效应

变量	低碳实用新型专利占比					
	(1)	(2)	(3)	(4)	(5)	(6)
$Pilot_r \times Post_t \times Pollution_j$	0.014 (0.013)	0.006 (0.012)	0.019 (0.012)	0.017 (0.011)	0.012 (0.011)	0.021** (0.010)
$Post_t \times Pollution_j$	0.026** (0.011)	0.008 (0.007)	0.007 (0.007)	0.029*** (0.009)	0.008 (0.009)	0.008 (0.008)
$Pilot_r \times Post_t$	-0.004 (0.006)	-0.002 (0.005)	-0.005 (0.006)	-0.003 (0.007)	-0.004 (0.005)	-0.004 (0.007)
观测值	6509	6509	6509	6509	6509	6509
R^2	0.046	0.056	0.077	0.031	0.025	0.037
企业固定效应				Y	Y	Y
年份固定效应	Y	Y	Y	Y	Y	Y
省份×时间趋势固定效应	Y			Y		
行业×时间趋势固定效应		Y			Y	Y

注:$Pilot_r$表示ETP试点地区的虚拟变量,如果是政策试点地区时,取值为1,否则取值为0。$Post_t$为政策试点前后的虚拟变量,ETP试点期间(2007年及以后)取值为1,在非试点期间(2007年以前)取值为0。$Pollution_j$为行业污染属性指标,即企业所属行业在1995年SO_2排放占全国排放的比重,小括号内为行业层面的聚类调整标准差,*、** 和 *** 分别表示显著性水平为10%、5%和1%。表中模型都控制了上市公司经济特征变量,包括上市公司净资产、员工数量、企业年龄、市场价值与资本重置成本之比(Tobin Q)和负债,其余二次项、一次项和常数项均已控制,因篇幅有限不作报告。

三 高煤耗企业低碳发明技术的溢出效应

为进一步验证 ETP 政策对高煤耗企业低碳发明技术的溢出效应，替换上市公司行业污染物测度标准为行业煤炭消耗占比，来进一步验证结果，令 $Coal_j$ 为新的行业污染属性指标，即企业所属行业在 1995 年煤炭消耗占全国煤炭消耗的比重。表 6.7 的回归结果显示，ETP 政策诱发了试点地区高煤耗企业的低碳发明技术活动，净效应大于低煤耗企业。其中第（1）—（3）列的回归结果显示，"$Pilot_r \times Post_t \times Coal_j$" 三次交互项系数为正，系数均在 1% 水平上显著，添加企业固定效应后，第（4）—（6）列的回归结果显示，"$Pilot_r \times Post_t \times Coal_j$" 三次交互项的系数依然在 1% 水平上显著为正，说明模型设定是合理的，回归结果是稳健的。

表 6.7　　ETP 政策对高煤耗企业低碳发明技术的溢出效应

变量	低碳发明专利占比					
	（1）	（2）	（3）	（4）	（5）	（6）
$Pilot_r \times Post_t \times Coal_j$	0.080**	0.078***	0.086***	0.142***	0.150***	0.147***
	(0.032)	(0.023)	(0.029)	(0.035)	(0.027)	(0.034)
$Post_t \times Coal_j$	0.009	0.014	0.012	-0.009	-0.015	-0.013
	(0.019)	(0.013)	(0.013)	(0.017)	(0.013)	(0.014)
$Pilot_r \times Post_t$	-0.000	0.003	0.000	-0.004	-0.004	-0.003
	(0.007)	(0.004)	(0.007)	(0.007)	(0.005)	(0.007)
观测值	6509	6509	6509	6509	6509	6509
R^2	0.033	0.046	0.059	0.024	0.026	0.033
企业固定效应				Y	Y	Y
年份固定效应	Y	Y	Y	Y	Y	Y
省份×时间趋势固定效应	Y		Y	Y		Y
行业×时间趋势固定效应		Y	Y		Y	Y

注：$Pilot_r$ 表示 ETP 试点地区的虚拟变量，如果是政策试点地区时，取值为 1，否则取值为 0。$Post_t$ 为政策试点前后的虚拟变量，ETP 试点期间（2007 年及以后）取值为 1，在非试点期间（2007 年以前）取值为 0。$Coal_j$ 为行业污染属性指标，即企业所属行业在 1995 年煤炭消耗占全国排放的比重，小括号内为行业层面的聚类调整标准差，*、** 和 *** 分别表示显著性水平为 10%、5% 和 1%。表中模型都控制了上市公司经济特征变量，包括上市公司净资产、员工数量、企业年龄、市场价值与资本重置成本之比（Tobin Q）和负债，其余二次项、一次项和常数项均已控制，因篇幅有限不作报告。

以第（6）列为例，ETP 政策强度每提高 1 个单位，与低煤耗行业相比，ETP 政策对高煤耗行业中企业低碳发明技术净效应多了 0.147 个单位（$\beta_1 = 0.147$），试点地区高煤耗行业中企业低碳发明技术净效应提升 0.131 个单位（$\beta_1 + \beta_3 + \beta_4 = 0.147 - 0.013 - 0.003$），高煤耗行业中企业低碳发明技术净效应提升 0.144 个单位（$\beta_1 + \beta_4 = 0.147 - 0.003$）。本书的假说 2 得到验证。

四 高煤耗企业低碳实用新型技术的溢出效应

为进一步验证 ETP 政策对高煤耗企业低碳实用新型技术的溢出效应，替换上市公司行业污染物测度标准为行业煤炭消耗占比，来进一步验证结果，令 $Coal_j$ 为新的行业污染属性指标，即企业所属行业在 1995 年煤炭消耗占全国煤炭消耗的比重。

表 6.8 的回归结果显示，ETP 政策诱发了试点地区高煤耗企业的低碳实用新型技术活动，净效应大于低煤耗企业，但系数不显著。其中第（1）—（3）列的回归结果显示，"$Pilot_r \times Post_t \times Coal_j$" 三次交互项系数不显著，添加企业固定效应后，第（4）—（6）列的回归结果显示，"$Pilot_r \times Post_t \times Coal_j$" 三次交互项的系数依然不显著。

表 6.8　ETP 政策对高煤耗企业低碳实用新型技术的影响

变量	低碳实用新型专利占比					
	（1）	（2）	（3）	（4）	（5）	（6）
$Pilot_r \times Post_t \times Coal_j$	-0.001	-0.002	0.016	0.009	0.007	0.019
	(0.042)	(0.029)	(0.035)	(0.037)	(0.031)	(0.033)
$Post_t \times Coal_j$	0.047**	0.012	0.012	0.050***	0.009	0.011
	(0.019)	(0.017)	(0.016)	(0.015)	(0.019)	(0.017)
$Pilot_r \times Post_t$	-0.004	-0.001	-0.005	-0.003	-0.003	-0.003
	(0.006)	(0.005)	(0.007)	(0.007)	(0.005)	(0.007)

续表

变量	低碳实用新型专利占比					
	(1)	(2)	(3)	(4)	(5)	(6)
观测值	6509	6509	6509	6509	6509	6509
R^2	0.046	0.056	0.077	0.031	0.025	0.036
企业固定效应				Y	Y	Y
年份固定效应	Y	Y	Y	Y	Y	Y
省份×时间趋势固定效应	Y		Y	Y		Y
行业×时间趋势固定效应		Y	Y	Y		Y

注：$Pilot_t$ 表示 ETP 试点地区的虚拟变量，如果是政策试点地区时，取值为1，否则取值为0。$Post_t$ 为政策试点前后的虚拟变量，ETP 试点期间（2007年及以后）取值为1，在非试点期间（2007年以前）取值为0。$Coal_j$ 为行业污染属性指标，即企业所属行业在1995年煤炭消耗占全国排放的比重，小括号内为行业层面的聚类调整标准差，*、** 和 *** 分别表示显著性水平为10%、5%和1%。表中模型都控制了上市公司经济特征变量，包括上市公司净资产、员工数量、企业年龄、市场价值与资本重置成本之比（Tobin Q）和负债，其余二次项、一次项和常数项均已控制，因篇幅有限不作报告。

本章小结

本章进一步考察排污权交易政策对不同类型企业绿色创新的影响，即排污权交易试点政策对企业绿色发明专利的溢出效应、对企业绿色实用新型专利的溢出效应、对企业低碳技术专利的溢出效应，同时通过高煤耗企业进一步验证结论的稳健性和溢出效应。以中国排污权交易政策对企业绿色创新类型异质性为切入点，通过研究 ETP 政策对企业发明和实用新型绿色创新的溢出效应、ETP 政策对企业发明和实用新型低碳技术的溢出效应，通过研究排污权交易政策对高煤耗企业不同绿色创新类型的溢出效应，来实证中国排污权交易的"绿色创新溢出效应"假说（假说2），发现的结果如下。

第一，ETP 政策诱发了试点地区污染企业的绿色发明创新活动，净效应大于清洁企业，即该政策存在"绿色创新溢出效应"，熊彼特第一定律得以证明。

第二，ETP政策诱发了试点地区污染企业的绿色实用新型创新活动，净效应大于清洁企业，即该政策存在"绿色创新溢出效应"，熊彼特第二定律得以证明。

第三，ETP政策诱发了试点地区高煤耗企业的绿色发明创新活动，净效应大于低煤耗企业，即该政策存在对试点地区高煤耗企业的发明技术的"绿色创新溢出效应"，熊彼特第一定律得以证明。

第四，ETP政策诱发了试点地区高煤耗企业的绿色实用新型创新活动，净效应大于低煤耗企业，即该政策存在对试点地区高煤耗企业的实用新型技术的"绿色创新溢出效应"，熊彼特第二定律得以证明。

第五，ETP政策诱发了试点地区污染企业的低碳发明技术活动，净效应大于清洁企业，即该政策存在"绿色创新溢出效应"，熊彼特第一定律得以证明。

第六，ETP政策诱发了试点地区污染企业的低碳实用新型技术活动，净效应大于清洁企业，即该政策存在"绿色创新溢出效应"，熊彼特第二定律得以证明。

第七，ETP政策诱发了试点地区高煤耗企业的低碳发明技术活动，净效应大于低煤耗企业，即该政策存在"绿色创新溢出效应"，熊彼特第一定律得以证明。

第八，ETP政策诱发了试点地区高煤耗企业的低碳实用新型技术活动，净效应大于低煤耗企业，但系数不显著，即该政策存在"绿色创新溢出效应"。

第七章

开放背景下中国排污权交易试点政策对异质性企业绿色创新的影响

本书第四章实证检验中国排污权交易试点政策对企业绿色创新的诱发效应，发现该效应确实存在并产生对高煤耗企业的"绿色创新溢出效应"和对高能耗企业的"绿色能源与替代效应"。本书第五章实证检验中国排污权交易试点政策本身的异质性对企业绿色创新的影响，发现中国 2007 年的排污权交易试点政策才是设计合理的排污权交易政策，该政策能更有效诱发企业绿色创新。本书第六章实证检验中国排污权交易试点政策对企业异质性绿色创新类型的溢出效应，发现排污权交易试点政策产生了对企业绿色发明专利、绿色实用新型专利、低碳发明技术、低碳实用新型技术的"绿色创新溢出效应"。本章在前文基础上进一步引入开放背景下中国排污权交易试点政策对异质性企业绿色创新的深层作用机制，研究内容主要分为两大类：一是实证检验中国 2007 年排污权交易试点政策在企业所有制异质性这一深层作用机制下对绿色创新的影响，具体包括检验中国国有企业、外资企业、民营企业是否产生绿色创新的深层作用机制。二是实证检验中国 2007 年排污权交易试点政策在企业治理结构异质性这一深层作用机制下对绿色创新的影响，具体包括检验中国有海外业务企业、有合格境外机构投资者持股企业、有"董监高"海外背景企业是否产生绿色创新的深层作用机制，从而验证本书的假说2、4、5、6、7。

第一节　企业所有制异质性对绿色创新的影响

为进一步研究企业所有制的异质性对绿色创新的影响，现从ETP政策对不同所有制企业绿色创新的异质性影响展开研究。

研究方法方面，本书运用加入企业层面异质性因素交互项的四重差分的方法来进一步验证结果。以企业所有制异质性因素为例，令 SOE 为国有企业所有制类型指标，即企业为国企取值为1，否则取值为0。在模型（1）中添加企业层面的国有企业类型指标 SOE，得到四重差分模型如模型（6）：

$$\begin{aligned}
EnvrPatRatio_{ijt} = &\ \beta_0 + \beta_1 Pilot_r \times Post_t \times Pollution_j \times SOE \\
& + \beta_2 Pilot_r \times Post_t \times Pollution_j \\
& + \beta_3 Pilot_r \times Post_t \times SOE + \beta_4 Post_t \times Pollution_j \\
& \times SOE + \beta_5 Pilot_r \times Pollution_j \times SOE + \beta_6 Pilot_r \\
& \times Pollution_j + \beta_7 Post_t \times Pollution_j + \beta_8 Pilot_r \\
& \times Post_t + \beta_9 Pilot_r \times SOE + \beta_{10} Post_t \\
& \times SOE + \beta_{11} Pollution_j \times SOE + \rho X_{it} \\
& + \delta_r \times time + \varepsilon_j \times time + \gamma_t + \alpha_i + \varepsilon_{ijrt}
\end{aligned} \quad (6)$$

为了更好地理解下文实证结果表格中报告的经济学含义，现绘制表7.1。

表7.1　　　　　　　模型（6）的因果识别示意

模型（6）的因果识别			编号	模型（6）右边项（不考虑控制变量）	一重差分	二重差分	三重差分	四重差分
国有企业	污染行业	对照组	试点前 ①	β_0	β_4	$\beta_1+\beta_2$	$\beta_1+\beta_2$	β_1
			试点后 ②	$\beta_0+\beta_4$				
		实验组	试点前 ③	$\beta_0+\beta_5$	$\beta_1+\beta_2$ $+\beta_3+\beta_4$	$\beta_1+\beta_2$ $+\beta_3$		
			试点后 ④	$\beta_0+\beta_1+\beta_2$ $+\beta_3+\beta_4+\beta_5$				
	清洁行业	对照组	试点前 ⑤	β_0	0	β_3		
			试点后 ⑥	β_0				
		实验组	试点前 ⑦	β_0	β_3			
			试点后 ⑧	$\beta_0+\beta_3$				
非国有企业	污染行业	对照组	试点前 ⑨	β_0	β_7	$\beta_2+\beta_8$	β_2	
			试点后 ⑩	$\beta_0+\beta_7$				
		实验组	试点前 ⑪	$\beta_0+\beta_6$	$\beta_2+\beta_7$ $+\beta_8$			
			试点后 ⑫	$\beta_0+\beta_2+\beta_6$ $+\beta_7+\beta_8$				
	清洁行业	对照组	试点前 ⑬	β_0	0	β_8		
			试点后 ⑭	β_0				
		实验组	试点前 ⑮	β_0	β_8			
			试点后 ⑯	$\beta_0+\beta_8$				

凡是编号中两项对比相减的系数具有经济学意义：

β_1：与试点地区污染行业中非国有企业相比 ETP 政策对试点地区污染行业中国有企业绿色创新净效应是否更大

$\beta_1+\beta_2$：与试点地区清洁行业中国有企业相比 ETP 政策对试点地区污染行业中国有企业绿色创新净效应是否更大

β_2：与试点地区清洁行业中非国有企业相比 ETP 政策对试点地区污染行业中非国有企业绿色创新净效应是否更大

$\beta_1+\beta_2+\beta_3$：与非试点地区污染行业中国有企业相比 ETP 政策对试点地区污染行业中国有企业绿色创新净效应

$\beta_2+\beta_8$：与非试点地区污染行业中非国有企业相比 ETP 政策对试点地区污染行业中非国有企业绿色创新净效应

β_3：与非试点地区清洁行业中国有企业相比 ETP 政策对试点地区清洁行业中国有企业绿色创新溢出效应

β_8：与非试点地区清洁行业中非国有企业相比 ETP 政策对试点地区清洁行业中非国有企业绿色创新溢出效应

资料来源：笔者根据本书模型绘制。

接下来考察 ETP 政策对不同所有制企业绿色创新的影响。企业所有制的考察类型包括国有企业、民营企业和外资企业，绿色创新考察类型包括总体绿色创新、绿色发明创新、绿色实用新型创新、总体低碳技术、低碳发明技术和低碳实用新型技术。

一 国有企业绿色创新的异质性影响

（一）国有企业总体绿色创新的影响

表 7.2 的回归结果显示，ETP 政策诱发了试点地区污染行业中国有企业的绿色创新活动，但净效应小于非国有企业。其中第（1）—（3）列的回归结果显示，"$Pilot_r \times Post_t \times Pollution_j \times SOE$"四次交互项系数为负，系数均在 1% 水平上显著，添加企业固定效应后，第（4）—（6）列的回归结果显示，"$Pilot_r \times Post_t \times Pollution_j \times SOE$"四次交互项的系数依然在 1% 水平上显著为负，说明模型设定是合理的，回归的结果是稳健的。

以第（6）列为例，ETP 政策强度每提高 1 个单位，与试点地区污染行业中非国有企业相比，ETP 政策对试点地区污染行业中国有企业绿色创新净效应少了 0.365 个单位（$\beta_1 = -0.365$），与试点地区清洁行业中国有企业相比，ETP 政策对试点地区污染行业中国有企业绿色创新净效应提升 0.024 个单位（$\beta_1 + \beta_2 = -0.365 + 0.389$），与试点地区清洁行业中非国有企业相比，ETP 政策对试点地区污染行业中非国有企业绿色创新净效应提升 0.389 个单位（$\beta_2 = 0.389$），与非试点地区污染行业中国有企业相比，ETP 政策对试点地区污染行业中国有企业绿色创新净效应提升 0.036 个单位（$\beta_1 + \beta_2 + \beta_3 = -0.365 + 0.389 + 0.012$），与非试点地区污染行业中非国有企业相比，ETP 政策对试点地区污染行业中非国有企业绿色创新净效应提升 0.371 个单位（$\beta_2 + \beta_8 = 0.389 - 0.018$），与非试点地区清洁行业中国有企业相比，ETP 政策对试点地区清洁行业中国有企业绿色创新溢出效应提升 0.012 个单位（$\beta_3 = 0.012$），不显著，与非试点地区清洁行业中非国有企业相比，ETP 政策对试点地区清洁行业中非国有企业绿色创新溢出效应少了 0.018 个单位（$\beta_8 = -0.018$），不显著（后续章节限于篇幅，不显著的结果不作分析）。

表 7.2　　ETP 政策对国有企业总体绿色创新的影响

变量	绿色专利占比					
	(1)	(2)	(3)	(4)	(5)	(6)
$Pilot_r \times Post_t \times Pollution_j \times SOE$	-0.606*** (0.125)	-0.625*** (0.160)	-0.597*** (0.143)	-0.367*** (0.111)	-0.386*** (0.126)	-0.365*** (0.117)
$Pilot_r \times Post_t \times Pollution_j$	0.633*** (0.120)	0.646*** (0.157)	0.624*** (0.136)	0.389*** (0.105)	0.409*** (0.120)	0.389*** (0.111)
$Pilot_r \times Post_t \times SOE$	0.033** (0.016)	0.028* (0.015)	0.034* (0.017)	0.012 (0.014)	0.011 (0.013)	0.012 (0.014)
$Post_t \times Pollution_j \times SOE$	-0.010 (0.013)	0.008 (0.012)	0.007 (0.012)	-0.008 (0.019)	-0.006 (0.018)	-0.006 (0.018)
$Post_t \times Pollution_j$	-0.007 (0.010)	-0.039** (0.014)	-0.039*** (0.012)	0.001 (0.013)	0.001 (0.015)	0.000 (0.014)
$Pilot_r \times Post_t$	-0.036** (0.016)	-0.018 (0.012)	-0.036** (0.017)	-0.018* (0.010)	-0.010 (0.009)	-0.018 (0.011)
观测值	6509	6509	6509	6509	6509	6509
R^2	0.067	0.070	0.089	0.024	0.023	0.028
企业固定效应				Y	Y	Y
年份固定效应	Y	Y	Y	Y	Y	Y
省份×时间趋势固定效应	Y		Y	Y		Y
行业×时间趋势固定效应		Y	Y		Y	Y

注：$Pilot_r$ 表示 ETP 试点地区的虚拟变量，如果是政策试点地区时，取值为 1，否则取值为 0。$Post_t$ 为政策试点前后的虚拟变量，ETP 试点期间（2007 年及以后）取值为 1，在非试点期间（2007 年以前）取值为 0。$Pollution_j$ 为行业污染属性指标，即企业所属行业在 1995 年 SO_2 排放占全国排放的比重，SOE 为企业所有制类型指标，即企业为国企（State-Owned Enterprises）取值为 1，否则取值为 0。小括号内为行业层面的聚类调整标准差，*、** 和 *** 分别表示显著性水平为 10%、5% 和 1%。表中模型都控制了上市公司经济特征变量，包括上市公司净资产、员工数量、企业年龄、市场价值与资本重置成本之比（Tobin Q）和负债，其余三次项、二次项、一次项和常数项均已控制，因篇幅有限不作报告。

(二) 国有企业绿色发明创新的溢出效应

表 7.3 的回归结果显示，ETP 政策诱发了试点地区污染行业中国有企业的绿色发明创新活动，但净效应小于非国有企业。其中第 (1) — (3) 列的回归结果显示，"$Pilot_r \times Post_t \times Pollution_j \times SOE$" 四次交互项系数为负，系数均在 1% 水平上显著，添加企业固定效应后，第 (4) — (6) 列的回归结果显示，"$Pilot_r \times Post_t \times Pollution_j \times SOE$" 四次交互项的系数依然在 1% 水平上显著为负，说明模型设定是合理的，回归结果是稳健的。

表 7.3　　ETP 政策对国有企业绿色发明创新的溢出效应

变量	绿色发明专利占比					
	(1)	(2)	(3)	(4)	(5)	(6)
$Pilot_r \times Post_t \times Pollution_j \times SOE$	-0.545*** (0.093)	-0.566*** (0.111)	-0.547*** (0.097)	-0.274*** (0.077)	-0.288*** (0.080)	-0.279*** (0.074)
$Pilot_r \times Post_t \times Pollution_j$	0.558*** (0.086)	0.576*** (0.105)	0.558*** (0.089)	0.304*** (0.071)	0.320*** (0.073)	0.308*** (0.067)
$Pilot_r \times Post_t \times SOE$	0.031** (0.013)	0.028** (0.011)	0.033** (0.013)	0.012 (0.011)	0.013 (0.010)	0.014 (0.011)
$Pilot_r \times Post_t$	-0.032** (0.012)	-0.017** (0.007)	-0.033** (0.013)	-0.020** (0.009)	-0.012* (0.006)	-0.020** (0.009)
观测值	6509	6509	6509	6509	6509	6509
R^2	0.062	0.071	0.082	0.017	0.022	0.025
企业固定效应				Y	Y	Y
年份固定效应	Y	Y	Y	Y	Y	Y
省份×时间趋势固定效应	Y		Y	Y		Y
行业×时间趋势固定效应		Y	Y		Y	Y

注：$Pilot_r$ 表示 ETP 试点地区的虚拟变量，如果是政策试点地区时，取值为 1，否则取值为 0。$Post_t$ 为政策试点前后的虚拟变量，ETP 试点期间（2007 年及以后）取值为 1，在非试点期间（2007 年以前）取值为 0。$Pollution_j$ 为行业污染属性指标，即企业所属行业在 1995 年 SO_2 排放占全国排放的比重，SOE 为企业所有制类型指标，即企业为国企（State-Owned Enterprises）取值为 1，否则取值为 0。小括号内为行业层面的聚类调整标准差，*、** 和 *** 分别表示显著性水平为 10%、5% 和 1%。表中模型都控制了上市公司经济特征变量，包括上市公司净资产、员工数量、企业年龄、市场价值与资本重置成本之比（Tobin Q）和负债，其余三次项、二次项、一次项和常数项均已控制，因篇幅有限不作报告。

以第(6)列为例,ETP 政策强度每提高 1 个单位,与试点地区污染行业中非国有企业相比,ETP 政策对试点地区污染行业中国有企业绿色发明创新净效应少了 0.279 个单位($\beta_1 = -0.279$),与试点地区清洁行业中国有企业相比,ETP 政策对试点地区污染行业中国有企业绿色发明创新净效应提升 0.029 个单位($\beta_1 + \beta_2 = -0.279 + 0.308$),与试点地区清洁行业中非国有企业相比,ETP 政策对试点地区污染行业中非国有企业绿色发明创新净效应提升 0.308 个单位($\beta_2 = 0.308$),与非试点地区污染行业中国有企业相比,ETP 政策对试点地区污染行业中国有企业绿色发明创新净效应提升 0.043 个单位($\beta_1 + \beta_2 + \beta_3 = -0.279 + 0.308 + 0.014$),与非试点地区污染行业中非国有企业相比,ETP 政策对试点地区污染行业中非国有企业绿色发明创新净效应提升 0.288 个单位($\beta_2 + \beta_8 = 0.308 - 0.020$)。

(三)国有企业绿色实用新型创新的溢出效应

表 7.4 的回归结果显示,ETP 政策诱发了试点地区污染行业中国有企业的绿色实用新型创新活动,但净效应小于非国有企业。其中第(1)—(3)列的回归结果显示,"$Pilot_r \times Post_t \times Pollution_j \times SOE$"四次交互项系数为负,系数均在 1% 水平上显著,添加企业固定效应后,第(4)—(6)列的回归结果显示,"$Pilot_r \times Post_t \times Pollution_j \times SOE$"四次交互项的系数依然在 1% 水平上显著为负,说明模型设定是合理的,回归结果是稳健的。

表 7.4　　ETP 政策对国有企业绿色实用新型创新的溢出效应

变量	绿色实用新型专利占比					
	(1)	(2)	(3)	(4)	(5)	(6)
$Pilot_r \times Post_t \times Pollution_j \times SOE$	-0.384***	-0.395***	-0.377***	-0.288***	-0.301***	-0.283***
	(0.082)	(0.102)	(0.094)	(0.065)	(0.079)	(0.073)

续表

变量	绿色实用新型专利占比					
	(1)	(2)	(3)	(4)	(5)	(6)
$Pilot_r \times Post_t \times Pollution_j$	0.400***	0.411***	0.393***	0.297***	0.314***	0.293***
	(0.086)	(0.105)	(0.089)	(0.071)	(0.073)	(0.067)
$Pilot_r \times Post_t \times SOE$	0.019	0.015	0.019	0.005	0.004	0.005
	(0.013)	(0.013)	(0.014)	(0.010)	(0.010)	(0.010)
$Pilot_r \times Post_t$	-0.022*	-0.011	-0.022	-0.012	-0.007	-0.012
	(0.013)	(0.010)	(0.014)	(0.007)	(0.007)	(0.008)
观测值	6509	6509	6509	6509	6509	6509
R^2	0.046	0.049	0.066	0.023	0.022	0.027
企业固定效应				Y	Y	Y
年份固定效应	Y	Y	Y	Y	Y	Y
省份×时间趋势固定效应	Y		Y	Y		Y
行业×时间趋势固定效应		Y	Y		Y	Y

注：$Pilot_r$ 表示 ETP 试点地区的虚拟变量，如果是政策试点地区时，取值为 1，否则取值为 0。$Post_t$ 为政策试点前后的虚拟变量，ETP 试点期间（2007 年及以后）取值为 1，在非试点期间（2007 年以前）取值为 0。$Pollution_j$ 为行业污染属性指标，即企业所属行业在 1995 年 SO_2 排放占全国排放的比重，SOE 为企业所有制类型指标，即企业为国企（State-Owned Enterprises）取值为 1，否则取值为 0。小括号内为行业层面的聚类调整标准差，*、** 和 *** 分别表示显著性水平为 10%、5% 和 1%。表中模型都控制了上市公司经济特征变量，包括上市公司净资产、员工数量、企业年龄、市场价值与资本重置成本之比（Tobin Q）和负债，其余三次项、二次项、一次项和常数项均已控制，因篇幅有限不作报告。

以第（6）列为例，ETP 政策强度每提高 1 个单位，与试点地区污染行业中非国有企业相比，ETP 政策对试点地区污染行业中国有企业绿色实用新型创新净效应少了 0.283 个单位（β_1 = -0.283），与试点地区清洁行业中国有企业相比，ETP 政策对试点地区污染行业中国有企业绿色实用新型创新净效应提升 0.01 个单位（$\beta_1 + \beta_2$ = -0.283 + 0.293），与试点地区清洁行业中非国有企业相比，ETP 政策对试点地区污染行业中非国有企业绿色实用新型创新净效应提升 0.293 个单位（$\beta_2 = 0.293$），与非试点地区污染行业中国有企业相比，ETP 政策对试点地区污染行业中国有企业绿色实用新型创新净效应提升 0.015 个单位（$\beta_1 + \beta_2 + \beta_3 = -0.283 + 0.293 + 0.005$），与非试点地区污染行业中非国有企业相比，ETP 政策对试点地区污染行业中非国有企业绿色实用新型创新净效应提升 0.281 个单位（$\beta_2 + \beta_8 = 0.293 - 0.012$）。

二 外资企业绿色创新的异质性影响

（一）外资企业总体绿色创新的影响

为进一步验证 ETP 对不同所有制企业绿色创新的影响，替换上市公司企业所有制类型交互项为外资企业，令 FOE 为企业所有制类型指标，即企业为外资（Foreign-Owned Enterprises）取值为 1，否则取值为 0。

表 7.5　　ETP 政策对外资企业总体绿色创新的影响

变量	绿色专利占比					
	(1)	(2)	(3)	(4)	(5)	(6)
$Pilot_r \times Post_t \times Pollution_j \times FOE$	0.474 (0.373)	0.132 (0.222)	0.342 (0.275)	0.474 (0.373)	0.132 (0.222)	0.342 (0.275)
$Pilot_r \times Post_t \times Pollution_j$	0.053*** (0.012)	0.049*** (0.008)	0.054*** (0.013)	0.052*** (0.008)	0.056*** (0.006)	0.054*** (0.009)
$Pilot_r \times Post_t \times FOE$	-0.026 (0.021)	-0.002 (0.013)	-0.017 (0.018)	0.003 (0.014)	0.006 (0.014)	0.007 (0.012)
$Pilot_r \times Post_t$	-0.006 (0.007)	0.004 (0.004)	-0.005 (0.007)	-0.009 (0.007)	-0.002 (0.003)	-0.008 (0.007)
观测值	6509	6509	6509	6509	6509	6509
R^2	0.037	0.041	0.060	0.018	0.017	0.023

续表

变量	绿色专利占比					
	(1)	(2)	(3)	(4)	(5)	(6)
企业固定效应				Y	Y	Y
年份固定效应	Y	Y	Y	Y	Y	Y
省份×时间趋势固定效应	Y		Y	Y		Y
行业×时间趋势固定效应		Y	Y		Y	Y

注：$Pilot_r$ 表示 ETP 试点地区的虚拟变量，如果是政策试点地区时，取值为 1，否则取值为 0。$Post_t$ 为政策试点前后的虚拟变量，ETP 试点期间（2007 年及以后）取值为 1，在非试点期间（2007 年以前）取值为 0。$Pollution_j$ 为行业污染属性指标，即企业所属行业在 1995 年 SO_2 排放占全国排放的比重，FOE 为企业所有制类型指标，即企业为外资（Foreign-Owned Enterprises）取值为 1，否则取值为 0。小括号内为行业层面的聚类调整标准差，*、** 和 *** 分别表示显著性水平为 10%、5% 和 1%。表中模型都控制了上市公司经济特征变量，包括上市公司净资产、员工数量、企业年龄、市场价值与资本重置成本之比（Tobin Q）和负债，其余三次项、二次项、一次项和常数项均已控制，因篇幅有限不作报告。

表 7.5 的回归结果显示，ETP 政策诱发了试点地区污染行业中外资企业的绿色创新活动，净效应大于非外资企业但不显著。其中第（1）—（3）列的回归结果显示，"$Pilot_r \times Post_t \times Pollution_j \times FOE$"四次交互项系数为正，系数不显著，添加企业固定效应后，第（4）—（6）列的回归结果显示，"$Pilot_r \times Post_t \times Pollution_j \times FOE$"四次交互项的系数依然不显著为正。

（二）外资企业绿色发明创新的溢出效应

表 7.6 的回归结果显示，ETP 政策诱发了试点地区污染行业中外资企业的绿色发明创新活动，净效应大于非外资企业但不显著。其中第（1）—（3）列的回归结果显示，"$Pilot_r \times Post_t \times Pollution_j \times FOE$"四次交互项系数为正，系数不显著，添加企业固定效应后，第（4）—（6）列的回归结果显示，"$Pilot_r \times Post_t \times Pollution_j \times FOE$"四次交互项的系数依然不显著为正。

表7.6　　ETP 政策对外资企业绿色发明创新的溢出效应

变量	绿色发明专利占比					
	(1)	(2)	(3)	(4)	(5)	(6)
$Pilot_r \times Post_t \times Pollution_j \times FOE$	0.507**	0.266	0.363	0.284	0.183	0.174
	(0.231)	(0.203)	(0.237)	(0.277)	(0.184)	(0.205)
$Pilot_r \times Post_t \times Pollution_j$	0.036**	0.034***	0.036***	0.052***	0.057***	0.052***
	(0.013)	(0.010)	(0.013)	(0.009)	(0.009)	(0.009)
$Pilot_r \times Post_t \times FOE$	−0.037**	−0.024	−0.031**	−0.021	−0.018	−0.017
	(0.016)	(0.014)	(0.013)	(0.015)	(0.012)	(0.013)
$Pilot_r \times Post_t$	−0.006	0.005	−0.005	−0.010	−0.002	−0.009
	(0.007)	(0.005)	(0.007)	(0.007)	(0.004)	(0.007)
观测值	6509	6509	6509	6509	6509	6509
R^2	0.026	0.036	0.047	0.013	0.018	0.021
企业固定效应				Y	Y	Y
年份固定效应	Y	Y	Y	Y	Y	Y
省份×时间趋势固定效应	Y		Y	Y		Y
行业×时间趋势固定效应		Y	Y		Y	Y

注：$Pilot_r$ 表示 ETP 试点地区的虚拟变量，如果是政策试点地区时，取值为1，否则取值为 0。$Post_t$ 为政策试点前后的虚拟变量，ETP 试点期间（2007 年及以后）取值为1，在非试点期间（2007 年以前）取值为 0。$Pollution_j$ 为行业污染属性指标，即企业所属行业在1995 年 SO_2 排放占全国排放的比重，FOE 为企业所有制类型指标，即企业为外资（Foreign Owned Enterprises）取值为1，否则取值为 0。小括号内为行业层面的聚类调整标准差，*、** 和 *** 分别表示显著性水平为10%、5% 和1%。表中模型都控制了上市公司经济特征变量，包括上市公司净资产、员工数量、企业年龄、市场价值与资本重置成本之比（Tobin Q）和负债，其余三次项、二次项、一次项和常数项均已控制，因篇幅有限不作报告。

（三）外资企业总体绿色实用新型创新的溢出效应

表7.7 的回归结果显示，ETP 政策未能诱发试点地区污染行业中外资企业的绿色实用新型创新活动。其中第（1）—（3）列的回归结果显示，"$Pilot_r \times Post_t \times Pollution_j \times FOE$" 四次交互项系数为负，系数不显著，添加企业固定效应后，第（4）—（6）列

的回归结果显示,"$Pilot_r \times Post_t \times Pollution_j \times FOE$"四次交互项的系数依然不显著为负。

表7.7　ETP政策对外资企业绿色实用新型创新的溢出效应

变量	绿色实用新型专利占比					
	(1)	(2)	(3)	(4)	(5)	(6)
$Pilot_r \times Post_t \times Pollution_j \times FOE$	0.197	-0.027	0.116	-0.316	-0.278	-0.356
	(0.364)	(0.270)	(0.311)	(0.353)	(0.297)	(0.325)
$Pilot_r \times Post_t \times Pollution_j$	0.034***	0.036***	0.036***	0.031***	0.036***	0.033***
	(0.011)	(0.010)	(0.012)	(0.008)	(0.007)	(0.008)
$Pilot_r \times Pollution_j \times FOE$	-0.205	-0.116	-0.322*	0.214	0.247	0.144
	(0.177)	(0.085)	(0.163)	(0.181)	(0.176)	(0.175)
$Pilot_r \times Post_t$	-0.004	0.001	-0.004	-0.007	-0.003	-0.007
	(0.006)	(0.003)	(0.006)	(0.006)	(0.003)	(0.006)
观测值	6509	6509	6509	6509	6509	6509
R^2	0.034	0.037	0.054	0.018	0.018	0.023
企业固定效应				Y	Y	Y
年份固定效应	Y	Y	Y	Y	Y	Y
省份×时间趋势固定效应	Y		Y	Y		Y
行业×时间趋势固定效应		Y	Y		Y	Y

注:$Pilot_r$表示ETP试点地区的虚拟变量,如果是政策试点地区时,取值为1,否则取值为0。$Post_t$为政策试点前后的虚拟变量,ETP试点期间(2007年及以后)取值为1,在非试点期间(2007年以前)取值为0。$Pollution_j$为行业污染属性指标,即企业所属行业在1995年SO_2排放占全国排放的比重,FOE为企业所有制类型指标,即企业为外资(Foreign - Owned Enterprises)取值为1,否则取值为0。小括号内为行业层面的聚类调整标准差,*、**和***分别表示显著性水平为10%、5%和1%。表中模型都控制了上市公司经济特征变量,包括上市公司净资产、员工数量、企业年龄、市场价值与资本重置成本之比(Tobin Q)和负债,其余三次项、二次项、一次项和常数项均已控制,因篇幅有限不作报告。

三　民营企业绿色创新的异质性影响

(一) 民营企业总体绿色创新的影响

为进一步验证ETP对不同所有制企业绿色创新的影响,替换上市公司企业所有制类型交互项为民营企业，令 POE 为企业所有制类型指标，即企业为民营（Privately-Owned Enterprises）取值为 1，否则取值为 0。

表 7.8　　ETP 政策对民营企业总体绿色创新的影响

变量	绿色专利占比					
	（1）	（2）	（3）	（4）	（5）	（6）
$Pilot_r \times Post_t \times Pollution_j \times POE$	0.671***	0.673***	0.661***	0.452***	0.468***	0.450***
	(0.161)	(0.176)	(0.176)	(0.131)	(0.143)	(0.136)
$Pilot_r \times Post_t \times Pollution_j$	-0.003	-0.010	-0.002	0.017	0.019**	0.019
	(0.013)	(0.008)	(0.013)	(0.010)	(0.009)	(0.011)
$Pilot_r \times Post_t \times POE$	-0.035*	-0.038*	-0.035*	-0.014	-0.017	-0.014
	(0.019)	(0.021)	(0.020)	(0.014)	(0.014)	(0.015)
$Pilot_r \times Post_t$	0.003	0.011**	0.003	-0.007	0.001	-0.006
	(0.008)	(0.005)	(0.008)	(0.009)	(0.005)	(0.009)
观测值	6509	6509	6509	6509	6509	6509
R^2	0.062	0.067	0.084	0.024	0.024	0.029
企业固定效应				Y	Y	Y
年份固定效应	Y	Y	Y	Y	Y	Y
省份×时间趋势固定效应	Y		Y	Y		Y
行业×时间趋势固定效应		Y	Y		Y	Y

注．$Pilot_r$ 表示 ETP 试点地区的虚拟变量，如果是政策试点地区时，取值为 1，否则取值为 0。$Post_t$ 为政策试点前后的虚拟变量，ETP 试点期间（2007 年及以后）取值为 1，在非试点期间（2007 年以前）取值为 0。$Pollution_j$ 为行业污染属性指标，即企业所属行业在 1995 年 SO_2 排放占全国排放的比重，POE 为企业所有制类型指标，即企业为民营企业（Privately-Owned Enterprises）取值为 1，否则取值为 0。小括号内为行业层面的聚类调整标准差，*、** 和 *** 分别表示显著性水平为 10%、5% 和 1%。表中模型都控制了上市公司经济特征变量，包括上市公司净资产、员工数量、企业年龄、市场价值与资本重置成本之比（Tobin Q）和负债，其余三次项、二次项、一次项和常数项均已控制，因篇幅有限不作报告。

表 7.8 的回归结果显示，ETP 政策诱发了试点地区污染行业中

民营企业的绿色创新活动，净效应大于非民营企业。其中第（1）—（3）列的回归结果显示，"$Pilot_r \times Post_t \times Pollution_j \times POE$"四次交互项系数为正，系数在均1%水平上显著为正，添加企业固定效应后，第（4）—（6）列的回归结果显示，"$Pilot_r \times Post_t \times Pollution_j \times POE$"四次交互项的系数依然均1%水平上显著为正，说明模型设定是合理的，回归结果是稳健的。

以第（6）列为例，ETP政策强度每提高1个单位，与试点地区污染行业中非民营企业相比，ETP政策对试点地区污染行业中民营企业绿色创新净效应多了0.450个单位（$\beta_1 = 0.450$），与试点地区清洁行业中民营企业相比，ETP政策对试点地区污染行业中民营企业绿色创新净效应提升0.469个单位（$\beta_1 + \beta_2 = 0.450 + 0.019$），与试点地区清洁行业中非民营企业相比，ETP政策对试点地区污染行业中非民营企业绿色创新净效应提升0.019个单位（$\beta_2 = 0.019$），与非试点地区污染行业中民营企业相比，ETP政策对试点地区污染行业中民营企业绿色创新净效应提升0.455个单位（$\beta_1 + \beta_2 + \beta_3 = 0.450 + 0.019 - 0.014$），与非试点地区污染行业中非民营企业相比，ETP政策对试点地区污染行业中非民营企业绿色创新净效应提升0.013个单位（$\beta_2 + \beta_8 = 0.019 - 0.006$）。

（二）民营企业绿色发明创新的溢出效应

表7.9的回归结果显示，ETP政策诱发了试点地区污染行业中民营企业的绿色发明创新活动，净效应大于非民营企业。其中第（1）—（3）列的回归结果显示，"$Pilot_r \times Post_t \times Pollution_j \times POE$"四次交互项系数为正，系数在均1%水平上显著为正，添加企业固定效应后，第（4）—（6）列的回归结果显示，"$Pilot_r \times Post_t \times Pollution_j \times POE$"四次交互项的系数依然均1%水平上显著为正，说明模型设定是合理的，回归结果是稳健的。

表7.9　　　　ETP 政策对民营企业绿色发明创新的溢出效应

变量	绿色发明专利占比					
	(1)	(2)	(3)	(4)	(5)	(6)
$Pilot_r \times Post_t \times Pollution_j \times POE$	0.612***	0.615***	0.615***	0.376***	0.390***	0.385***
	(0.127)	(0.128)	(0.130)	(0.097)	(0.096)	(0.091)
$Pilot_r \times Post_t \times Pollution_j$	-0.017	-0.021*	-0.018	0.024**	0.027**	0.022*
	(0.014)	(0.011)	(0.014)	(0.011)	(0.011)	(0.011)
$Pilot_r \times Post_t \times POE$	-0.027*	-0.030**	-0.028*	-0.014	-0.018	-0.016
	(0.014)	(0.013)	(0.014)	(0.012)	(0.011)	(0.012)
$Pilot_r \times Post_t$	-0.001	0.011*	0.001	-0.009	0.001	-0.007
	(0.008)	(0.006)	(0.008)	(0.008)	(0.006)	(0.008)
观测值	6509	6509	6509	6509	6509	6509
R^2	0.055	0.066	0.075	0.018	0.023	0.027
企业固定效应				Y	Y	Y
年份固定效应	Y	Y	Y	Y	Y	Y
省份×时间趋势固定效应	Y		Y	Y		Y
行业×时间趋势固定效应		Y	Y		Y	Y

注：$Pilot_r$ 表示 FTP 试点地区的虚拟变量，如果是政策试点地区时，取值为1，否则取值为0。$Post_t$ 为政策试点前后的虚拟变量，ETP 试点期间（2007 年及以后）取值为1，在非试点期间（2007 年以前）取值为0。$Pollution_j$ 为行业污染属性指标，即企业所属行业在1995 年 SO_2 排放占全国排放的比重，POE 为企业所有制类型指标，即企业为民营企业（Privately-Owned Enterprises）取值为1，否则取值为0。小括号内为行业层面的聚类调整标准差，*、** 和*** 分别表示显著性水平为10%、5%和1%。表中模型都控制了上市公司经济特征变量，包括上市公司净资产、员工数量、企业年龄、市场价值与资本重置成本之比（Tobin Q）和负债，其余三次项、二次项、一次项和常数项均已控制，因篇幅有限不作报告。

以第（6）列为例，ETP 政策强度每提高1个单位，与试点地区污染行业中非民营企业相比，ETP 政策对试点地区污染行业中民营企业绿色发明创新净效应多了 0.385 个单位（$\beta_1 = 0.385$），与试点地区清洁行业中民营企业相比，ETP 政策对试点地区污染行业中民营企业绿色发明创新净效应提升 0.407 个单位（$\beta_1 + \beta_2 = 0.385 + 0.022$），与试点地区清洁行业中非民营企业相比，ETP 政策对试点地区污染行业中非民营企业绿色发明创新净效应提升 0.022 个单位（$\beta_2 = 0.022$），与非试点地区污染行业中民营企业相比，ETP 政策对试点地区污染行业中民营企业绿色发明创新净效应提升 0.391 个单位（$\beta_1 + \beta_2 + \beta_3 = 0.385 + 0.022 - 0.016$），与非试点地区污染行业中非民营企业相比，ETP 政策对试点地区污染行业中非民营企业绿色发明创新净效应提升 0.015 个单位（$\beta_2 + \beta_8 = 0.022 - 0.007$）。

（三）民营企业绿色实用新型创新的溢出效应

表 7.10 的回归结果显示，ETP 政策诱发了试点地区污染行业中民营企业的绿色实用新型创新活动，净效应大于非民营企业。其中第（1）—（3）列的回归结果显示，"$Pilot_r \times Post_t \times Pollution_j \times POE$"四次交互项系数为正，系数在均 1% 水平上显著为正，添加企业固定效应后，第（4）—（6）列的回归结果显示，"$Pilot_r \times Post_t \times Pollution_j \times POE$"四次交互项的系数依然均 1% 水平上显著为正，说明模型设定是合理的，回归结果是稳健的。

表 7.10　ETP 政策对民营企业绿色实用新型创新的溢出效应

变量	绿色实用新型专利占比					
	(1)	(2)	(3)	(4)	(5)	(6)
$Pilot_r \times Post_t \times Pollution_j \times POE$	0.388***	0.390***	0.380***	0.298***	0.308***	0.293***
	(0.083)	(0.096)	(0.094)	(0.065)	(0.079)	(0.074)
$Pilot_r \times Post_t \times Pollution_j$	0.003	0.002	0.004	0.007	0.011	0.009
	(0.012)	(0.010)	(0.011)	(0.010)	(0.009)	(0.010)

续表

变量	绿色实用新型专利占比					
	(1)	(2)	(3)	(4)	(5)	(6)
$Pilot_r \times Post_t \times POE$	-0.021	-0.023	-0.021	-0.005	-0.007	-0.006
	(0.016)	(0.019)	(0.018)	(0.010)	(0.010)	(0.010)
$Pilot_r \times Post_t$	0.001	0.004	0.001	-0.006	-0.002	-0.006
	(0.007)	(0.004)	(0.007)	(0.007)	(0.004)	(0.007)
观测值	6509	6509	6509	6509	6509	6509
R^2	0.046	0.049	0.065	0.022	0.022	0.027
企业固定效应				Y	Y	Y
年份固定效应	Y	Y	Y	Y	Y	Y
省份×时间趋势固定效应	Y		Y	Y		Y
行业×时间趋势固定效应		Y	Y		Y	Y

注：$Pilot_r$ 表示 ETP 试点地区的虚拟变量，如果是政策试点地区时，取值为 1，否则取值为 0。$Post_t$ 为政策试点前后的虚拟变量，ETP 试点期间（2007 年及以后）取值为 1，在非试点期间（2007 年以前）取值为 0。$Pollution_j$ 为行业污染属性指标，即企业所属行业在 1995 年 SO_2 排放占全国排放的比重，POE 为企业所有制类型指标，即企业为民营企业（Privately-Owned Enterprises）取值为 1，否则取值为 0。小括号内为行业层面的聚类调整标准差，*、** 和 *** 分别表示显著性水平为 10%、5% 和 1%。表中模型都控制了上市公司经济特征变量，包括上市公司净资产、员工数量、企业年龄、市场价值与资本重置成本之比（Tobin Q）和负债，其余三次项、二次项、一次项和常数项均已控制，因篇幅有限不作报告。

以第（6）列为例，ETP 政策强度每提高 1 个单位，与试点地区污染行业中非民营企业相比，ETP 政策对试点地区污染行业中民营企业绿色实用新型创新净效应多了 0.293 个单位（$\beta_1 = 0.293$），与试点地区清洁行业中民营企业相比，ETP 政策对试点地区污染行业中民营企业绿色实用新型创新净效应提升 0.302 个单位（$\beta_1 + \beta_2 = 0.293 + 0.009$），与试点地区清洁行业中非民营企业相比，ETP 政策对试点地区污染行业中非民营企业绿色实用新型创新净效应提升 0.009 个单位（$\beta_2 = 0.009$），与非试点地区污染行业中民营企业相比，ETP 政策对试点地区污染行业中民营企业绿色实用新型创新净效应提升 0.296 个单位（$\beta_1 + \beta_2 + \beta_3 = 0.293 + 0.009 - 0.006$），与非试点地区污染行业中非民营企业相比，ETP 政策对试点地区污染行业中非民营企业绿色实用新型创新净效应提升 0.003 个单位（$\beta_2 + \beta_8 = 0.009 - 0.006$）。

四 国有企业低碳技术的异质性影响

（一）国有企业总体低碳技术的影响

表 7.11 的回归结果显示，ETP 政策诱发了试点地区污染行业中国有企业的低碳技术活动，但是净效应小于非国有企业。其中第（1）—（3）列的回归结果显示，"$Pilot_r \times Post_t \times Pollution_j \times SOE$"四次交互项系数为负，系数均在 1% 水平上显著，添加企业固定效应后，第（4）—（6）列的回归结果显示，"$Pilot_r \times Post_t \times Pollution_j \times SOE$"四次交互项的系数依然在 1% 水平上显著为负，说明模型设定是合理的，回归结果是稳健的。

表 7.11　　　　ETP 政策对国有企业总体低碳技术的影响

变量	低碳专利占比					
	（1）	（2）	（3）	（4）	（5）	（6）
$Pilot_r \times Post_t \times Pollution_j \times SOE$	-0.774***	-0.794***	-0.776***	-0.568***	-0.594***	-0.570***
	(0.217)	(0.236)	(0.221)	(0.164)	(0.181)	(0.169)
$Pilot_r \times Post_t \times Pollution_j$	0.783***	0.795***	0.787***	0.588***	0.619***	0.595***
	(0.211)	(0.227)	(0.213)	(0.160)	(0.174)	(0.163)
$Pilot_r \times Post_t \times SOE$	0.023	0.018	0.024	0.008	0.004	0.007
	(0.022)	(0.021)	(0.023)	(0.020)	(0.019)	(0.020)
$Pilot_r \times Post_t$	-0.021	-0.014	-0.023	-0.008	-0.008	-0.007
	(0.017)	(0.016)	(0.018)	(0.012)	(0.013)	(0.013)
观测值	6509	6509	6509	6509	6509	6509
R^2	0.071	0.078	0.099	0.040	0.036	0.046

续表

变量	低碳专利占比					
	(1)	(2)	(3)	(4)	(5)	(6)
企业固定效应				Y	Y	Y
年份固定效应	Y	Y	Y	Y	Y	Y
省份×时间趋势固定效应	Y		Y	Y		Y
行业×时间趋势固定效应		Y	Y		Y	Y

注：$Pilot_r$ 表示 ETP 试点地区的虚拟变量，如果是政策试点地区时，取值为 1，否则取值为 0。$Post_t$ 为政策试点前后的虚拟变量，ETP 试点期间（2007 年及以后）取值为 1，在非试点期间（2007 年以前）取值为 0。$Pollution_j$ 为行业污染属性指标，即企业所属行业在 1995 年 SO_2 排放占全国排放的比重，SOE 为企业所有制类型指标，即企业为国企（State-Owned Enterprises）取值为 1，否则取值为 0。小括号内为行业层面的聚类调整标准差，*、** 和 *** 分别表示显著性水平为 10%、5% 和 1%。表中模型都控制了上市公司经济特征变量，包括上市公司净资产、员工数量、企业年龄、市场价值与资本重置成本之比（Tobin Q）和负债，其余三次项、二次项、一次项和常数项均已控制，因篇幅有限不作报告。

以第（6）列为例，ETP 政策强度每提高 1 个单位，与试点地区污染行业中非国有企业相比，ETP 政策对试点地区污染行业中国有企业低碳技术净效应少了 0.570 个单位（$\beta_1 = -0.570$），与试点地区清洁行业中国有企业相比，ETP 政策对试点地区污染行业中国有企业低碳技术净效应提升 0.025 个单位（$\beta_1 + \beta_2 = -0.570 + 0.595$），与试点地区清洁行业中非国有企业相比，ETP 政策对试点地区污染行业中非国有企业低碳技术净效应提升 0.595 个单位（$\beta_2 = 0.595$），与非试点地区污染行业中国有企业相比，ETP 政策对试点地区污染行业中国有企业低碳技术净效应提升 0.032 个单位（$\beta_1 + \beta_2 + \beta_3 = -0.570 + 0.595 + 0.007$），与非试点地区污染行业中非国有企业相比，ETP 政策对试点地区污染行业中非国有企业低碳技术净效应提升 0.588 个单位（$\beta_2 + \beta_8 = 0.595 - 0.007$）。

（二）国有企业低碳发明技术的溢出效应

表 7.12 的回归结果显示，ETP 政策诱发了试点地区污染行业

中国有企业的低碳发明技术活动,但是净效应小于非国有企业。其中第(1)—(3)列的回归结果显示,"$Pilot_r × Post_t × Pollution_j × SOE$"四次交互项系数为负,系数均在1%水平上显著,添加企业固定效应后,第(4)—(6)列的回归结果显示,"$Pilot_r × Post_t × Pollution_j × SOE$"四次交互项的系数依然在1%水平上显著为负,说明模型设定是合理的,回归结果是稳健的。

表7.12　　ETP政策对国有企业低碳发明技术的溢出效应

变量	低碳发明专利占比					
	(1)	(2)	(3)	(4)	(5)	(6)
$Pilot_r × Post_t × Pollution_j ×$ SOE	-0.934***	-0.957***	-0.940***	-0.735***	-0.762***	-0.739***
	(0.243)	(0.261)	(0.243)	(0.171)	(0.181)	(0.171)
$Pilot_r × Post_t × Pollution_j$	0.933***	0.951***	0.937***	0.763***	0.794***	0.768***
	(0.236)	(0.252)	(0.234)	(0.170)	(0.177)	(0.169)
$Pilot_r × Post_t × SOE$	0.027	0.025	0.028	0.012	0.014	0.013
	(0.021)	(0.020)	(0.021)	(0.015)	(0.015)	(0.016)
$Pilot_r × Post_t$	-0.024	-0.018	-0.024	-0.015	-0.016	-0.014
	(0.018)	(0.017)	(0.019)	(0.013)	(0.013)	(0.013)
观测值	6509	6509	6509	6509	6509	6509
R^2	0.071	0.084	0.096	0.039	0.043	0.048
企业固定效应				Y	Y	Y
年份固定效应	Y	Y	Y	Y	Y	Y
省份×时间趋势固定效应	Y		Y	Y		Y
行业×时间趋势固定效应		Y	Y		Y	Y

注:$Pilot_r$表示ETP试点地区的虚拟变量,如果是政策试点地区时,取值为1,否则取值为0。$Post_t$为政策试点前后的虚拟变量,ETP试点期间(2007年及以后)取值为1,在非试点期间(2007年以前)取值为0。$Pollution_j$为行业污染属性指标,即企业所属行业在1995年SO_2排放占全国排放的比重,SOE为企业所有制类型指标,即企业为国企(State-Owned Enterprises)取值为1,否则取值为0。小括号内为行业层面的聚类调整标准差,*、**和***分别表示显著性水平为10%、5%和1%。表中模型都控制了上市公司经济特征变量,包括上市公司净资产、员工数量、企业年龄、市场价值与资本重置成本之比(Tobin Q)和负债,其余三次项、二次项、一次项和常数项均已控制,因篇幅有限不作报告。

以第（6）列为例，ETP 政策强度每提高 1 个单位，与试点地区污染行业中非国有企业相比，ETP 政策对试点地区污染行业中国有企业低碳发明技术净效应少了 0.739 个单位（$\beta_1 = -0.739$），与试点地区清洁行业中国有企业相比，ETP 政策对试点地区污染行业中国有企业低碳发明技术净效应提升 0.029 个单位（$\beta_1 + \beta_2 = -0.739 + 0.768$），与试点地区清洁行业中非国有企业相比，ETP 政策对试点地区污染行业中非国有企业低碳发明技术净效应是提升 0.768 个单位（$\beta_2 = 0.768$），与非试点地区污染行业中国有企业相比，ETP 政策对试点地区污染行业中国有企业低碳发明技术净效应提升 0.042 个单位（$\beta_1 + \beta_2 + \beta_3 = -0.739 + 0.768 + 0.013$），与非试点地区污染行业中非国有企业相比，ETP 政策对试点地区污染行业中非国有企业低碳发明技术净效应提升 0.754 个单位（$\beta_2 + \beta_8 = 0.768 - 0.014$）。

（三）国有企业低碳实用新型技术的溢出效应

表 7.13 的回归结果显示，ETP 政策诱发了试点地区污染行业中国有企业的低碳实用新型技术活动。表中第（1）—（3）列的回归结果显示，"$Pilot_r \times Post_t \times Pollution_j \times SOE$" 四次交互项系数为负，系数均在 1% 水平上显著，添加企业固定效应后，第（4）—（6）列的回归结果显示，"$Pilot_r \times Post_t \times Pollution_j \times SOE$" 四次交互项的系数依然在 1% 水平上显著为负，说明模型设定是合理的，回归结果是稳健的。

以第（6）列为例，ETP 政策强度每提高 1 个单位，与试点地区污染行业中非国有企业相比，ETP 政策对试点地区污染行业中国有企业低碳实用新型技术净效应少了 0.389 个单位（$\beta_1 = -0.389$），与试点地区清洁行业中国有企业相比，ETP 政策对试点地区污染行业中国有企业低碳实用新型技术净效应少了 0.05 个单位（$\beta_1 + \beta_2 = -0.389 + 0.384$），与试点地区清洁行业中非国有企业相比，ETP 政策对试点地区污染行业中非国有企业低碳实用新型技术净效应提升 0.384 个单位（$\beta_2 = 0.384$），与非试点地区污染行业中国有企业相比，ETP 政策对试点地区污染行业中国有企业低碳实用新型技术净效应提升 0.056 个单位（$\beta_1 + \beta_2 + \beta_3 = -0.389 + 0.384 + 0.006$），与非试点地区污染行业中非国有企业相比，ETP 政策对试点地区污染行业中非国有企业低碳实用新型技术净效应提升 0.373 个单位（$\beta_2 + \beta_8 = 0.384 - 0.011$）。

表 7.13　ETP 政策对国有企业低碳实用新型技术的溢出效应

变量	低碳实用新型专利占比					
	（1）	（2）	（3）	（4）	（5）	（6）
$Pilot_r \times Post_t \times Pollution_j \times SOE$	-0.515***	-0.519***	-0.516***	-0.391***	-0.396***	-0.389***
	(0.133)	(0.137)	(0.136)	(0.112)	(0.125)	(0.119)
$Pilot_r \times Post_t \times Pollution_j$	0.502***	0.501***	0.506***	0.381***	0.390***	0.384***
	(0.131)	(0.133)	(0.134)	(0.110)	(0.121)	(0.116)
$Pilot_r \times Post_t \times SOE$	0.017	0.010	0.019	0.007	-0.001	0.006
	(0.017)	(0.016)	(0.017)	(0.016)	(0.014)	(0.016)
$Pilot_r \times Post_t$	-0.022*	-0.012	-0.024*	-0.012	-0.005	-0.011
	(0.012)	(0.011)	(0.013)	(0.009)	(0.009)	(0.009)
观测值	6509	6509	6509	6509	6509	6509
R^2	0.056	0.066	0.087	0.035	0.030	0.040
企业固定效应				Y	Y	Y
年份固定效应	Y	Y	Y	Y	Y	Y
省份×时间趋势固定效应	Y		Y	Y		Y
行业×时间趋势固定效应		Y	Y		Y	Y

注：$Pilot_r$ 表示 ETP 试点地区的虚拟变量，如果是政策试点地区时，取值为 1，否则取值为 0。$Post_t$ 为政策试点前后的虚拟变量，ETP 试点期间（2007 年及以后）取值为 1，在非试点期间（2007 年以前）取值为 0。$Pollution_j$ 为行业污染属性指标，即企业所属行业在 1995 年 SO_2 排放占全国排放的比重，SOE 为企业所有制类型指标，即企业为国企（State-Owned Enterprises）取值为 1，否则取值为 0。小括号内为行业层面的聚类调整标准差，*、** 和 *** 分别表示显著性水平为 10%、5% 和 1%。表中模型都控制了上市公司经济特征变量，包括上市公司净资产、员工数量、企业年龄、市场价值与资本重置成本之比（Tobin Q）和负债，其余三次项、二次项、一次项和常数项均已控制，因篇幅有限不作报告。

五 外资企业低碳技术的异质性影响

(一) 外资企业总体低碳技术的影响

为进一步验证 ETP 对异质性企业低碳技术的影响,替换上市公司企业所有制类型交互项为外资企业,令 FOE 为企业所有制类型指标,即企业为外资(Foreign-Owned Enterprises)取值为1,否则取值为0。

表 7.14 的回归结果显示,ETP 政策未能诱发试点地区污染行业中外资企业的低碳技术活动。其中第(1)—(3)列的回归结果显示,"$Pilot_r \times Post_t \times Pollution_j \times FOE$" 四次交互项系数为负,系数不显著,添加企业固定效应后,第(4)—(6)列的回归结果显示,"$Pilot_r \times Post_t \times Pollution_j \times FOE$" 四次交互项的系数在 1% 水平上显著为负。

表 7.14　ETP 政策对外资总体企业低碳技术的影响

变量	低碳专利占比					
	(1)	(2)	(3)	(4)	(5)	(6)
$Pilot_r \times Post_t \times Pollution_j \times$ FOE	-0.063 (0.359)	-0.277 (0.244)	-0.054 (0.320)	-1.123** (0.463)	-0.875*** (0.316)	-1.125*** (0.399)
$Pilot_r \times Post_t \times Pollution_j$	0.048*** (0.013)	0.038*** (0.011)	0.051*** (0.013)	0.064*** (0.011)	0.060*** (0.011)	0.067*** (0.011)
$Pilot_r \times Post_t \times FOE$	0.004 (0.018)	0.016 (0.014)	0.004 (0.018)	0.039 (0.024)	0.029* (0.017)	0.037* (0.021)
$Pilot_r \times Post_t$	0.002 (0.008)	0.003 (0.005)	0.002 (0.008)	0.000 (0.009)	-0.003 (0.005)	0.001 (0.009)
观测值	6509	6509	6509	6509	6509	6509
R^2	0.050	0.055	0.079	0.033	0.027	0.039

续表

变量	低碳专利占比					
	(1)	(2)	(3)	(4)	(5)	(6)
企业固定效应				Y	Y	Y
年份固定效应	Y	Y	Y	Y	Y	Y
省份×时间趋势固定效应	Y		Y	Y		Y
行业×时间趋势固定效应		Y	Y		Y	Y

注：$Pilot_i$ 表示 ETP 试点地区的虚拟变量，如果是政策试点地区时，取值为 1，否则取值为 0。$Post_t$ 为政策试点前后的虚拟变量，ETP 试点期间（2007 年及以后）取值为 1，在非试点期间（2007 年以前）取值为 0。$Pollution_j$ 为行业污染属性指标，即企业所属行业在 1995 年 SO_2 排放占全国排放的比重，FOE 为企业所有制类型指标，即企业为外资（Foreign-Owned Enterprises）取值为 1，否则取值为 0。小括号内为行业层面的聚类调整标准差，*、** 和 *** 分别表示显著性水平为 10%、5% 和 1%。表中模型都控制了上市公司经济特征变量，包括上市公司净资产、员工数量、企业年龄、市场价值与资本重置成本之比（Tobin Q）和负债，其余三次项、二次项、一次项和常数项均已控制，因篇幅有限不作报告。

以第（6）列为例，ETP 政策强度每提高 1 个单位，与试点地区污染行业中非外资企业相比，ETP 政策对试点地区污染行业中外资企业低碳技术净效应少了 1.125 个单位（$\beta_1 = -1.125$），与试点地区清洁行业中外资企业相比，ETP 政策对试点地区污染行业中外资企业低碳技术净效应少了 1.058 个单位（$\beta_1 + \beta_2 = -1.125 + 0.067$），与试点地区清洁行业中非外资企业相比，ETP 政策对试点地区污染行业中非外资企业低碳技术净效应提升 0.067 个单位（$\beta_2 = 0.067$），与非试点地区污染行业中外资企业相比，ETP 政策对试点地区污染行业中外资企业低碳技术净效应少了 1.021 个单位（$\beta_1 + \beta_2 + \beta_3 = -1.125 + 0.067 + 0.037$），与非试点地区污染行业中非外资企业相比，ETP 政策对试点地区污染行业中非外资企业低碳技术净效应提升 0.068 个单位（$\beta_2 + \beta_8 = 0.067 + 0.001$）。

（二）外资企业低碳发明技术的溢出效应

表 7.15 的回归结果显示，ETP 政策未能诱发试点地区污染行

业中外资企业的低碳发明技术活动。其中第（1）—（3）列的回归结果显示，"$Pilot_r \times Post_t \times Pollution_j \times FOE$"四次交互项系数为负，系数不显著，添加企业固定效应后，第（4）—（6）列的回归结果显示，"$Pilot_r \times Post_t \times Pollution_j \times FOE$"四次交互项的系数在1%—10%水平上显著为负。

表7.15　ETP政策对外资企业低碳发明技术的溢出效应

变量	低碳发明专利占比					
	（1）	（2）	（3）	（4）	（5）	（6）
$Pilot_r \times Post_t \times Pollution_j \times FOE$	-0.006	-0.124	-0.115	-0.556*	-0.464**	-0.685***
	(0.262)	(0.218)	(0.202)	(0.304)	(0.181)	(0.230)
$Pilot_r \times Post_t \times Pollution_j$	0.052***	0.046***	0.051***	0.088***	0.090***	0.089***
	(0.011)	(0.008)	(0.012)	(0.012)	(0.010)	(0.013)
$Pilot_r \times Post_t \times FOE$	-0.005	-0.001	-0.004	0.019	0.018	0.024*
	(0.019)	(0.014)	(0.016)	(0.019)	(0.013)	(0.014)
$Pilot_r \times Post_t$	0.001	0.004	0.001	-0.003	-0.003	0.002
	(0.007)	(0.004)	(0.007)	(0.007)	(0.005)	(0.007)
观测值	6509	6509	6509	6509	6509	6509
R^2	0.035	0.046	0.060	0.025	0.027	0.034
企业固定效应				Y	Y	Y
年份固定效应	Y	Y	Y	Y	Y	Y
省份×时间趋势固定效应	Y		Y	Y		Y
行业×时间趋势固定效应		Y	Y		Y	Y

注：$Pilot_r$ 表示ETP试点地区的虚拟变量，如果是政策试点地区时，取值为1，否则取值为0。$Post_t$ 为政策试点前后的虚拟变量，ETP试点期间（2007年及以后）取值为1，在非试点期间（2007年以前）取值为0。$Pollution_j$ 为行业污染属性指标，即企业所属行业在1995年SO_2排放占全国排放的比重，FOE 为企业所有制类型指标，即企业为外资（Foreign-Owned Enterprises）取值为1，否则取值为0。小括号内为行业层面的聚类调整标准差，*、**和***分别表示显著性水平为10%、5%和1%。表中模型都控制了上市公司经济特征变量，包括上市公司净资产、员工数量、企业年龄、市场价值与资本重置成本之比（Tobin Q）和负债，其余三次项、二次项、一次项和常数项均已控制，因篇幅有限不作报告。

以第（6）列为例，ETP 政策强度每提高 1 个单位，与试点地区污染行业中非外资企业相比，ETP 政策对试点地区污染行业中外资企业低碳发明技术净效应少了 0.685 个单位（$\beta_1 = -0.685$），与试点地区清洁行业中外资企业相比，ETP 政策对试点地区污染行业中外资企业低碳发明技术净效应少了 0.596 个单位（$\beta_1 + \beta_2 = -0.685 + 0.089$），与试点地区清洁行业中非外资企业相比，ETP 政策对试点地区污染行业中非外资企业低碳发明技术净效应提升 0.089 个单位（$\beta_2 = 0.089$），与非试点地区污染行业中外资企业相比，ETP 政策对试点地区污染行业中外资企业低碳发明技术净效应少了 0.572 个单位（$\beta_1 + \beta_2 + \beta_3 = -0.685 + 0.089 + 0.024$），与非试点地区污染行业中非外资企业相比，ETP 政策对试点地区污染行业中非外资企业低碳发明技术净效应提升 0.087 个单位（$\beta_2 + \beta_8 = 0.089 - 0.002$）。

（三）外资企业低碳实用新型技术的溢出效应

表 7.16 的回归结果显示，ETP 政策未能诱发试点地区污染行业中外资企业的低碳实用新型技术活动。其中第（1）—（3）列的回归结果显示，"$Pilot_r \times Post_t \times Pollution_j \times FOE$" 四次交互项系数为负，系数不显著，添加企业固定效应后，第（4）—（6）列的回归结果显示，"$Pilot_r \times Post_t \times Pollution_j \times FOE$" 四次交互项的系数在 5% 水平上显著为负。

表 7.16　ETP 政策对外资企业低碳实用新型技术的溢出效应

变量	低碳实用新型专利占比					
	(1)	(2)	(3)	(4)	(5)	(6)
$Pilot_r \times Post_t \times Pollution_j \times FOE$	-0.098	-0.288	-0.021	-1.122**	-0.946**	-1.029**
	(0.369)	(0.326)	(0.398)	(0.462)	(0.366)	(0.444)
$Pilot_r \times Post_t \times Pollution_j$	0.015	0.007	0.020	0.019	0.014	0.023**
	(0.013)	(0.011)	(0.012)	(0.011)	(0.012)	(0.010)

续表

变量	低碳实用新型专利占比					
	(1)	(2)	(3)	(4)	(5)	(6)
$Pilot_r \times Post_t \times FOE$	0.013	0.027*	0.014	0.042*	0.034*	0.039*
	(0.018)	(0.015)	(0.019)	(0.022)	(0.018)	(0.021)
$Pilot_r \times Post_t$	-0.005	-0.002	-0.005	-0.004	-0.004	-0.004
	(0.006)	(0.005)	(0.006)	(0.007)	(0.005)	(0.007)
观测值	6509	6509	6509	6509	6509	6509
R^2	0.047	0.056	0.077	0.031	0.026	0.037
企业固定效应				Y	Y	Y
年份固定效应	Y	Y	Y	Y	Y	Y
省份×时间趋势固定效应	Y		Y	Y		Y
行业×时间趋势固定效应		Y	Y		Y	Y

注：$Pilot_r$ 表示 ETP 试点地区的虚拟变量，如果是政策试点地区时，取值为 1，否则取值为 0。$Post_t$ 为政策试点前后的虚拟变量，ETP 试点期间（2007 年及以后）取值为 1，在非试点期间（2007 年以前）取值为 0。$Pollution_j$ 为行业污染属性指标，即企业所属行业在 1995 年 SO_2 排放占全国排放的比重，FOE 为企业所有制类型指标，即企业为外资（Foreign-Owned Enterprises）取值为 1，否则取值为 0。小括号内为行业层面的聚类调整标准差，*、** 和 *** 分别表示显著性水平为 10%、5% 和 1%。表中模型都控制了上市公司经济特征变量，包括上市公司净资产、员工数量、企业年龄、市场价值与资本重置成本之比（Tobin Q）和负债，其余三次项、二次项、一次项和常数项均已控制，因篇幅有限不作报告。

以第（6）列为例，ETP 政策强度每提高 1 个单位，与试点地区污染行业中非外资企业相比，ETP 政策对试点地区污染行业中外资企业低碳实用新型技术净效应少了 1.029 个单位（$\beta_1 = -1.029$），与试点地区清洁行业中外资企业相比，ETP 政策对试点地区污染行业中外资企业低碳实用新型技术净效应少了 1.006 个单位（$\beta_1 + \beta_2 = -1.029 + 0.023$），与试点地区清洁行业中非外资企业相比，ETP 政策对试点地区污染行业中非外资企业低碳实用新型技术净效应提升 0.023 个单位（$\beta_2 = 0.023$），与非试点地区污染行业中外资企业相比，ETP 政策对试点地区污染行业中外资企业低碳实用新型技术净效应少了 0.967 个单位（$\beta_1 + \beta_2 + \beta_3 = -1.029 + 0.023 + 0.039$），与非试点地区污染行业中非外资企业相比，ETP 政策对试点地区污染行业中非外资企业低碳实用新型技术净效应提升 0.019 个单位（$\beta_2 + \beta_8 = 0.023 - 0.004$）。

六 民营企业低碳技术的异质性影响

（一）民营企业总体低碳技术的影响

为进一步验证 ETP 对异质性企业低碳技术的影响，替换上市公司企业所有制类型交互项为民营企业，令 POE 为企业所有制类型指标，即企业为外资（Privately-Owned Enterprises）取值为 1，否则取值为 0。

表 7.17 的回归结果显示，ETP 政策诱发了试点地区污染行业中民营企业的低碳技术活动，净效应大于非民营企业。其中第（1）—（3）列的回归结果显示，"$Pilot_r \times Post_t \times Pollution_j \times POE$"四次交互项系数为正，系数在均 1% 水平上显著为正，添加企业固定效应后，第（4）—（6）列的回归结果显示，"$Pilot_r \times Post_t \times Pollution_j \times POE$"四次交互项的系数依然均 1% 水平上显著为正，说明模型设定是合理的，回归结果是稳健的。

以第（6）列为例，ETP 政策强度每提高 1 个单位，与试点地区污染行业中非民营企业相比，ETP 政策对试点地区污染行业中民营企业低碳技术净效应多了 0.664 个单位（$\beta_1 = 0.664$），与试点地区清洁行业中民营企业相比，ETP 政策对试点地区污染行业中民营企业低碳技术净效应提升 0.68 个单位（$\beta_1 + \beta_2 = 0.664 + 0.016$），与试点地区清洁行业中非民营企业相比，ETP 政策对试点地区污染行业中非民营企业低碳技术净效应提升 0.016 个单位（$\beta_2 = 0.016$），与非试点地区污染行业中民营企业相比，ETP 政策对试点地区污染行业中民营企业低碳技术净效应提升 0.666 个单位

($\beta_1 + \beta_2 + \beta_3 = 0.664 + 0.016 - 0.014$),与非试点地区污染行业中非民营企业相比,ETP 政策对试点地区污染行业中非民营企业低碳技术净效应提升 0.019 个单位($\beta_2 + \beta_8 = 0.016 + 0.003$)。

表 7.17   ETP 政策对民营总体企业低碳技术的影响

变量	低碳专利占比					
	(1)	(2)	(3)	(4)	(5)	(6)
$Pilot_r \times Post_t \times Pollution_j \times POE$	0.813***	0.848***	0.817***	0.665***	0.700***	0.664***
	(0.212)	(0.218)	(0.213)	(0.162)	(0.174)	(0.163)
$Pilot_r \times Post_t \times Pollution_j$	-0.019	-0.031**	-0.016	0.012	0.008	0.016
	(0.014)	(0.015)	(0.012)	(0.011)	(0.015)	(0.011)
$Pilot_r \times Post_t \times POE$	-0.030	-0.026	-0.031	-0.015	-0.009	-0.014
	(0.024)	(0.024)	(0.025)	(0.020)	(0.018)	(0.020)
$Pilot_r \times Post_t$	0.008	0.006	0.008	0.002	-0.003	0.003
	(0.011)	(0.007)	(0.011)	(0.012)	(0.008)	(0.012)
观测值	6509	6509	6509	6509	6509	6509
R^2	0.069	0.076	0.098	0.040	0.036	0.046
企业固定效应				Y	Y	Y
年份固定效应	Y	Y	Y	Y	Y	Y
省份×时间趋势固定效应	Y		Y	Y		Y
行业×时间趋势固定效应		Y	Y	Y	Y	Y

注:$Pilot_r$ 表示 ETP 试点地区的虚拟变量,如果是政策试点地区时,取值为 1,否则取值为 0。$Post_t$ 为政策试点前后的虚拟变量,ETP 试点期间(2007 年及以后)取值为 1,在非试点期间(2007 年以前)取值为 0。$Pollution_j$ 为行业污染属性指标,即企业所属行业在 1995 年 SO_2 排放占全国排放的比重,POE 为企业所有制类型指标,即企业为民营企业(Privately-Owned Enterprises)取值为 1,否则取值为 0。小括号内为行业层面的聚类调整标准差,*、** 和 *** 分别表示显著性水平为 10%、5% 和 1%。表中模型都控制了上市公司经济特征变量,包括上市公司净资产、员工数量、企业年龄、市场价值与资本重置成本之比(Tobin Q)和负债,其余三次项、二次项、一次项和常数项均已控制,因篇幅有限不作报告。

(二) 民营企业低碳发明技术的溢出效应

表 7.18 的回归结果显示,ETP 政策诱发了试点地区污染行业

中民营企业的低碳发明技术活动，净效应大于非民营企业。其中第（1）—（3）列的回归结果显示，"$Pilot_r \times Post_t \times Pollution_j \times POE$"四次交互项系数为正，系数在均1%水平上显著为正，添加企业固定效应后，第（4）—（6）列的回归结果显示，"$Pilot_r \times Post_t \times Pollution_j \times POE$"四次交互项的系数依然均1%水平上显著为正，说明模型设定是合理的，回归结果是稳健的。

表7.18　　ETP政策对民营企业低碳发明技术的溢出效应

变量	低碳发明专利占比					
	(1)	(2)	(3)	(4)	(5)	(6)
$Pilot_r \times Post_t \times Pollution_j \times POE$	0.978***	1.005***	0.988***	0.830***	0.862***	0.837***
	(0.234)	(0.237)	(0.232)	(0.165)	(0.170)	(0.161)
$Pilot_r \times Post_t \times Pollution_j$	-0.026**	-0.033***	-0.027***	0.025***	0.024**	0.024***
	(0.010)	(0.011)	(0.010)	(0.007)	(0.009)	(0.008)
$Pilot_r \times Post_t \times POE$	-0.024	-0.024	-0.026	-0.016	-0.017	-0.017
	(0.022)	(0.021)	(0.022)	(0.016)	(0.015)	(0.016)
$Pilot_r \times Post_t$	0.004	0.007	0.005	-0.002	-0.002	-0.001
	(0.008)	(0.005)	(0.008)	(0.008)	(0.005)	(0.008)
观测值	6509	6509	6509	6509	6509	6509
R^2	0.069	0.083	0.094	0.040	0.043	0.048
企业固定效应				Y	Y	Y
年份固定效应	Y	Y	Y	Y	Y	Y
省份×时间趋势固定效应	Y		Y	Y		Y
行业×时间趋势固定效应		Y	Y		Y	Y

注：$Pilot_r$ 表示 ETP 试点地区的虚拟变量，如果是政策试点地区时，取值为1，否则取值为0。$Post_t$ 为政策试点前后的虚拟变量，ETP 试点期间（2007年及以后）取值为1，在非试点期间（2007年以前）取值为0。$Pollution_j$ 为行业污染属性指标，即企业所属行业在1995年 SO_2 排放占全国排放的比重，POE 为企业所有制类型指标，即企业为民营企业（Privately-Owned Enterprises）取值为1，否则取值为0。小括号内为行业层面的聚类调整标准差，*、** 和 *** 分别表示显著性水平为10%、5%和1%。表中模型都控制了上市公司经济特征变量，包括上市公司净资产、员工数量、企业年龄、市场价值与资本重置成本之比（Tobin Q）和负债，其余三次项、二次项、一次项和常数项均已控制，因篇幅有限不作报告。

以第（6）列为例，ETP 政策强度每提高 1 个单位，与试点地区污染行业中非民营企业相比，ETP 政策对试点地区污染行业中民营企业低碳发明技术净效应多了 0.837 个单位（$\beta_1 = 0.837$），与试点地区清洁行业中民营企业相比，ETP 政策对试点地区污染行业中民营企业低碳发明技术净效应提升 0.861 个单位（$\beta_1 + \beta_2 = 0.837 + 0.024$），与试点地区清洁行业中非民营企业相比，ETP 政策对试点地区污染行业中非民营企业低碳发明技术净效应提升 0.024 个单位（$\beta_2 = 0.024$），与非试点地区污染行业中民营企业相比，ETP 政策对试点地区污染行业中民营企业低碳发明技术净效应提升 0.666 个单位（$\beta_1 + \beta_2 + \beta_3 = 0.837 + 0.024 - 0.001$），与非试点地区污染行业中非民营企业相比，ETP 政策对试点地区污染行业中非民营企业低碳发明技术净效应提升 0.023 个单位（$\beta_2 + \beta_8 = 0.024 - 0.001$）。

（三）民营企业低碳实用新型技术的溢出效应

表 7.19 的回归结果显示，ETP 政策诱发了试点地区污染行业中民营企业的低碳实用新型技术活动，净效应大于非民营企业。其中第（1）—（3）列的回归结果显示，"$Pilot_r \times Post_t \times Pollution_j \times POE$" 四次交互项系数为正，系数在均 1% 水平上显著为正，添加企业固定效应后，第（4）（6）列的回归结果显示，"$Pilot_r \times Post_t \times Pollution_j \times POE$" 四次交互项的系数依然均 1% 水平上显著为正，说明模型设定是合理的，回归结果是稳健的。

以第（6）列为例，ETP 政策强度每提高 1 个单位，与试点地区污染行业中非民营企业相比，ETP 政策对试点地区污染行业中民营企业低碳实用新型技术净效应多了 0.421 个单位（$\beta_1 = 0.421$），与试点地区清洁行业中民营企业相比，ETP 政策对试点地区污染行业中民营企业低碳实用新型技术净效应提升 0.408 个单位（$\beta_1 + \beta_2 = 0.421 - 0.013$），与试点地区清洁行业中非民营企业相比，ETP

政策对试点地区污染行业中非民营企业低碳实用新型技术净效应少了 0.013 个单位（$\beta_2 = -0.013$），与非试点地区污染行业中民营企业相比，ETP 政策对试点地区污染行业中民营企业低碳实用新型技术净效应提升 0.400 个单位（$\beta_1 + \beta_2 + \beta_3 = 0.421 - 0.013 - 0.008$），与非试点地区污染行业中非民营企业相比，ETP 政策对试点地区污染行业中非民营企业低碳实用新型技术净效应少了 0.016 个单位（$\beta_2 + \beta_8 = -0.013 - 0.003$）。

表 7.19　ETP 政策对民营企业低碳实用新型技术的溢出效应

变量	低碳实用新型专利占比					
	(1)	(2)	(3)	(4)	(5)	(6)
$Pilot_r \times Post_t \times Pollution_j \times POE$	0.503*** (0.128)	0.529*** (0.130)	0.504*** (0.130)	0.428*** (0.110)	0.443*** (0.122)	0.421*** (0.117)
$Pilot_r \times Post_t \times Pollution_j$	-0.029* (0.015)	-0.037** (0.015)	-0.024* (0.013)	-0.018 (0.014)	-0.021 (0.016)	-0.013 (0.012)
$Pilot_r \times Post_t \times POE$	-0.023 (0.018)	-0.019 (0.019)	-0.025 (0.019)	-0.010 (0.015)	-0.002 (0.014)	-0.008 (0.015)
$Pilot_r \times Post_t$	0.001 (0.009)	0.001 (0.007)	0.001 (0.009)	-0.002 (0.009)	-0.005 (0.007)	-0.003 (0.009)
观测值	6509	6509	6509	6509	6509	6509
R^2	0.056	0.066	0.086	0.034	0.030	0.040
企业固定效应				Y	Y	Y
年份固定效应	Y	Y	Y	Y	Y	Y
省份×时间趋势固定效应	Y		Y	Y		Y
行业×时间趋势固定效应		Y	Y		Y	Y

注：$Pilot_r$ 表示 ETP 试点地区的虚拟变量，如果是政策试点地区时，取值为 1，否则取值为 0。$Post_t$ 为政策试点前后的虚拟变量，ETP 试点期间（2007 年及以后）取值为 1，在非试点期间（2007 年以前）取值为 0。$Pollution_j$ 为行业污染属性指标，即企业所属行业在 1995 年 SO_2 排放占全国排放的比重，POE 为企业所有制类型指标，即企业为民营企业（Privately-Owned Enterprises）取值为 1，否则取值为 0。小括号内为行业层面的聚类调整标准差，*、** 和 *** 分别表示显著性水平为 10%、5% 和 1%。表中模型都控制了上市公司经济特征变量，包括上市公司净资产、员工数量、企业年龄、市场价值与资本重置成本之比（Tobin Q）和负债，其余三次项、二次项、一次项和常数项均已控制，因篇幅有限不作报告。

第二节 企业治理结构异质性对绿色创新的影响

为进一步研究企业治理结构的异质性对绿色创新的影响。现从 ETP 政策对有无外业务企业绿色创新的异质性影响，ETP 政策对有无合格境外机构投资者持股企业绿色创新的异质性影响，ETP 政策对有无"董监高"海外背景企业绿色创新的异质性影响展开研究。

一 有海外业务企业绿色创新的异质性影响

接下来考察 ETP 政策对有无海外业务企业绿色创新的影响。企业有无海外业务的考察类型包括有海外业务和无海外业务，绿色创新考察类型包括总体绿色创新、绿色发明创新、绿色实用新型创新、总体低碳技术、低碳发明技术和低碳实用新型技术。

为进一步验证 ETP 对有无海外业务企业绿色创新的影响，构建上市公司有无海外业务交互项，令 OB 为企业有无海外业务指标，即企业在样本期间有海外业务（Overseas Business）取值为 1，否则取值为 0。

（一）有海外业务企业总体绿色创新的异质性影响

表 7.20 的回归结果显示，ETP 政策诱发了试点地区污染行业中有海外业务企业的绿色创新活动，净效应大于无海外业务的企业。其中第（1）—（3）列的回归结果显示，"$Pilot_r \times Post_t \times Pollution_j \times OB$"四次交互项系数为正，系数在 1% 水平上显著，添加企业固定效应后，第（4）—（6）列的回归结果显示，"$Pilot_r \times Post_t \times Pollution_j \times OB$"四次交互项的系数依然在 1% 水平上显著为正，说明模型设定是合理的，回归结果是稳健的。

表 7.20　ETP 政策对有海外业务企业总体绿色创新的影响

变量	绿色专利占比					
	(1)	(2)	(3)	(4)	(5)	(6)
$Pilot_r \times Post_t \times Pollution_j \times OB$	0.037 (0.026)	0.059** (0.027)	0.030 (0.022)	0.051*** (0.014)	0.077*** (0.019)	0.051*** (0.015)
$Pilot_r \times Post_t \times Pollution_j$	0.045** (0.018)	0.034*** (0.012)	0.048** (0.018)	0.028** (0.012)	0.023** (0.011)	0.030** (0.013)
$Pilot_r \times Post_t \times OB$	−0.005 (0.010)	−0.007 (0.010)	−0.006 (0.010)	−0.008 (0.006)	−0.011 (0.007)	−0.009 (0.006)
$Pilot_r \times Post_t$	−0.003 (0.017)	0.003 (0.007)	0.010 (0.015)			
观测值	6509	6509	6509	6509	6509	6509
R^2	0.048	0.051	0.070	0.019	0.019	0.024
企业固定效应				Y	Y	Y
年份固定效应	Y	Y	Y	Y	Y	Y
省份×时间趋势固定效应	Y		Y	Y		Y
行业×时间趋势固定效应		Y	Y	Y		Y

注：$Pilot_r$ 表示 ETP 试点地区的虚拟变量，如果是政策试点地区时，取值为 1，否则取值为 0。$Post_t$ 为政策试点前后的虚拟变量，ETP 试点期间（2007 年及以后）取值为 1，在非试点期间（2007 年以前）取值为 0。$Pollution_j$ 为行业污染属性指标，即企业所属行业在 1995 年 SO_2 排放占全国排放的比重，OB 为企业有无海外业务指标，即企业在样本期间有海外业务（Overseas Business）取值为 1，否则取值为 0。小括号内为行业层面的聚类调整标准差，*、** 和 *** 分别表示显著性水平为 10%、5% 和 1%。表中模型都控制了上市公司经济特征变量，包括上市公司净资产、员工数量、企业年龄、市场价值与资本重置成本之比（Tobin Q）和负债，其余三次项、二次项、一次项和常数项均已控制，因篇幅有限不作报告。

以第（6）列为例，ETP 政策强度每提高 1 个单位，与试点地区污染行业中无海外业务企业相比，ETP 政策对试点地区污染行业中有海外业务企业绿色创新净效应多了 0.051 个单位（β_1 = 0.051），与试点地区清洁行业中有海外业务企业相比，ETP 政策对试点地区污染行业中有海外业务企业绿色创新净效应提升 0.081 个单位（$\beta_1 + \beta_2 = 0.051 + 0.030$），与试点地区清洁行业中无海外业务企业相比，ETP 政策对试点地区污染行业中无海外业务企业绿色创新净效应提升 0.030 个单位（$\beta_2 = 0.030$），与非试点地区污染行业中有海外业务企业相比，ETP 政策对试点地区污染行业中有海外业务企业绿色创新净效应提升 0.072 个单位（$\beta_1 + \beta_2 + \beta_3 = 0.051 + 0.030 - 0.009$），与非试点地区污染行业中无海外业务企业相比，ETP 政策对试点地区污染行业中无海外业务企业绿色创新净效应提升 0.030 个单位（$\beta_2 + \beta_8 = 0.030 + 0$）。

（二）有海外业务企业绿色发明创新的溢出效应

表 7.21 的回归结果显示，ETP 政策诱发了试点地区污染行业中有海外业务企业的绿色发明创新活动，净效应大于无海外业务的企业。其中第（1）—（3）列的回归结果显示，"$Pilot_r \times Post_t \times Pollution_j \times OB$" 四次交互项系数为正，系数在 1% 水平上显著，添加企业固定效应后，第（4）—（6）列的回归结果显示，"$Pilot_r \times Post_t \times Pollution_j \times OB$" 四次交互项的系数依然在 1% 水平上显著为正，说明模型设定是合理的，回归结果是稳健的。

以第（6）列为例，ETP 政策强度每提高 1 个单位，与试点地区污染行业中无海外业务企业相比，ETP 政策对试点地区污染行业中有海外业务企业绿色发明创新净效应多了 0.090 个单位（$\beta_1 = 0.090$），与试点地区清洁行业中有海外业务企业相比，ETP 政策对试点地区污染行业中有海外业务企业绿色发明创新净效应提升 0.110 个单位（$\beta_1 + \beta_2 = 0.090 + 0.020$），与试点地区清洁行业中无海外业务企业相比，ETP 政策对试点地区污染行业中无海外业务企业绿色发明创新净效应提升 0.020 个单位（$\beta_2 = 0.020$），与非试点地区污染行业中有海外业务企业相比，ETP 政策对试点地区污染行业中有海外业务企业绿色发明创新净效应提升 0.100 个单位

（$\beta_1 + \beta_2 + \beta_3 = 0.090 + 0.020 - 0.010$），与非试点地区污染行业中无海外业务企业相比，ETP 政策对试点地区污染行业中无海外业务企业绿色发明创新净效应提升 0.017 个单位（$\beta_2 + \beta_8 = 0.020 - 0.003$）。

表 7.21　ETP 政策对有海外业务企业绿色发明创新的溢出效应

变量	绿色发明专利占比					
	（1）	（2）	（3）	（4）	（5）	（6）
$Pilot_r \times Post_t \times Pollution_j \times OB$	0.090***	0.102***	0.092***	0.084***	0.099***	0.090***
	（0.026）	（0.026）	（0.026）	（0.017）	（0.018）	（0.018）
$Pilot_r \times Post_t \times Pollution_j$	0.019*	0.013*	0.018	0.022**	0.022***	0.020**
	（0.010）	（0.007）	（0.011）	（0.008）	（0.007）	（0.008）
$Pilot_r \times Post_t \times OB$	-0.004	-0.006	-0.006	-0.009	-0.011*	-0.010
	（0.008）	（0.007）	（0.007）	（0.006）	（0.006）	（0.006）
$Pilot_r \times Post_t$	-0.004	0.007*	-0.003	-0.005	0.004	-0.003
	（0.005）	（0.003）	（0.005）	（0.006）	（0.004）	（0.006）
观测值	6509	6509	6509	6509	6509	6509
R^2	0.038	0.046	0.056	0.014	0.018	0.022
企业固定效应				Y	Y	Y
年份固定效应	Y	Y	Y	Y	Y	Y
省份×时间趋势固定效应	Y		Y	Y		Y
行业×时间趋势固定效应		Y	Y		Y	Y

注：$Pilot_r$ 表示 ETP 试点地区的虚拟变量，如果是政策试点地区时，取值为 1，否则取值为 0。$Post_t$ 为政策试点前后的虚拟变量，ETP 试点期间（2007 年及以后）取值为 1，在非试点期间（2007 年以前）取值为 0。$Pollution_j$ 为行业污染属性指标，即企业所属行业在 1995 年 SO_2 排放占全国排放的比重，OB 为企业有无海外业务指标，即企业在样本期间有海外业务（Overseas Business）取值为 1，否则取值为 0。小括号内为行业层面的聚类调整标准差，*、** 和 *** 分别表示显著性水平为 10%、5% 和 1%。表中模型都控制了上市公司经济特征变量，包括上市公司净资产、员工数量、企业年龄、市场价值与资本重置成本之比（Tobin Q）和负债，其余三次项、二次项、一次项和常数项均已控制，因篇幅有限不作报告。

(三) 有海外业务企业绿色实用新型创新的溢出效应

表 7.22 的回归结果显示，ETP 政策未能诱发试点地区污染行业中有海外业务企业的绿色实用新型创新活动。

表 7.22 ETP 政策对有海外业务企业绿色实用新型创新的溢出效应

变量	绿色实用新型专利占比					
	(1)	(2)	(3)	(4)	(5)	(6)
$Pilot_r \times Post_t \times Pollution_j \times OB$	-0.011 (0.027)	0.009 (0.031)	-0.016 (0.029)	0.017 (0.019)	0.039 (0.024)	0.013 (0.022)
$Pilot_r \times Post_t \times Pollution_j$	0.033* (0.018)	0.028* (0.014)	0.036* (0.018)	0.017 (0.013)	0.015 (0.014)	0.020 (0.014)
$Pilot_r \times Post_t \times OB$	-0.006 (0.010)	-0.007 (0.010)	-0.006 (0.010)	-0.007 (0.007)	-0.009 (0.008)	-0.007 (0.007)
$Pilot_r \times Post_t$	-0.000 (0.008)	0.006 (0.006)	0.000 (0.008)	-0.003 (0.008)	0.004 (0.006)	-0.002 (0.008)
观测值	6509	6509	6509	6509	6509	6509
R^2	0.039	0.042	0.059	0.020	0.020	0.024
企业固定效应				Y	Y	Y
年份固定效应	Y	Y	Y	Y	Y	Y
省份×时间趋势固定效应	Y		Y	Y		Y
行业×时间趋势固定效应		Y	Y		Y	Y

注：$Pilot_r$ 表示 ETP 试点地区的虚拟变量，如果是政策试点地区时，取值为 1，否则取值为 0。$Post_t$ 为政策试点前后的虚拟变量，ETP 试点期间（2007 年及以后）取值为 1，在非试点期间（2007 年以前）取值为 0。$Pollution_j$ 为行业污染属性指标，即企业所属行业在 1995 年 SO_2 排放占全国排放的比重，OB 为企业有无海外业务指标，即企业在样本期间有海外业务（Overseas Business）取值为 1，否则取值为 0。小括号内为行业层面的聚类调整标准差，*、** 和 *** 分别表示显著性水平为 10%、5% 和 1%。表中模型都控制了上市公司经济特征变量，包括上市公司净资产、员工数量、企业年龄、市场价值与资本重置成本之比（Tobin Q）和负债，其余三次项、二次项、一次项和常数项均已控制，因篇幅有限不作报告。

其中第（1）—（3）列的回归结果显示，"$Pilot_r \times Post_t \times Pollution_j \times OB$" 四次交互项系数符号不一致且不显著，添加企业固定效应后，第（4）—（6）列的回归结果显示，"$Pilot_r \times Post_t \times Pollution_j \times OB$" 四次交互项的系数不显著为正。

二 有海外业务企业低碳技术的异质性影响

（一）有海外业务企业总体低碳技术的影响

表 7.23 的回归结果显示，ETP 政策诱发了试点地区污染行业中有海外业务企业的低碳技术创新活动，净效应大于无海外业务的企业。其中第（1）—（3）列的回归结果显示，"$Pilot_r \times Post_t \times Pollution_j \times OB$" 四次交互项系数为正，系数在 5% 水平上显著，添加企业固定效应后，第（4）—（6）列的回归结果显示，"$Pilot_r \times Post_t \times Pollution_j \times OB$" 四次交互项的系数依然在 5% 水平上显著为正，说明模型设定是合理的，回归结果是稳健的。

表 7.23　ETP 政策对有海外业务企业总体低碳技术的影响

变量	低碳专利占比					
	(1)	(2)	(3)	(4)	(5)	(6)
$Pilot_r \times Post_t \times Pollution_j \times OB$	0.056	0.083**	0.055	0.061	0.099**	0.072
	(0.035)	(0.035)	(0.034)	(0.046)	(0.046)	(0.045)
$Pilot_r \times Post_t \times Pollution_j$	0.056***	0.039***	0.061***	0.058***	0.044**	0.058***
	(0.014)	(0.013)	(0.015)	(0.014)	(0.017)	(0.016)
$Pilot_r \times Post_t \times OB$	0.020**	0.019**	0.022**	0.019*	0.017	0.018
	(0.009)	(0.009)	(0.009)	(0.011)	(0.011)	(0.011)
$Pilot_r \times Post_t$	−0.013	−0.011	−0.014	−0.013	−0.014	−0.011
	(0.010)	(0.007)	(0.010)	(0.011)	(0.009)	(0.011)
观测值	6509	6509	6509	6509	6509	6509
R^2	0.056	0.061	0.083	0.034	0.029	0.040
企业固定效应				Y	Y	Y

变量	低碳专利占比					
	(1)	(2)	(3)	(4)	(5)	(6)
年份固定效应	Y	Y	Y	Y	Y	Y
省份×时间趋势固定效应	Y		Y	Y		Y
行业×时间趋势固定效应		Y	Y		Y	Y

注：$Pilot_i$ 表示 ETP 试点地区的虚拟变量，如果是政策试点地区时，取值为 1，否则取值为 0。$Post_t$ 为政策试点前后的虚拟变量，ETP 试点期间（2007 年及以后）取值为 1，在非试点期间（2007 年以前）取值为 0。$Pollution_j$ 为行业污染属性指标，即企业所属行业在 1995 年 SO_2 排放占全国排放的比重，OB 为企业有无海外业务指标，即企业在样本期间有海外业务（Overseas Business）取值为 1，否则取值为 0。小括号内为行业层面的聚类调整标准差，*、** 和 *** 分别表示显著性水平为 10%、5% 和 1%。表中模型都控制了上市公司经济特征变量，包括上市公司净资产、员工数量、企业年龄、市场价值与资本重置成本之比（Tobin Q）和负债，其余三次项、二次项、一次项和常数项均已控制，因篇幅有限不作报告。

以第（6）列为例，ETP 政策强度每提高 1 个单位，与试点地区污染行业中无海外业务企业相比，ETP 政策对试点地区污染行业中有海外业务企业低碳技术创新净效应多了 0.072 个单位（$\beta_1 = 0.072$），与试点地区清洁行业中有海外业务企业相比，ETP 政策对试点地区污染行业中有海外业务企业低碳技术创新净效应提升 0.130 个单位（$\beta_1 + \beta_2 = 0.072 + 0.058$），与试点地区清洁行业中无海外业务企业相比，ETP 政策对试点地区污染行业中无海外业务企业低碳技术创新净效应提升 0.058 个单位（$\beta_2 = 0.058$），与非试点地区污染行业中有海外业务企业相比，ETP 政策对试点地区污染行业中有海外业务企业低碳技术创新净效应提升 0.148 个单位（$\beta_1 + \beta_2 + \beta_3 = 0.072 + 0.058 + 0.018$），与非试点地区污染行业中无海外业务企业相比，ETP 政策对试点地区污染行业中无海外业务企业低碳技术创新净效应提升 0.047 个单位（$\beta_2 + \beta_8 = 0.058 - 0.011$）。

（二）有海外业务企业低碳发明技术的溢出效应

表 7.24 的回归结果显示，ETP 政策诱发了试点地区污染行业中

有海外业务企业的低碳发明技术创新活动，净效应大于无海外业务的企业。其中第（1）—（3）列的回归结果显示，"$Pilot_r \times Post_t \times Pollution_j \times OB$" 四次交互项系数为正，系数在1%水平上显著，添加企业固定效应后，第（4）—（6）列的回归结果显示，"$Pilot_r \times Post_t \times Pollution_j \times OB$" 四次交互项的系数依然在1%水平上显著为正，说明模型设定是合理的，回归结果是稳健的。

表7.24　ETP政策对有海外业务企业低碳发明技术的溢出效应

变量	低碳发明专利占比					
	（1）	（2）	（3）	（4）	（5）	（6）
$Pilot_r \times Post_t \times Pollution_j \times OB$	0.184***	0.216***	0.190***	0.170***	0.211***	0.182***
	(0.034)	(0.033)	(0.032)	(0.040)	(0.039)	(0.040)
$Pilot_r \times Post_t \times Pollution_j$	0.012*	−0.002	0.011	0.037***	0.026***	0.034***
	(0.007)	(0.008)	(0.008)	(0.007)	(0.009)	(0.008)
$Pilot_r \times Post_t \times OB$	−0.001	−0.004	−0.001	−0.003	−0.006	−0.004
	(0.007)	(0.007)	(0.007)	(0.008)	(0.009)	(0.009)
$Pilot_r \times Post_t$	−0.001	0.004	−0.000	−0.003	−0.000	−0.001
	(0.008)	(0.005)	(0.008)	(0.008)	(0.006)	(0.008)
观测值	6509	6509	6509	6509	6509	6509
R^2	0.043	0.055	0.067	0.027	0.030	0.036
企业固定效应				Y	Y	Y
年份固定效应	Y	Y	Y	Y	Y	Y
省份×时间趋势固定效应	Y		Y	Y		Y
行业×时间趋势固定效应		Y	Y		Y	Y

注：$Pilot_r$表示ETP试点地区的虚拟变量，如果是政策试点地区时，取值为1，否则取值为0。$Post_t$为政策试点前后的虚拟变量，ETP试点期间（2007年及以后）取值为1，在非试点期间（2007年以前）取值为0。$Pollution_j$为行业污染属性指标，即企业所属行业在1995年SO_2排放占全国排放的比重，OB为企业有无海外业务指标，即企业在样本期间有海外业务（Overseas Business）取值为1，否则取值为0。小括号内为行业层面的聚类调整标准差，*、**和***分别表示显著性水平为10%、5%和1%。表中模型都控制了上市公司经济特征变量，包括上市公司净资产、员工数量、企业年龄、市场价值与资本重置成本之比（Tobin Q）和负债，其余三次项、二次项、一次项和常数项均已控制，因篇幅有限不作报告。

以第（6）列为例，ETP 政策强度每提高 1 个单位，与试点地区污染行业中无海外业务企业相比，ETP 政策对试点地区污染行业中有海外业务企业低碳发明技术创新净效应多了 0.182 个单位（$\beta_1 = 0.182$），与试点地区清洁行业中有海外业务企业相比，ETP 政策对试点地区污染行业中有海外业务企业低碳发明技术创新净效应提升 0.216 个单位（$\beta_1 + \beta_2 = 0.182 + 0.034$），与试点地区清洁行业中无海外业务企业相比，ETP 政策对试点地区污染行业中无海外业务企业低碳发明技术创新净效应提升 0.034 个单位（$\beta_2 = 0.034$），与非试点地区污染行业中有海外业务企业相比，ETP 政策对试点地区污染行业中有海外业务企业低碳发明技术创新净效应提升 0.212 个单位（$\beta_1 + \beta_2 + \beta_3 = 0.182 + 0.034 - 0.004$），与非试点地区污染行业中无海外业务企业相比，ETP 政策对试点地区污染行业中无海外业务企业低碳发明技术创新净效应提升 0.033 个单位（$\beta_2 + \beta_8 = 0.034 - 0.001$）。

（三）有海外业务企业低碳实用新型技术的溢出效应

表 7.25 的回归结果显示，ETP 政策诱发了试点地区污染行业中有海外业务企业的低碳实用新型技术创新活动，但不显著。其中第（1）—（3）列的回归结果显示，"$Pilot_r \times Post_t \times Pollution_j \times OB$" 四次交互项系数为正，但不显著，添加企业固定效应后，第（4）—（6）列的回归结果显示，"$Pilot_r \times Post_t \times Pollution_j \times OB$" 四次交互项的系数依然不显著为正。

表 7.25　ETP 政策对有海外业务企业低碳实用新型技术的溢出效应

变量	低碳实用新型专利占比					
	(1)	(2)	(3)	(4)	(5)	(6)
$Pilot_r \times Post_t \times Pollution_j \times OB$	0.017 (0.043)	0.029 (0.041)	0.013 (0.041)	0.034 (0.052)	0.055 (0.053)	0.040 (0.052)

续表

变量	低碳实用新型专利占比					
	(1)	(2)	(3)	(4)	(5)	(6)
$Pilot_r \times Post_t \times Pollution_j$	0.028 (0.017)	0.017 (0.017)	0.036** (0.016)	0.017 (0.017)	0.007 (0.020)	0.021 (0.018)
$Pilot_r \times Post_t \times OB$	0.016 (0.011)	0.017 (0.012)	0.018 (0.011)	0.015 (0.012)	0.014 (0.013)	0.015 (0.012)
$Pilot_r \times Post_t$	-0.016 (0.009)	-0.014 (0.008)	-0.018* (0.009)	-0.014 (0.010)	-0.014 (0.009)	-0.014 (0.011)
观测值	6509	6509	6509	6509	6509	6509
R^2	0.050	0.059	0.080	0.032	0.027	0.037
企业固定效应				Y	Y	Y
年份固定效应	Y	Y	Y	Y	Y	Y
省份×时间趋势固定效应	Y		Y	Y		Y
行业×时间趋势固定效应		Y	Y		Y	Y

注：$Pilot_r$ 表示 ETP 试点地区的虚拟变量，如果是政策试点地区时，取值为 1，否则取值为 0。$Post_t$ 为政策试点前后的虚拟变量，ETP 试点期间（2007 年及以后）取值为 1，在非试点期间（2007 年以前）取值为 0。$Pollution_j$ 为行业污染属性指标，即企业所属行业在 1995 年 SO_2 排放占全国排放的比重，OB 为企业有无海外业务指标，即企业在样本期间有海外业务（Overseas Business）取值为 1，否则取值为 0。小括号内为行业层面的聚类调整标准差，*、** 和 *** 分别表示显著性水平为 10%、5% 和 1%。表中模型都控制了上市公司经济特征变量，包括上市公司净资产、员工数量、企业年龄、市场价值与资本重置成本之比（Tobin Q）和负债，其余三次项、二次项、一次项和常数项均已控制，因篇幅有限不作报告。

三 有合格境外机构投资者持股企业绿色创新的异质性影响

接下来分析 ETP 政策对有无合格境外机构投资者持股企业绿色创新的影响。企业有无合格境外机构投资者持股的考察类型包括，有合格境外机构投资者持股和无合格境外机构投资者持股企业，绿色创新考察类型包括总体绿色创新、绿色发明创新、绿色实用新型创新、总体低碳技术、低碳发明技术和低碳实用新型技术。

(一) 有合格境外机构投资者持股企业总体绿色创新的影响

为进一步验证 ETP 对有无合格境外机构投资者持股企业绿色创新的影响，构建上市公司有无合格境外机构投资者持股交互项，令 QFIIHS 为企业有无合格境外机构投资者持股指标，即企业在样本期间有合格境外机构投资者持股（Qualified Foreign Institutional Investors Holding Shares）取值为 1，否则取值为 0。

表 7.26 的回归结果显示，ETP 政策诱发了试点地区污染行业中有合格境外机构投资者持股企业的绿色创新活动，净效应大于无合格境外机构投资者持股的企业。其中第（1）—（3）列的回归结果显示，"$Pilot_r \times Post_t \times Pollution_j \times QFIIHS$" 四次交互项系数为正，系数在 5%—10% 水平上显著，添加企业固定效应后，第（4）—（6）列的回归结果显示，"$Pilot_r \times Post_t \times Pollution_j \times QFIIHS$" 四次交互项的系数依然在 1% 水平上显著为正，说明模型设定是合理的，回归结果是稳健的。

表 7.26　ETP 政策对有合格境外机构投资者持股企业总体绿色创新的影响

变量	绿色专利占比					
	(1)	(2)	(3)	(4)	(5)	(6)
$Pilot_r \times Post_t \times Pollution_j \times QFIIHS$	0.041*	0.046**	0.036*	0.074***	0.071***	0.071***
	(0.021)	(0.021)	(0.020)	(0.016)	(0.014)	(0.017)
$Pilot_r \times Post_t \times Pollution_j$	0.044***	0.036**	0.047***	0.025***	0.030***	0.028***
	(0.015)	(0.014)	(0.016)	(0.008)	(0.007)	(0.009)
$Pilot_r \times Post_t \times QFIIHS$	−0.010	−0.011	−0.011	−0.015**	−0.015**	−0.016**
	(0.008)	(0.008)	(0.008)	(0.006)	(0.006)	(0.006)
$Pilot_r \times Post_t$	−0.001	0.010	0.000			
	(0.009)	(0.007)	(0.008)			

续表

变量	绿色专利占比					
	(1)	(2)	(3)	(4)	(5)	(6)
观测值	6509	6509	6509	6509	6509	6509
R^2	0.044	0.048	0.068	0.019	0.019	0.024
企业固定效应				Y	Y	Y
年份固定效应	Y	Y	Y	Y	Y	Y
省份×时间趋势固定效应	Y		Y	Y		Y
行业×时间趋势固定效应		Y	Y		Y	Y

注：$Pilot_r$ 表示 ETP 试点地区的虚拟变量，如果是政策试点地区时，取值为 1，否则取值为 0。$Post_t$ 为政策试点前后的虚拟变量，ETP 试点期间（2007 年及以后）取值为 1，在非试点期间（2007 年以前）取值为 0。$Pollution_j$ 为行业污染属性指标，即企业所属行业在 1995 年 SO_2 排放占全国排放的比重，QFIIHS 为企业有无合格境外机构投资者持股指标，即企业在样本期间有合格境外机构投资者持股（Qualified Foreign Institutional Investors Holding Shares）取值为 1，否则取值为 0。小括号内为行业层面的聚类调整标准差，*、** 和 *** 分别表示显著性水平为 10%、5% 和 1%。表中模型都控制了上市公司经济特征变量，包括上市公司净资产、员工数量、企业年龄、市场价值与资本重置成本之比（Tobin Q）和负债，其余三次项、二次项、一次项和常数项均已控制，因篇幅有限不作报告。

以第（6）列为例，ETP 政策强度每提高 1 个单位，与试点地区污染行业中无合格境外机构投资者持股企业相比，ETP 政策对试点地区污染行业中有合格境外机构投资者持股企业绿色创新净效应多了 0.071 个单位（$\beta_1 = 0.071$），与试点地区清洁行业中有合格境外机构投资者持股企业相比，ETP 政策对试点地区污染行业中有合格境外机构投资者持股企业绿色创新净效应提升 0.099 个单位（$\beta_1 + \beta_2 = 0.071 + 0.028$），与试点地区清洁行业中无合格境外机构投资者持股企业相比，ETP 政策对试点地区污染行业中无合格境外机构投资者持股企业绿色创新净效应提升 0.028 个单位（$\beta_2 = 0.028$），与非试点地区污染行业中有合格境外机构投资者持股企业相比，ETP 政策对试点地区污染行业中有合格境外机构投资者持股企业绿色创新净效应提升 0.083 个单位（$\beta_1 + \beta_2 + \beta_3 = 0.071 + 0.028 - 0.016$），与非试点地区污染行业中无合格境外机构投资者持股企业相比，ETP 政策对试点地区污染行业中无合格境外机构投资者持股企业绿色创新净效应提升 0.028 个单位（$\beta_2 + \beta_8 = 0.028 + 0$）。

（二）有合格境外机构投资者持股企业绿色发明创新的溢出效应

表 7.27 的回归结果显示，ETP 政策诱发了试点地区污染行业中有合格境外机构投资者持股企业的绿色发明创新活动，净效应大于无合格境内外机构投资者持股的企业。

其中第（1）—（3）列的回归结果显示，"$Pilot_r \times Post_t \times Pollution_j \times QFIIHS$" 四次交互项系数为正，系数在 1% 水平上显著，添加企业固定效应后，第（4）—（6）列的回归结果显示，"$Pilot_r \times Post_t \times Pollution_j \times QFIIHS$" 四次交互项的系数依然在 1% 水平上显著为正，说明模型设定是合理的，回归结果是稳健的。

以第（6）列为例，ETP 政策强度每提高 1 个单位，与试点地区污染行业中无合格境外机构投资者持股企业相比，ETP 政策对试点地区污染行业中有合格境外机构投资者持股企业绿色发明创新净效应多了 0.070 个单位（$\beta_1 = 0.070$），与试点地区清洁行业中有合格境外机构投资者持股企业相比，ETP 政策对试点地区污染行业中有合格境外机构投资者持股企业绿色发明创新净效应提升 0.093 个单位（$\beta_1 + \beta_2 = 0.070 + 0.023$），与试点地区清洁行业中无合格境外机构投资者持股企业相比，ETP 政策对试点地区污染行业中无合格境外机构投资者持股企业绿色发明创新净效应提升 0.023 个单位（$\beta_2 = 0.023$），与非试点地区污染行业中有合格境外机构投资者持股企业相比，ETP 政策对试点地区污染行业中有合格境外机构投资者持股企业绿色发明创新净效应提升 0.078 个单位（$\beta_1 + \beta_2 +$

$\beta_3 = 0.070 + 0.023 - 0.015$),与非试点地区污染行业中无合格境外机构投资者持股企业相比,ETP 政策对试点地区污染行业中无合格境外机构投资者持股企业绿色发明创新净效应提升 0.021 个单位($\beta_2 + \beta_8 = 0.023 - 0.002$)。

表7.27　　ETP 政策对有合格境外机构投资者持股企业
绿色发明创新的溢出效应

变量	绿色发明专利占比					
	(1)	(2)	(3)	(4)	(5)	(6)
$Pilot_r \times Post_t \times Pollution_j$ $\times QFIIHS$	0.084*** (0.025)	0.091*** (0.024)	0.083*** (0.025)	0.071*** (0.011)	0.076*** (0.013)	0.070*** (0.012)
$Pilot_r \times Post_t \times Pollution_j$	0.006 (0.018)	-0.001 (0.014)	0.006 (0.017)	0.023* (0.012)	0.025** (0.011)	0.023* (0.012)
$Pilot_r \times Post_t \times QFIIHS$	-0.017** (0.008)	-0.021** (0.008)	-0.019** (0.008)	-0.013** (0.005)	-0.016*** (0.005)	-0.015*** (0.005)
$Pilot_r \times Post_t$	0.003 (0.008)	0.015** (0.007)	0.004 (0.008)	-0.003 (0.007)	0.006 (0.005)	-0.002 (0.007)
观测值	6509	6509	6509	6509	6509	6509
R^2	0.034	0.044	0.055	0.014	0.019	0.023
企业固定效应				Y	Y	Y
年份固定效应	Y	Y	Y	Y	Y	Y
省份×时间趋势固定效应	Y		Y	Y		Y
行业×时间趋势固定效应		Y	Y		Y	Y

注:$Pilot_r$ 表示 ETP 试点地区的虚拟变量,如果是政策试点地区时,取值为 1,否则取值为 0。$Post_t$ 为政策试点前后的虚拟变量,ETP 试点期间(2007 年及以后)取值为 1,在非试点期间(2007 年以前)取值为 0。$Pollution_j$ 为行业污染属性指标,即企业所属行业在 1995 年 SO_2 排放占全国排放的比重,QFIIHS 为企业有无合格境外机构投资者持股指标,即企业在样本期间有合格境外机构投资者持股(Qualified Foreign Institutional Investors Holding Shares)取值为 1,否则取值为 0。小括号内为行业层面的聚类调整标准差,*、** 和 *** 分别表示显著性水平为 10%、5% 和 1%。表中模型都控制了上市公司经济特征变量,包括上市公司净资产、员工数量、企业年龄、市场价值与资本重置成本之比(Tobin Q)和负债,其余三次项、二次项、一次项和常数项均已控制,因篇幅有限不作报告。

（三）有合格境外机构投资者持股企业绿色实用新型创新的溢出效应

表 7.28 的回归结果显示，ETP 政策诱发了试点地区污染行业中有合格境外机构投资者持股企业的绿色实用新型创新活动，净效应大于无合格境外机构投资者持股的企业。

其中第（1）—（3）列的回归结果显示，"$Pilot_r \times Post_t \times Pollution_j \times QFIIHS$" 四次交互项系数为正，系数不显著，添加企业固定效应后，第（4）—（6）列的回归结果显示，"$Pilot_r \times Post_t \times Pollution_j \times QFIIHS$" 四次交互项的系数在 1% 水平上显著为正，说明模型设定是合理的，回归结果是稳健的。

表 7.28　ETP 政策对有合格境外机构投资者持股企业绿色实用新型创新的溢出效应

变量	绿色实用新型专利占比					
	（1）	（2）	（3）	（4）	（5）	（6）
$Pilot_r \times Post_t \times Pollution_j \times QFIIHS$	0.004	0.006	0.000	0.042**	0.038*	0.040*
	(0.021)	(0.023)	(0.022)	(0.019)	(0.019)	(0.021)
$Pilot_r \times Post_t \times Pollution_j$	0.040***	0.039***	0.042***	0.018**	0.024***	0.020**
	(0.012)	(0.014)	(0.013)	(0.008)	(0.008)	(0.008)
$Pilot_r \times Post_t \times QFIIHS$	0.001	0.001	0.001	−0.007	−0.006	−0.007
	(0.009)	(0.009)	(0.009)	(0.007)	(0.007)	(0.007)
$Pilot_r \times Post_t$	−0.005	0.001	−0.004	−0.003	0.001	−0.003
	(0.007)	(0.006)	(0.007)	(0.006)	(0.004)	(0.006)
观测值	6509	6509	6509	6509	6509	6509
R^2	0.037	0.040	0.059	0.019	0.019	0.024
企业固定效应				Y	Y	Y
年份固定效应	Y	Y	Y	Y	Y	Y

续表

变量	绿色实用新型专利占比					
	(1)	(2)	(3)	(4)	(5)	(6)
省份×时间趋势固定效应	Y		Y	Y		Y
行业×时间趋势固定效应		Y	Y		Y	Y

注：$Pilot_r$ 表示 ETP 试点地区的虚拟变量，如果是政策试点地区时，取值为 1，否则取值为 0。$Post_t$ 为政策试点前后的虚拟变量，ETP 试点期间（2007 年及以后）取值为 1，在非试点期间（2007 年以前）取值为 0。$Pollution_j$ 为行业污染属性指标，即企业所属行业在 1995 年 SO_2 排放占全国排放的比重，QFIIHS 为企业有无合格境外机构投资者持股指标，即企业在样本期间有合格境外机构投资者持股（Qualified Foreign Institutional Investors Holding Shares）取值为 1，否则取值为 0。小括号内为行业层面的聚类调整标准差，*、** 和 *** 分别表示显著性水平为 10%、5% 和 1%。表中模型都控制了上市公司经济特征变量，包括上市公司净资产、员工数量、企业年龄、市场价值与资本重置成本之比（Tobin Q）和负债，其余三次项、二次项、一次项和常数项均已控制，因篇幅有限不作报告。

以第（6）列为例，ETP 政策强度每提高 1 个单位，与试点地区污染行业中无合格境外机构投资者持股企业相比，ETP 政策对试点地区污染行业中有合格境外机构投资者持股企业绿色实用新型创新净效应多了 0.040 个单位（$\beta_1 = 0.040$），与试点地区清洁行业中有合格境外机构投资者持股企业相比，ETP 政策对试点地区污染行业中有合格境外机构投资者持股企业绿色实用新型创新净效应提升 0.060 个单位（$\beta_1 + \beta_2 = 0.040 + 0.020$），与试点地区清洁行业中无合格境外机构投资者持股企业相比，ETP 政策对试点地区污染行业中无合格境外机构投资者持股企业绿色实用新型创新净效应提升 0.020 个单位（$\beta_2 = 0.020$），与非试点地区污染行业中有合格境外机构投资者持股企业相比，ETP 政策对试点地区污染行业中有合格境外机构投资者持股企业绿色实用新型创新净效应提升 0.053 个单位（$\beta_1 + \beta_2 + \beta_3 = 0.040 + 0.020 - 0.007$），与非试点地区污染行业中无合格境外机构投资者持股企业相比，ETP 政策对试点地区污染行业中无合格境外机构投资者持股企业绿色实用新型创新净效应提升 0.017 个单位（$\beta_2 + \beta_8 = 0.020 - 0.003$）。

四 有合格境外机构投资者持股企业低碳技术的异质性影响

（一）有合格境外机构投资者持股企业总体低碳技术的影响

表 7.29 的回归结果显示，ETP 政策诱发了试点地区污染行业中有合格境外机构投资者持股企业的低碳技术活动，净效应小于无合格境外机构投资者持股的企业，但是不显著。

其中第（1）—（3）列的回归结果显示，"$Pilot_r \times Post_t \times Pollution_j \times QFIIHS$" 四次交互项系数符号不一致，系数不显著，添加企业固定效应后，第（4）—（6）列的回归结果显示，"$Pilot_r \times Post_t \times Pollution_j \times QFIIHS$" 四次交互项的系数依然不显著。

表 7.29　ETP 政策对有合格境外机构投资者持股企业总体低碳技术的影响

变量	低碳专利占比					
	(1)	(2)	(3)	(4)	(5)	(6)
$Pilot_r \times Post_t \times Pollution_j \times QFIIHS$	-0.063**	-0.048	-0.060**	-0.006	0.003	-0.003
	(0.028)	(0.034)	(0.028)	(0.032)	(0.032)	(0.031)
$Pilot_r \times Post_t \times Pollution_j$	0.096***	0.078***	0.098***	0.081***	0.075***	0.083***
	(0.015)	(0.016)	(0.015)	(0.010)	(0.011)	(0.011)
$Pilot_r \times Post_t \times QFIIHS$	-0.002	-0.004	-0.004	-0.004	-0.004	-0.006
	(0.012)	(0.013)	(0.012)	(0.011)	(0.011)	(0.011)
$Pilot_r \times Post_t$	0.003	0.005	0.004	0.003	0.000	0.004
	(0.009)	(0.008)	(0.008)	(0.008)	(0.006)	(0.008)
观测值	6509	6509	6509	6509	6509	6509

续表

变量	低碳专利占比					
	(1)	(2)	(3)	(4)	(5)	(6)
R^2	0.064	0.068	0.093	0.038	0.032	0.044
企业固定效应				Y	Y	Y
年份固定效应	Y	Y	Y	Y	Y	Y
省份×时间趋势固定效应	Y		Y	Y		Y
行业×时间趋势固定效应		Y	Y		Y	Y

注：$Pilot_r$ 表示 ETP 试点地区的虚拟变量，如果是政策试点地区时，取值为 1，否则取值为 0。$Post_t$ 为政策试点前后的虚拟变量，ETP 试点期间（2007 年及以后）取值为 1，在非试点期间（2007 年以前）取值为 0。$Pollution_j$ 为行业污染属性指标，即企业所属行业在 1995 年 SO_2 排放占全国排放的比重，QFIIHS 为企业有无合格境外机构投资者持股指标，即企业在样本期间有合格境外机构投资者持股（Qualified Foreign Institutional Investors Holding Shares）取值为 1，否则取值为 0。小括号内为行业层面的聚类调整标准差，*、** 和 *** 分别表示显著性水平为 10%、5% 和 1%。表中模型都控制了上市公司经济特征变量，包括上市公司净资产、员工数量、企业年龄、市场价值与资本重置成本之比（Tobin Q）和负债，其余三次项、二次项、一次项和常数项均已控制，因篇幅有限不作报告。

（二）有合格境外机构投资者持股企业低碳发明技术的溢出效应

表 7.30 的回归结果显示，ETP 政策诱发了试点地区污染行业中有合格境外机构投资者持股企业的低碳发明技术活动，净效应大于无合格境外机构投资者持股的企业。

其中第（1）—（3）列的回归结果显示，"$Pilot_r \times Post_t \times Pollution_j \times QFIIHS$"四次交互项系数为正，系数在 1% 水平上显著，添加企业固定效应后，第（4）—（6）列的回归结果显示，"$Pilot_r \times Post_t \times Pollution_j \times QFIIHS$"四次交互项的系数依然在 1% 水平上显著为正，说明模型设定是合理的，回归结果是稳健的。

表7.30　　ETP政策对有合格境外机构投资者持股企业低碳发明技术的溢出效应

变量	低碳发明专利占比					
	(1)	(2)	(3)	(4)	(5)	(6)
$Pilot_r \times Post_t \times Pollution_j \times QFIIHS$	0.011	0.022	0.016	0.047**	0.054**	0.049**
	(0.027)	(0.033)	(0.027)	(0.022)	(0.024)	(0.022)
$Pilot_r \times Post_t \times Pollution_j$	0.065***	0.052***	0.063***	0.078***	0.077***	0.078***
	(0.012)	(0.012)	(0.010)	(0.009)	(0.008)	(0.010)
$Pilot_r \times Post_t \times QFIIHS$	-0.007	-0.011	-0.010	-0.005	-0.006	-0.006
	(0.010)	(0.011)	(0.010)	(0.006)	(0.007)	(0.007)
$Pilot_r \times Post_t$	0.004	0.009	0.006	-0.001	0.001	0.001
	(0.006)	(0.006)	(0.006)	(0.007)	(0.005)	(0.007)
观测值	6509	6509	6509	6509	6509	6509
R^2	0.045	0.056	0.071	0.028	0.030	0.037
企业固定效应				Y	Y	Y
年份固定效应	Y	Y	Y	Y	Y	Y
省份×时间趋势固定效应	Y		Y	Y		Y
行业×时间趋势固定效应		Y	Y		Y	Y

注：$Pilot_r$ 表示ETP试点地区的虚拟变量，如果是政策试点地区时，取值为1，否则取值为0。$Post_t$ 为政策试点前后的虚拟变量，ETP试点期间（2007年及以后）取值为1，在非试点期间（2007年以前）取值为0。$Pollution_j$ 为行业污染属性指标，即企业所属行业在1995年 SO_2 排放占全国排放的比重，QFIIHS 为企业有无合格境外机构投资者持股指标，即企业在样本期间有合格境外机构投资者持股（Qualified Foreign Institutional Investors Holding Shares）取值为1，否则取值为0。小括号内为行业层面的聚类调整标准差，*、** 和 *** 分别表示显著性水平为10%、5%和1%。表中模型都控制了上市公司经济特征变量，包括上市公司净资产、员工数量、企业年龄、市场价值与资本重置成本之比（Tobin Q）和负债，其余三次项、二次项、一次项和常数项均已控制，因篇幅有限不作报告。

以第（6）列为例，ETP政策强度每提高1个单位，与试点地区污染行业中无合格境外机构投资者持股企业相比，ETP政策对试点地区污染行业中有合格境外机构投资者持股企业低碳发明技术净效应多了0.049个单位（$\beta_1 = 0.049$），与试点地区清洁行业中有合格境外机构投资者持股企业相比，ETP政策对试点地区污染行业中有合格境外机构投资者持股企业低碳发明技术净效应提升0.127个单位（$\beta_1 + \beta_2 = 0.049 + 0.078$），与试点地区清洁行业中无合格境外机构投资者持股企业相比，ETP政策对试点地区污染行业中无合格境外机构投资者持股企业低碳发明技术净效应提升0.078个单位（$\beta_2 = 0.078$），与非试点地区污染行业中有合格境外机构投资者持股企业相比，ETP政策对试点地区污染行业中有合格境外机构投资者持股企业低碳发明技术净效应提升0.121个单位（$\beta_1 + \beta_2 + \beta_3 = 0.049 + 0.078 - 0.006$），与非试点地区污染行业中无合格境外机构投资者持股企业相比，ETP政策对试点地区污染行业中无合格境外机构投资者持股企业低碳发明技术净效应提升0.079个单位（$\beta_2 + \beta_8 = 0.078 + 0.001$）。

（三）有合格境外机构投资者持股企业低碳实用新型技术的溢出效应

表7.31的回归结果显示，ETP政策诱发了试点地区污染行业中有合格境外机构投资者持股企业的低碳实用新型技术活动，净效应大于无合格境外机构投资者持股的企业，但是不显著。其中第（1）—（3）列的回归结果显示，"$Pilot_r \times Post_t \times Pollution_j \times QFIIHS$"四次交互项系数符号为负，系数不显著，添加企业固定效应后，第（4）—（6）列的回归结果显示，"$Pilot_r \times Post_t \times Pollution_j \times QFIIHS$"四次交互项的系数为正，依然不显著。

表 7.31　　ETP 政策对有合格境外机构投资者持股企业低碳实用新型技术的溢出效应

变量	低碳实用新型专利占比					
	(1)	(2)	(3)	(4)	(5)	(6)
$Pilot_r \times Post_t \times Pollution_j \times QFIIHS$	-0.033 (0.026)	-0.021 (0.027)	-0.031 (0.026)	0.018 (0.028)	0.023 (0.027)	0.021 (0.027)
$Pilot_r \times Post_t \times Pollution_j$	0.047*** (0.016)	0.033** (0.015)	0.051*** (0.016)	0.025** (0.010)	0.018* (0.010)	0.028** (0.010)
$Pilot_r \times Post_t \times QFIIHS$	0.003 (0.011)	0.002 (0.011)	0.002 (0.010)	0.002 (0.010)	0.002 (0.011)	0.001 (0.010)
$Pilot_r \times Post_t$	-0.006 (0.006)	-0.002 (0.007)	-0.006 (0.006)	-0.005 (0.006)	-0.005 (0.005)	-0.004 (0.005)
观测值	6509	6509	6509	6509	6509	6509
R^2	0.058	0.066	0.088	0.034	0.029	0.040
企业固定效应				Y	Y	Y
年份固定效应	Y	Y	Y	Y	Y	Y
省份×时间趋势固定效应	Y		Y		Y	Y
行业×时间趋势固定效应		Y	Y		Y	Y

注：$Pilot_r$ 表示 ETP 试点地区的虚拟变量，如果是政策试点地区时，取值为 1，否则取值为 0。$Post_t$ 为政策试点前后的虚拟变量，ETP 试点期间（2007 年及以后）取值为 1，在非试点期间（2007 年以前）取值为 0。$Pollution_j$ 为行业污染属性指标，即企业所属行业在 1995 年 SO_2 排放占全国排放的比重。QFIIHS 为企业有无合格境外机构投资者持股指标，即企业在样本期间有合格境外机构投资者持股（Qualified Foreign Institutional Investors Holding Shares）取值为 1，否则取值为 0。小括号内为行业层面的聚类调整标准差，*、** 和 *** 分别表示显著性水平为 10%、5% 和 1%。表中模型都控制了上市公司经济特征变量，包括上市公司净资产、员工数量、企业年龄、市场价值与资本重置成本之比（Tobin Q）和负债，其余三次项、二次项、一次项和常数项均已控制，因篇幅有限不作报告。

五　"董监高"海外背景企业绿色创新的异质性影响

接下来考察 ETP 政策对有无"董监高"海外背景企业绿色创新的影响。企业有无"董监高"海外背景的考察类型包括有"董监高"海外留学背景企业、没有"董监高"海外留学背景企业、有"董监高"海外任职背景企业和没有"董监高"海外任职背景企业,绿色创新考察类型包括总体绿色创新、绿色发明创新、绿色实用新型创新、总体低碳技术、低碳发明技术和低碳实用新型技术。

(一)有"董监高"海外留学背景企业总体绿色创新的影响

为进一步验证 ETP 对有无"董监高"海外留学背景企业绿色创新的影响,构建上市公司有无"董监高"海外留学背景交互项,令 DSEOS 为企业"董监高"有无海外留学背景指标,即企业在样本期间"董监高"有海外留学背景(Board of Directors, Board of Supervisors and Executives with Overseas Study Background)取值为 1,否则取值为 0。

表 7.32 的回归结果显示,ETP 政策诱发了试点地区污染行业中有"董监高"海外留学背景企业的绿色创新活动,净效应大于无"董监高"海外留学背景的企业。其中第(1)—(3)列的回归结果显示,"$Pilot_r \times Post_t \times Pollution_j \times DSEOS$"四次交互项系数为正,系数在 5%—10% 水平上显著,添加企业固定效应后,第(4)—(6)列的回归结果显示,"$Pilot_r \times Post_t \times Pollution_j \times DSEOS$"四次交互项的系数依然在 1% 水平上显著为正,说明模型设定是合理的,回归结果是稳健的。

表 7.32　　ETP 政策对有"董监高"海外留学背景企业总体绿色创新的影响

变量	绿色专利占比					
	(1)	(2)	(3)	(4)	(5)	(6)
$Pilot_r \times Post_t \times Pollution_j \times DSEOS$	0.049*	0.041**	0.047**	0.118***	0.133***	0.120***
	(0.025)	(0.019)	(0.021)	(0.027)	(0.018)	(0.027)

续表

变量	绿色专利占比					
	(1)	(2)	(3)	(4)	(5)	(6)
$Pilot_r \times Post_t \times Pollution_j$	0.027 (0.019)	0.024* (0.013)	0.029 (0.018)	0.000 (0.014)	-0.002 (0.009)	0.001 (0.014)
$Pilot_r \times Post_t \times DSEOS$	-0.010 (0.011)	-0.006 (0.010)	-0.009 (0.010)	-0.011 (0.007)	-0.012 (0.007)	-0.012 (0.007)
$Pilot_r \times Post_t$	-0.003 (0.009)	0.006 (0.007)	-0.002 (0.008)	-0.005 (0.007)	0.003 (0.004)	-0.004 (0.007)
观测值	6509	6509	6509	6509	6509	6509
R^2	0.042	0.047	0.065	0.020	0.020	0.025
企业固定效应				Y	Y	Y
年份固定效应	Y	Y	Y	Y	Y	Y
省份×时间趋势固定效应	Y		Y	Y		Y
行业×时间趋势固定效应		Y	Y		Y	Y

注：$Pilot_r$ 表示 ETP 试点地区的虚拟变量，如果是政策试点地区时，取值为 1，否则取值为 0。$Post_t$ 为政策试点前后的虚拟变量，ETP 试点期间（2007 年及以后）取值为 1，在非试点期间（2007 年以前）取值为 0。$Pollution_j$ 为行业污染属性指标，即企业所属行业在 1995 年 SO_2 排放占全国排放的比重，DSEOS 为企业"董监高"有无海外留学背景指标，即企业在样本期间"董监高"有海外留学背景（Board of Directors, Board of Supervisors and Executives with Overseas Study Background）取值为 1，否则取值为 0。小括号内为行业层面的聚类调整标准差，*、** 和 *** 分别表示显著性水平为 10%、5% 和 1%。表中模型都控制了上市公司经济特征变量，包括上市公司净资产、员工数量、企业年龄、市场价值与资本重置成本之比（Tobin Q）和负债，其余三次项、二次项、一次项和常数项均已控制，因篇幅有限不作报告。

以第（6）列为例，ETP 政策强度每提高 1 个单位，与试点地区污染行业中无"董监高"海外留学背景企业相比，ETP 政策对试点地区污染行业中有"董监高"海外留学背景企业绿色创新净效应多了 0.120 个单位（$\beta_1 = 0.120$），与试点地区清洁行业中有"董监高"海外留学背景企业相比，ETP 政策对试点地区污染行业中有"董监高"海外留学背景企业绿色创新净效应提升 0.121 个单位

（$\beta_1 + \beta_2 = 0.120 + 0.001$），与试点地区清洁行业中无"董监高"海外留学背景企业相比，ETP 政策对试点地区污染行业中无"董监高"海外留学背景企业绿色创新净效应提升 0.001 个单位（$\beta_2 = 0.001$），与非试点地区污染行业中有"董监高"海外留学背景企业相比，ETP 政策对试点地区污染行业中有"董监高"海外留学背景企业绿色创新净效应提升 0.109 个单位（$\beta_1 + \beta_2 + \beta_3 = 0.120 + 0.001 - 0.012$），与非试点地区污染行业中无"董监高"海外留学背景企业相比，ETP 政策对试点地区污染行业中无"董监高"海外留学背景企业绿色创新净效应少了 -0.003 个单位（$\beta_2 + \beta_8 = 0.001 - 0.004$）。

（二）有"董监高"海外留学背景企业绿色发明创新的溢出效应

表 7.33 的回归结果显示，ETP 政策诱发了试点地区污染行业中有"董监高"海外留学背景企业的绿色发明创新活动，净效应大于无"董监高"海外留学背景的企业。

表 7.33　　ETP 政策对有"董监高"海外留学背景企业绿色发明创新的溢出效应

变量	绿色发明专利占比					
	(1)	(2)	(3)	(4)	(5)	(6)
$Pilot_r \times Post_t \times Pollution_j \times DSEOS$	0.054**	0.047**	0.051**	0.091***	0.101***	0.094***
	(0.025)	(0.018)	(0.023)	(0.023)	(0.020)	(0.022)
$Pilot_r \times Post_t \times Pollution_j$	0.007	0.006	0.007	0.012	0.013	0.010
	(0.020)	(0.015)	(0.020)	(0.016)	(0.013)	(0.016)
$Pilot_r \times Post_t \times DSEOS$	-0.005	-0.003	-0.004	-0.007	-0.009	-0.007
	(0.009)	(0.008)	(0.008)	(0.007)	(0.008)	(0.008)
$Pilot_r \times Post_t$	-0.004	0.006	-0.004	-0.008	0.001	-0.007
	(0.008)	(0.006)	(0.008)	(0.007)	(0.005)	(0.007)

续表

变量	绿色发明专利占比					
	(1)	(2)	(3)	(4)	(5)	(6)
观测值	6509	6509	6509	6509	6509	6509
R^2	0.034	0.044	0.054	0.014	0.019	0.023
企业固定效应				Y	Y	Y
年份固定效应	Y	Y	Y	Y	Y	Y
省份×时间趋势固定效应	Y		Y	Y		Y
行业×时间趋势固定效应		Y	Y		Y	Y

注：$Pilot_r$ 表示 ETP 试点地区的虚拟变量，如果是政策试点地区时，取值为 1，否则取值为 0。$Post_t$ 为政策试点前后的虚拟变量，ETP 试点期间（2007 年及以后）取值为 1，在非试点期间（2007 年以前）取值为 0。$Pollution_j$ 为行业污染属性指标，即企业所属行业在 1995 年 SO_2 排放占全国排放的比重，DSEOS 为企业"董监高"有无海外留学背景指标，即企业在样本期间"董监高"有海外留学背景（Board of Directors, Board of Supervisors and Executives with Overseas Study Background）取值为 1，否则取值为 0。小括号内为行业层面的聚类调整标准差，*、** 和 *** 分别表示显著性水平为 10%、5% 和 1%。表中模型都控制了上市公司经济特征变量，包括上市公司净资产、员工数量、企业年龄、市场价值与资本重置成本之比（Tobin Q）和负债，其余三次项、二次项、一次项和常数项均已控制，因篇幅有限不作报告。

其中第（1）—（3）列的回归结果显示，"$Pilot_r \times Post_t \times Pollution_j \times DSEOS$"四次交互项系数为正，系数在 5% 水平上显著，添加企业固定效应后，第（4）—（6）列的回归结果显示，"$Pilot_r \times Post_t \times Pollution_j \times DSEOS$"四次交互项的系数依然在 1% 水平上显著为正，说明模型设定是合理的，回归结果是稳健的。

以第（6）列为例，ETP 政策强度每提高 1 个单位，与试点地区污染行业中无"董监高"海外留学背景企业相比，ETP 政策对试点地区污染行业中有"董监高"海外留学背景企业绿色发明创新净效应多了 0.094 个单位（$\beta_1 = 0.094$），与试点地区清洁行业中有"董监高"海外留学背景企业相比，ETP 政策对试点地区污染行业中有"董监高"海外留学背景企业绿色发明创新净效应提升 0.104

个单位（$\beta_1 + \beta_2 = 0.094 + 0.010$），与试点地区清洁行业中无"董监高"海外留学背景企业相比，ETP 政策对试点地区污染行业中无"董监高"海外留学背景企业绿色发明创新净效应提升 0.010 个单位（$\beta_2 = 0.010$），与非试点地区污染行业中有"董监高"海外留学背景企业相比，ETP 政策对试点地区污染行业中有"董监高"海外留学背景企业绿色发明创新净效应提升 0.097 个单位（$\beta_1 + \beta_2 + \beta_3 = 0.094 + 0.010 - 0.007$），与非试点地区污染行业中无"董监高"海外留学背景企业相比，ETP 政策对试点地区污染行业中无"董监高"海外留学背景企业绿色发明创新净效应提升 0.003 个单位（$\beta_2 + \beta_8 = 0.010 - 0.007$）。

（三）有"董监高"海外留学背景企业绿色实用新型创新的溢出效应

表 7.34 的回归结果显示，ETP 政策诱发了试点地区污染行业中有"董监高"海外留学背景企业的绿色实用新型创新活动，净效应大于无"董监高"海外留学背景的企业。

表 7.34　　ETP 政策对有"董监高"海外留学背景企业绿色实用新型创新的溢出效应

变量	绿色实用新型专利占比					
	(1)	(2)	(3)	(4)	(5)	(6)
$Pilot_r \times Post_t \times Pollution_j \times DSEOS$	0.050	0.041	0.044	0.100**	0.110***	0.099***
	(0.039)	(0.032)	(0.035)	(0.038)	(0.030)	(0.036)
$Pilot_r \times Post_t \times Pollution_j$	0.012	0.014	0.015	-0.012	-0.012	-0.011
	(0.023)	(0.020)	(0.023)	(0.016)	(0.014)	(0.016)
$Pilot_r \times Post_t \times DSEOS$	-0.010	-0.005	-0.009	-0.011	-0.011	-0.011
	(0.013)	(0.011)	(0.012)	(0.010)	(0.009)	(0.010)
$Pilot_r \times Post_t$	-0.001	0.003	-0.001	-0.003	0.001	-0.003
	(0.007)	(0.006)	(0.007)	(0.006)	(0.004)	(0.006)

续表

变量	绿色实用新型专利占比					
	（1）	（2）	（3）	（4）	（5）	（6）
观测值	6509	6509	6509	6509	6509	6509
R^2	0.036	0.039	0.056	0.019	0.019	0.024
企业固定效应				Y	Y	Y
年份固定效应	Y	Y	Y	Y	Y	Y
省份×时间趋势固定效应	Y		Y	Y		Y
行业×时间趋势固定效应		Y	Y		Y	Y

注：$Pilot_r$ 表示 ETP 试点地区的虚拟变量，如果是政策试点地区时，取值为 1，否则取值为 0。$Post_t$ 为政策试点前后的虚拟变量，ETP 试点期间（2007 年及以后）取值为 1，在非试点期间（2007 年以前）取值为 0。$Pollution_j$ 为行业污染属性指标，即企业所属行业在 1995 年 SO_2 排放占全国排放的比重，DSEOS 为企业"董监高"有无海外留学背景指标，即企业在样本期间"董监高"有海外留学背景（Board of Directors, Board of Supervisors and Executives with Overseas Study Background）取值为 1，否则取值为 0。小括号内为行业层面的聚类调整标准差，*、** 和 *** 分别表示显著性水平为 10%、5% 和 1%。表中模型都控制了上市公司经济特征变量，包括上市公司净资产、员工数量、企业年龄、市场价值与资本重置成本之比（Tobin Q）和负债，其余三次项、二次项、一次项和常数项均已控制，因篇幅有限不作报告。

其中第（1）—（3）列的回归结果显示，"$Pilot_r \times Post_t \times Pollution_j \times DSEOS$" 四次交互项系数为正，系数不显著，添加企业固定效应后，第（4）—（6）列的回归结果显示，"$Pilot_r \times Post_t \times Pollution_j \times DSEOS$" 四次交互项的系数依然在 1% 水平上显著为正，说明模型设定是合理的，回归结果是稳健的。

以第（6）列为例，ETP 政策强度每提高 1 个单位，与试点地区污染行业中无"董监高"海外留学背景企业相比，ETP 政策对试点地区污染行业中有"董监高"海外留学背景企业绿色实用新型创新净效应多了 0.099 个单位（$\beta_1 = 0.099$），与试点地区清洁行业中有"董监高"海外留学背景企业相比，ETP 政策对试点地区污染行业中有"董监高"海外留学背景企业绿色实用新型创新净效应提升 0.088 个单位（$\beta_1 + \beta_2 = 0.099 - 0.011$），与试点地区清洁行业中无"董监高"海外留学背景企业相比，ETP 政策对试点地区污染行业中无"董监高"海外留学背景企业绿色实用新型创新净效应少了 0.011 个单位（$\beta_2 = -0.011$），与非试点地区污染行业中有"董监高"海外留学背景企业相比，ETP 政策对试点地区污染行业中有"董监高"海外留学背景企业绿色实用新型创新净效应提升 0.077 个单位（$\beta_1 + \beta_2 + \beta_3 = 0.099 - 0.011 - 0.011$），与非试点地区污染行业中无"董监高"海外留学背景企业相比，ETP 政策对试点地区污染行业中无"董监高"海外留学背景企业绿色实用新型创新净效应少了 0.014 个单位（$\beta_2 + \beta_8 = -0.011 - 0.003$）。

（四）有"董监高"海外任职背景企业总体绿色创新的影响

为进一步验证 ETP 对有无"董监高"海外任职背景企业绿色创新的影响，构建上市公司有无"董监高"海外任职背景交互项，令 $DSEOW$ 为企业"董监高"有无海外任职背景指标，即企业在样本期间"董监高"有海外任职背景取值为 1，否则取值为 0。

表 7.35　　　　ETP 政策对有"董监高"海外任职背景
企业总体绿色创新的影响

变量	绿色专利占比					
	(1)	(2)	(3)	(4)	(5)	(6)
$Pilot_r \times Post_t \times Pollution_j \times DSEOW$	0.004	-0.031	-0.006	0.002	-0.017	-0.010
	(0.046)	(0.045)	(0.046)	(0.052)	(0.052)	(0.052)
$Pilot_r \times Post_t \times Pollution_j$	0.050***	0.049***	0.052***	0.050***	0.056***	0.053***
	(0.012)	(0.011)	(0.012)	(0.008)	(0.008)	(0.009)
$Pilot_r \times Post_t \times DSEOW$	-0.002	-0.000	-0.001	-0.003	-0.001	-0.001
	(0.009)	(0.010)	(0.009)	(0.007)	(0.008)	(0.007)
$Pilot_r \times Post_t$	-0.005	0.005	-0.005	-0.008	-0.001	-0.008
	(0.007)	(0.005)	(0.007)	(0.007)	(0.004)	(0.007)

续表

变量	绿色专利占比					
	(1)	(2)	(3)	(4)	(5)	(6)
观测值	6509	6509	6509			
R^2	0.037	0.041	0.060			
企业固定效应				Y	Y	Y
年份固定效应	Y	Y	Y	Y	Y	Y
省份×时间趋势固定效应	Y		Y	Y		Y
行业×时间趋势固定效应		Y	Y		Y	Y

注：$Pilot_r$ 表示 ETP 试点地区的虚拟变量，如果是政策试点地区时，取值为 1，否则取值为 0。$Post_t$ 为政策试点前后的虚拟变量，ETP 试点期间（2007 年及以后）取值为 1，在非试点期间（2007 年以前）取值为 0。$Pollution_j$ 为行业污染属性指标，即企业所属行业在 1995 年 SO_2 排放占全国排放的比重，DSEOW 为企业"董监高"有无海外任职背景指标，即企业在样本期间"董监高"有海外任职背景（Board of Directors, Board of Supervisors and Executives with Overseas Working Background）取值为 1，否则取值为 0。小括号内为行业层面的聚类调整标准差，*、** 和 *** 分别表示显著性水平为 10%、5% 和 1%。表中模型都控制了上市公司经济特征变量，包括上市公司净资产、员工数量、企业年龄、市场价值与资本重置成本之比（Tobin Q）和负债，其余三次项、二次项、一次项和常数项均已控制，因篇幅有限不作报告。

表 7.35 的回归结果显示，ETP 政策诱发了试点地区污染行业中有"董监高"海外任职背景企业的绿色创新活动，净效应小于无"董监高"海外任职背景的企业，且不显著。

其中第（1）—（3）列的回归结果显示，"$Pilot_r \times Post_t \times Pollution_j \times DSEOS$"四次交互项系数符号不一致，且不显著，添加企业固定效应后，第（4）—（6）列的回归结果显示，"$Pilot_r \times Post_t \times Pollution_j \times DSEOS$"四次交互项的系数依然符号不一致，且不显著。

（五）有"董监高"海外任职背景企业绿色发明创新的溢出效应

表 7.36 的回归结果显示，ETP 政策诱发了试点地区污染行业

中有"董监高"海外任职背景企业的绿色发明创新活动，净效应小于无"董监高"海外任职背景的企业，且不显著。

表 7.36　ETP 政策对有"董监高"海外任职背景企业绿色发明创新的溢出效应

变量	绿色发明专利占比					
	(1)	(2)	(3)	(4)	(5)	(6)
$Pilot_r \times Post_t \times Pollution_j \times DSEOW$	-0.001 (0.047)	-0.014 (0.043)	-0.007 (0.049)	-0.023 (0.054)	-0.035 (0.047)	-0.038 (0.054)
$Pilot_r \times Post_t \times Pollution_j$	0.034*** (0.012)	0.034*** (0.009)	0.035*** (0.011)	0.051*** (0.009)	0.057*** (0.008)	0.053*** (0.009)
$Pilot_r \times Post_t \times DSEOW$	-0.003 (0.010)	-0.003 (0.011)	-0.002 (0.011)	-0.004 (0.010)	-0.003 (0.011)	-0.001 (0.011)
$Pilot_r \times Post_t$	-0.005 (0.007)	0.005 (0.005)	-0.005 (0.007)	-0.009 (0.006)	-0.001 (0.004)	-0.009 (0.006)
观测值	6509	6509	6509	6509	6509	6509
R^2	0.026	0.037	0.047	0.014	0.018	0.022
企业固定效应				Y	Y	Y
年份固定效应	Y	Y	Y	Y	Y	Y
省份×时间趋势固定效应	Y		Y	Y		Y
行业×时间趋势固定效应		Y	Y		Y	Y

注：$Pilot_r$ 表示 ETP 试点地区的虚拟变量，如果是政策试点地区时，取值为 1，否则取值为 0。$Post_t$ 为政策试点前后的虚拟变量，ETP 试点期间（2007 年及以后）取值为 1，在非试点期间（2007 年以前）取值为 0。$Pollution_j$ 为行业污染属性指标，即企业所属行业在 1995 年 SO_2 排放占全国排放的比重，$DSEOW$ 为企业"董监高"有无海外任职背景指标，即企业在样本期间"董监高"有海外任职背景（Board of Directors, Board of Supervisors and Executives with Overseas Working Background）取值为 1，否则取值为 0。小括号内为行业层面的聚类调整标准差，*、** 和 *** 分别表示显著性水平为 10%、5% 和 1%。表中模型都控制了上市公司经济特征变量，包括上市公司净资产、员工数量、企业年龄、市场价值与资本重置成本之比（Tobin Q）和负债，其余三次项、二次项、一次项和常数项均已控制，因篇幅有限不作报告。

其中第（1）—（3）列的回归结果显示，"$Pilot_r \times Post_t \times Pollution_j \times DSEOS$"四次交互项系数为负，且不显著，添加企业固定效应后，第（4）—（6）列的回归结果显示，"$Pilot_r \times Post_t \times Pollution_j \times DSEOS$"四次交互项的系数依然不显著为负。

（六）有"董监高"海外任职背景企业绿色实用新型创新的溢出效应

表7.37的回归结果显示，ETP政策诱发了试点地区污染行业中有"董监高"海外任职背景企业的绿色实用新型创新活动，净效应大于无"董监高"海外任职背景的企业，但不显著。

表7.37　　ETP政策对有"董监高"海外任职背景企业
绿色实用新型创新的溢出效应

变量	绿色实用新型专利占比					
	（1）	（2）	（3）	（4）	（5）	（6）
$Pilot_r \times Post_t \times Pollution_j \times DSEOW$	0.031	0.005	0.025	0.031	0.026	0.026
	(0.055)	(0.056)	(0.055)	(0.060)	(0.064)	(0.059)
$Pilot_r \times Post_t \times Pollution_j$	0.029**	0.033**	0.031**	0.027***	0.032***	0.029***
	(0.013)	(0.013)	(0.014)	(0.009)	(0.010)	(0.010)
$Pilot_r \times Post_t \times DSEOW$	-0.005	-0.005	-0.005	-0.006	-0.006	-0.006
	(0.010)	(0.011)	(0.010)	(0.009)	(0.009)	(0.009)
$Pilot_r \times Post_t$	-0.003	0.002	-0.003	-0.005	-0.001	-0.005
	(0.006)	(0.005)	(0.006)	(0.006)	(0.004)	(0.006)
观测值	6509	6509	6509	6509	6509	6509
R^2	0.033	0.037	0.054	0.018	0.018	0.023
企业固定效应				Y	Y	Y

续表

变量	绿色实用新型专利占比					
	(1)	(2)	(3)	(4)	(5)	(6)
年份固定效应	Y	Y	Y	Y	Y	Y
省份×时间趋势固定效应	Y		Y	Y		Y
行业×时间趋势固定效应		Y	Y		Y	Y

注：$Pilot_r$ 表示 ETP 试点地区的虚拟变量，如果是政策试点地区时，取值为 1，否则取值为 0。$Post_t$ 为政策试点前后的虚拟变量，ETP 试点期间（2007 年及以后）取值为 1，在非试点期间（2007 年以前）取值为 0。$Pollution_j$ 为行业污染属性指标，即企业所属行业在 1995 年 SO_2 排放占全国排放的比重，DSEOW 为企业"董监高"有无海外任职背景指标，即企业在样本期间"董监高"有海外任职背景（Board of Directors, Board of Supervisors and Executives with Overseas Working Background）取值为 1，否则取值为 0。小括号内为行业层面的聚类调整标准差，*、** 和 *** 分别表示显著性水平为 10%、5% 和 1%。表中模型都控制了上市公司经济特征变量，包括上市公司净资产、员工数量、企业年龄、市场价值与资本重置成本之比（Tobin Q）和负债，其余三次项、二次项、一次项和常数项均已控制，因篇幅有限不作报告。

其中第（1）—（3）列的回归结果显示，"$Pilot_r \times Post_t \times Pollution_j \times DSEOS$"四次交互项系数为正，且不显著，添加企业固定效应后，第（4）—（6）列的回归结果显示，"$Pilot_r \times Post_t \times Pollution_j \times DSEOS$"四次交互项的系数依然不显著为正。

六 有"董监高"海外背景企业低碳技术的异质性影响

（一）有"董监高"海外留学背景企业总体低碳技术的影响

表 7.38 的回归结果显示，ETP 政策诱发了试点地区污染行业中有"董监高"海外留学背景企业的低碳技术活动，净效应大于无"董监高"海外留学背景的企业。

表 7.38　ETP 政策对有"董监高"海外留学背景企业低碳技术的影响

变量	低碳专利占比					
	(1)	(2)	(3)	(4)	(5)	(6)
$Pilot_r \times Post_t \times Pollution_j \times DSEOS$	0.143***	0.113***	0.138***	0.232***	0.228***	0.231***
	(0.016)	(0.017)	(0.014)	(0.023)	(0.025)	(0.021)
$Pilot_r \times Post_t \times Pollution_j$	-0.009	-0.010	-0.005	-0.025*	-0.030*	-0.022
	(0.014)	(0.013)	(0.013)	(0.015)	(0.015)	(0.014)
$Pilot_r \times Post_t \times DSEOS$	-0.010	-0.003	-0.009	-0.011	-0.003	-0.009
	(0.010)	(0.008)	(0.008)	(0.010)	(0.009)	(0.009)
$Pilot_r \times Post_t$	0.005	0.004	0.005	0.005	-0.001	0.005
	(0.008)	(0.006)	(0.008)	(0.009)	(0.006)	(0.009)
观测值	6509	6509	6509	6509	6509	6509
R^2	0.054	0.058	0.082	0.036	0.030	0.041
企业固定效应				Y	Y	Y
年份固定效应	Y	Y	Y	Y	Y	Y
省份×时间趋势固定效应	Y		Y	Y		Y
行业×时间趋势固定效应		Y	Y		Y	Y

注：$Pilot_r$ 表示 ETP 试点地区的虚拟变量，如果是政策试点地区时，取值为1，否则取值为0。$Post_t$ 为政策试点前后的虚拟变量，ETP 试点期间（2007年及以后）取值为1，在非试点期间（2007年以前）取值为0。$Pollution_j$ 为行业污染属性指标，即企业所属行业在1995年 SO_2 排放占全国排放的比重，$DSEOS$ 为企业"董监高"有无海外留学背景指标，即企业在样本期间"董监高"有海外留学背景（Board of Directors, Board of Supervisors and Executives with Overseas Study Background）取值为1，否则取值为0。小括号内为行业层面的聚类调整标准差，*、**和*** 分别表示显著性水平为10%、5%和1%。表中模型都控制了上市公司经济特征变量，包括上市公司净资产、员工数量、企业年龄、市场价值与资本重置成本之比（Tobin Q）和负债，其余三次项、二次项、一次项和常数项均已控制，因篇幅有限不作报告。

其中第（1）—（3）列的回归结果显示，"$Pilot_r \times Post_t \times Pollution_j \times DSEOS$"四次交互项系数为正，系数在1%水平上显著，添加企业固定效应后，第（4）-（6）列的回归结果显示，"$Pilot_r \times Post_t \times Pollution_j \times DSEOS$"四次交互项的系数依然在1%

水平上显著为正，说明模型设定是合理的，回归结果是稳健的。

以第（6）列为例，ETP 政策强度每提高 1 个单位，与试点地区污染行业中无"董监高"海外留学背景企业相比，ETP 政策对试点地区污染行业中有"董监高"海外留学背景企业低碳技术净效应多了 0.231 个单位（$\beta_1 = 0.231$），与试点地区清洁行业中有"董监高"海外留学背景企业相比，ETP 政策对试点地区污染行业中有"董监高"海外留学背景企业低碳技术净效应提升 0.209 个单位（$\beta_1 + \beta_2 = 0.231 - 0.022$），与试点地区清洁行业中无"董监高"海外留学背景企业相比，ETP 政策对试点地区污染行业中无"董监高"海外留学背景企业低碳技术净效应少了 0.022 个单位（$\beta_2 = -0.022$），与非试点地区污染行业中有"董监高"海外留学背景企业相比，ETP 政策对试点地区污染行业中有"董监高"海外留学背景企业低碳技术净效应提升 0.2 个单位（$\beta_1 + \beta_2 + \beta_3 = 0.231 - 0.022 - 0.009$），与非试点地区污染行业中无"董监高"海外留学背景企业相比，ETP 政策对试点地区污染行业中无"董监高"海外留学背景企业低碳技术净效应少了 0.017 个单位（$\beta_2 + \beta_8 = -0.022 + 0.005$）。

（二）有"董监高"海外留学背景企业低碳发明技术的溢出效应

表 7.39 的回归结果显示，ETP 政策诱发了试点地区污染行业中有"董监高"海外留学背景企业的低碳发明技术活动，净效应大于无"董监高"海外留学背景的企业。

其中第（1）—（3）列的回归结果显示，"$Pilot_r \times Post_t \times Pollution_j \times DSEOS$"四次交互项系数为正，系数在1%水平上显著，添加企业固定效应后，第（4）—（6）列的回归结果显示，"$Pilot_r \times Post_t \times Pollution_j \times DSEOS$"四次交互项的系数依然在1%水平上显著为正，说明模型设定是合理的，回归结果是稳健的。

表 7.39　　ETP 政策对有"董监高"海外留学背景企业低碳发明技术的溢出效应

变量	低碳发明专利占比					
	(1)	(2)	(3)	(4)	(5)	(6)
$Pilot_r \times Post_t \times Pollution_j \times DSEOS$	0.136***	0.120***	0.128***	0.230***	0.235***	0.224***
	(0.027)	(0.021)	(0.027)	(0.028)	(0.028)	(0.026)
$Pilot_r \times Post_t \times Pollution_j$	-0.015	-0.017	-0.013	-0.008	-0.009	-0.006
	(0.012)	(0.012)	(0.010)	(0.009)	(0.008)	(0.010)
$Pilot_r \times Post_t \times DSEOS$	-0.010	-0.004	-0.007	-0.012	-0.007	-0.008
	(0.009)	(0.008)	(0.008)	(0.009)	(0.009)	(0.009)
$Pilot_r \times Post_t$	0.004	0.006	0.004	0.001	0.000	0.001
	(0.008)	(0.005)	(0.008)	(0.008)	(0.006)	(0.009)
观测值	6509	6509	6509	6509	6509	6509
R^2	0.043	0.055	0.069	0.028	0.030	0.036
企业固定效应				Y	Y	Y
年份固定效应	Y	Y	Y	Y	Y	Y
省份×时间趋势固定效应	Y		Y	Y		Y
行业×时间趋势固定效应		Y	Y		Y	Y

注：$Pilot_r$ 表示 ETP 试点地区的虚拟变量，如果是政策试点地区时，取值为 1，否则取值为 0。$Post_t$ 为政策试点前后的虚拟变量，ETP 试点期间（2007 年及以后）取值为 1，在非试点期间（2007 年以前）取值为 0。$Pollution_j$ 为行业污染属性指标，即企业所属行业在 1995 年 SO_2 排放占全国排放的比重，$DSEOS$ 为企业"董监高"有无海外留学背景指标，即企业在样本期间"董监高"有海外留学背景（Board of Directors, Board of Supervisors and Executives with Overseas Study Background）取值为 1，否则取值为 0。小括号内为行业层面的聚类调整标准差，*、** 和 *** 分别表示显著性水平为 10%、5% 和 1%。表中模型都控制了上市公司经济特征变量，包括上市公司净资产、员工数量、企业年龄、市场价值与资本重置成本之比（Tobin Q）和负债，其余三次项、二次项、一次项和常数项均已控制，因篇幅有限不作报告。

以第（6）列为例，ETP 政策强度每提高 1 个单位，与试点地区污染行业中无"董监高"海外留学背景企业相比 ETP 政策对试点地区污染行业中有"董监高"海外留学背景企业低碳发明技术净效应多了 0.224 个单位（$\beta_1 = 0.224$），与试点地区清洁行业中有

"董监高"海外留学背景企业相比,ETP政策对试点地区污染行业中有"董监高"海外留学背景企业低碳发明技术净效应提升0.218个单位（$\beta_1 + \beta_2 = 0.224 - 0.006$）,与试点地区清洁行业中无"董监高"海外留学背景企业相比,ETP政策对试点地区污染行业中无"董监高"海外留学背景企业低碳发明技术净效应少了0.006个单位（$\beta_2 = -0.006$）,与非试点地区污染行业中有"董监高"海外留学背景企业相比,ETP政策对试点地区污染行业中有"董监高"海外留学背景企业低碳发明技术净效应提升0.21个单位（$\beta_1 + \beta_2 + \beta_3 = 0.224 - 0.006 - 0.008$）,与非试点地区污染行业中无"董监高"海外留学背景企业相比,ETP政策对试点地区污染行业中无"董监高"海外留学背景企业低碳发明技术净效应少了0.005个单位（$\beta_2 + \beta_8 = -0.006 + 0.001$）。

（三）有"董监高"海外留学背景企业低碳实用新型技术的溢出效应

表7.40的回归结果显示,ETP政策诱发了试点地区污染行业中有"董监高"海外留学背景企业的低碳实用新型技术活动,净效应大于无"董监高"海外留学背景的企业。

其中第（1）—（3）列的回归结果显示,"$Pilot_r \times Post_t \times Pollution_j \times DSEOS$"四次交互项系数为正,系数在1%水平上显著,添加企业固定效应后,第（4）—（6）列的回归结果显示,"$Pilot_r \times Post_t \times Pollution_j \times DSEOS$"四次交互项的系数依然在1%水平上显著为正,说明模型设定是合理的,回归结果是稳健的。

表 7.40　　ETP 政策对有"董监高"海外留学背景企业低碳实用新型技术的溢出效应

变量	低碳实用新型专利占比					
	(1)	(2)	(3)	(4)	(5)	(6)
$Pilot_r \times Post_t \times Pollution_j \times DSEOS$	0.144***	0.107***	0.140***	0.201***	0.184***	0.201***
	(0.023)	(0.028)	(0.020)	(0.031)	(0.034)	(0.030)
$Pilot_r \times Post_t \times Pollution_j$	-0.041**	-0.035**	-0.034**	-0.058***	-0.059***	-0.054***
	(0.018)	(0.015)	(0.016)	(0.017)	(0.015)	(0.016)
$Pilot_r \times Post_t \times DSEOS$	-0.009	-0.002	-0.009	-0.010	-0.002	-0.010
	(0.011)	(0.010)	(0.010)	(0.012)	(0.012)	(0.011)
$Pilot_r \times Post_t$	-0.001	-0.001	-0.002	-0.000	-0.002	-0.000
	(0.005)	(0.005)	(0.005)	(0.005)	(0.005)	(0.005)
观测值	6509	6509	6509	6509	6509	6509
R^2	0.049	0.057	0.079	0.034	0.028	0.039
企业固定效应				Y	Y	Y
年份固定效应	Y	Y	Y	Y	Y	Y
省份×时间趋势固定效应	Y		Y	Y		Y
行业×时间趋势固定效应		Y	Y		Y	Y

注：$Pilot_r$ 表示 ETP 试点地区的虚拟变量，如果是政策试点地区时，取值为 1，否则取值为 0。$Post_t$ 为政策试点前后的虚拟变量，ETP 试点期间（2007 年及以后）取值为 1，在非试点期间（2007 年以前）取值为 0。$Pollution_j$ 为行业污染属性指标，即企业所属行业在 1995 年 SO_2 排放占全国排放的比重，DSEOS 为企业"董监高"有无海外留学背景指标，即企业在样本期间"董监高"有海外留学背景（Board of Directors, Board of Supervisors and Executives with Overseas Study Background）取值为 1，否则取值为 0。小括号内为行业层面的聚类调整标准差，*、** 和 *** 分别表示显著性水平为 10%、5% 和 1%。表中模型都控制了上市公司经济特征变量，包括上市公司净资产、员工数量、企业年龄、市场价值与资本重置成本之比（Tobin Q）和负债，其余三次项、二次项、一次项和常数项均已控制，因篇幅有限不作报告。

以第（6）列为例，ETP 政策强度每提高 1 个单位，与试点地区污染行业中无"董监高"海外留学背景企业相比，ETP 政策对试点地区污染行业中有"董监高"海外留学背景企业低碳实用新型技术净效应多了 0.201 个单位（$\beta_1 = 0.201$），与试点地区清洁行业中有"董监高"海外留学背景企业相比，ETP 政策对试点地区污染行业中有"董监高"海外留学背景企业低碳实用新型技术净效应提升 0.147 个单位（$\beta_1 + \beta_2 = 0.201 - 0.054$），与试点地区清洁行业中无"董监高"海外留学背景企业相比，ETP 政策对试点地区污染行业中无"董监高"海外留学背景企业低碳实用新型技术净效应少了 0.054 个单位（$\beta_2 = -0.054$），与非试点地区污染行业中有"董监高"海外留学背景企业相比，ETP 政策对试点地区污染行业中有"董监高"海外留学背景企业低碳实用新型技术净效应提升 0.137 个单位（$\beta_1 + \beta_2 + \beta_3 = 0.201 - 0.054 - 0.010$），与非试点地区污染行业中无"董监高"海外留学背景企业相比，ETP 政策对试点地区污染行业中无"董监高"海外留学背景企业低碳实用新型技术净效应少了 0.054 个单位（$\beta_2 + \beta_8 = -0.054 - 0.000$）。

（四）有"董监高"海外任职背景企业总体低碳技术的影响

表 7.41 的回归结果显示，ETP 政策诱发了试点地区污染行业中有"董监高"海外任职背景企业的低碳技术活动，净效应小于无"董监高"海外任职背景的企业，且不显著。

表 7.41　　ETP 政策对有"董监高"海外任职背景企业总体低碳技术的影响

变量	低碳专利占比					
	(1)	(2)	(3)	(4)	(5)	(6)
$Pilot_r \times Post_t \times Pollution_j \times DSEOW$	-0.067 (0.056)	-0.087 (0.053)	-0.079 (0.059)	-0.045 (0.052)	-0.065 (0.055)	-0.064 (0.055)
$Pilot_r \times Post_t \times Pollution_j$	0.048*** (0.013)	0.040*** (0.011)	0.053*** (0.012)	0.061*** (0.013)	0.061*** (0.012)	0.067*** (0.012)
$Pilot_r \times Post_t \times DSEOW$	0.002 (0.012)	0.002 (0.012)	0.004 (0.013)	-0.008 (0.010)	-0.004 (0.010)	-0.004 (0.010)

续表

变量	低碳专利占比					
	(1)	(2)	(3)	(4)	(5)	(6)
$Pilot_r \times Post_t$	0.002	0.003	0.001	0.003	-0.001	0.003
	(0.008)	(0.005)	(0.008)	(0.009)	(0.006)	(0.009)
观测值	6509	6509	6509	6509	6509	6509
R^2	0.051	0.056	0.080	0.033	0.027	0.039
企业固定效应				Y	Y	Y
年份固定效应	Y	Y	Y	Y	Y	Y
省份×时间趋势固定效应	Y		Y	Y		Y
行业×时间趋势固定效应		Y	Y		Y	Y

注：$Pilot_r$ 表示 ETP 试点地区的虚拟变量，如果是政策试点地区时，取值为 1，否则取值为 0。$Post_t$ 为政策试点前后的虚拟变量，ETP 试点期间（2007 年及以后）取值为 1，在非试点期间（2007 年以前）取值为 0。$Pollution_j$ 为行业污染属性指标，即企业所属行业在 1995 年 SO_2 排放占全国排放的比重，DSEOW 为企业"董监高"有无海外任职背景指标，即企业在样本期间"董监高"有海外任职背景（Board of Directors, Board of Supervisors and Executives with Overseas Working Background）取值为 1，否则取值为 0。小括号内为行业层面的聚类调整标准差，*、** 和 *** 分别表示显著性水平为 10%、5% 和 1%。表中模型都控制了上市公司经济特征变量，包括上市公司净资产、员工数量、企业年龄、市场价值与资本重置成本之比（Tobin Q）和负债，其余三次项、二次项、一次项和常数项均已控制，因篇幅有限不作报告。

其中第（1）—（3）列的回归结果显示，"$Pilot_r \times Post_t \times Pollution_j \times DSEOS$"四次交互项系数符号为负，且不显著，添加企业固定效应后，第（4）—（6）列的回归结果显示，"$Pilot_r \times Post_t \times Pollution_j \times DSEOS$"四次交互项的系数依然符号不一致，且不显著。

（五）有"董监高"海外任职背景企业低碳发明技术的溢出效应

表 7.42 的回归结果显示，ETP 政策未能诱发试点地区污染行业中有"董监高"海外任职背景企业的低碳发明技术活动。

表 7.42　ETP 政策对有"董监高"海外任职背景企业低碳发明技术的溢出效应

变量	低碳发明专利占比					
	(1)	(2)	(3)	(4)	(5)	(6)
$Pilot_r \times Post_t \times Pollution_j \times DSEOW$	-0.122***	-0.122***	-0.135***	-0.090**	-0.100***	-0.112***
	(0.039)	(0.027)	(0.038)	(0.033)	(0.022)	(0.032)
$Pilot_r \times Post_t \times Pollution_j$	0.060***	0.055***	0.062***	0.088***	0.092***	0.092***
	(0.013)	(0.010)	(0.013)	(0.014)	(0.011)	(0.014)
$Pilot_r \times Post_t \times DSEOW$	-0.001	-0.002	0.002	-0.010	-0.008	-0.006
	(0.012)	(0.010)	(0.011)	(0.010)	(0.008)	(0.009)
$Pilot_r \times Post_t$	0.001	0.005	0.001	-0.000	0.000	0.000
	(0.008)	(0.005)	(0.008)	(0.008)	(0.006)	(0.009)
观测值	6509	6509	6509	6509	6509	6509
R^2	0.036	0.047	0.061	0.025	0.027	0.034
企业固定效应				Y	Y	Y
年份固定效应	Y	Y	Y	Y	Y	Y
省份×时间趋势固定效应	Y		Y	Y		Y
行业×时间趋势固定效应		Y	Y		Y	Y

注：$Pilot_r$ 表示 ETP 试点地区的虚拟变量，如果是政策试点地区时，取值为 1，否则取值为 0。$Post_t$ 为政策试点前后的虚拟变量，ETP 试点期间（2007 年及以后）取值为 1，在非试点期间（2007 年以前）取值为 0。$Pollution_j$ 为行业污染属性指标，即企业所属行业在 1995 年 SO_2 排放占全国排放的比重，$DSEOW$ 为企业"董监高"有无海外任职背景指标，即企业在样本期间"董监高"有海外任职背景（Board of Directors, Board of Supervisors and Executives with Overseas Working Background）取值为 1，否则取值为 0。小括号内为行业层面的聚类调整标准差，*、** 和 *** 分别表示显著性水平为 10%、5% 和 1%。表中模型都控制了上市公司经济特征变量，包括上市公司净资产、员工数量、企业年龄、市场价值与资本重置成本之比（Tobin Q）和负债，其余三次项、二次项、一次项和常数项均已控制，因篇幅有限不作报告。

表中第（1）—（3）列的回归结果显示，"$Pilot_r \times Post_t \times Pollution_j \times DSEOS$"四次交互项系数符号为负，且在 1% 水平上显著，添加企业固定效应后，第（4）—（6）列的回归结果显示，"$Pilot_r \times Post_t \times Pollution_j \times DSEOS$"四次交互项的系数依然符号

为负，且在1%水平上显著。

（六）有"董监高"海外任职背景企业低碳实用新型技术的溢出效应

表7.43的回归结果显示，ETP政策未能诱发试点地区污染行业中有"董监高"海外任职背景企业的低碳实用新型技术活动，净效应大于无"董监高"海外任职背景的企业。

其中第（1）—（3）列的回归结果显示，"$Pilot_r \times Post_t \times Pollution_j \times DSEOS$"四次交互项系数符号不一致，且不显著，添加企业固定效应后，第（4）—（6）列的回归结果显示，"$Pilot_r \times Post_t \times Pollution_j \times DSEOS$"四次交互项的系数依然符号为正，且不显著。

表7.43　ETP政策对有"董监高"海外任职背景企业低碳实用新型技术的溢出效应

变量	低碳实用新型专利占比					
	（1）	（2）	（3）	（4）	（5）	（6）
$Pilot_r \times Post_t \times Pollution_j \times DSEOW$	0.008	-0.012	0.002	0.020	0.006	0.010
	(0.064)	(0.062)	(0.066)	(0.079)	(0.081)	(0.082)
$Pilot_r \times Post_t \times Pollution_j$	0.012	0.007	0.018	0.016	0.013	0.022
	(0.015)	(0.013)	(0.014)	(0.015)	(0.014)	(0.014)
$Pilot_r \times Post_t \times DSEOW$	0.013	0.012	0.013	0.005	0.007	0.006
	(0.014)	(0.014)	(0.014)	(0.013)	(0.014)	(0.014)
$Pilot_r \times Post_t$	-0.007	-0.004	-0.008	-0.005	-0.005	-0.005
	(0.007)	(0.006)	(0.006)	(0.007)	(0.006)	(0.007)
观测值	6509	6509	6509	6509	6509	6509
R^2	0.049	0.057	0.079	0.031	0.026	0.037

续表

变量	低碳实用新型专利占比					
	(1)	(2)	(3)	(4)	(5)	(6)
企业固定效应				Y	Y	Y
年份固定效应	Y	Y	Y	Y	Y	Y
省份×时间趋势固定效应	Y			Y		Y
行业×时间趋势固定效应		Y	Y		Y	Y

注：$Pilot_r$ 表示 ETP 试点地区的虚拟变量，如果是政策试点地区时，取值为 1，否则取值为 0。$Post_t$ 为政策试点前后的虚拟变量，ETP 试点期间（2007 年及以后）取值为 1，在非试点期间（2007 年以前）取值为 0。$Pollution_j$ 为行业污染属性指标，即企业所属行业在 1995 年 SO_2 排放占全国排放的比重，DSEOW 为企业"董监高"有无海外任职背景指标，即企业在样本期间"董监高"有海外任职背景（Board of Directors, Board of Supervisors and Executives with Overseas Working Background）取值为 1，否则取值为 0。小括号内为行业层面的聚类调整标准差，*、** 和 *** 分别表示显著性水平为 10%、5% 和 1%。表中模型都控制了上市公司经济特征变量，包括上市公司净资产、员工数量、企业年龄、市场价值与资本重置成本之比（Tobin Q）和负债，其余三次项、二次项、一次项和常数项均已控制，因篇幅有限不作报告。

本章小结

本章进一步从开放背景下排污权交易政策对存在所有制异质性的企业绿色创新的诱发作用、对存在治理结构异质性的企业绿色创新的诱发作用，做进一步讨论。以中国排污权交易政策对异质性企业绿色创新为切入点，通过研究 ETP 政策对不同所有制企业绿色创新的异质性影响、ETP 政策对有无有海外业务企业绿色创新的异质性影响、ETP 政策对有无合格境外机构投资者持股企业绿色创新的异质性影响和 ETP 政策对有无"董监高"海外背景企业绿色创新的异质性影响，来实证中国排污权交易的"民营绿色创新效应"假说（假说 4）和"外向型绿色创新效应"假说（假说 5、6、7），发现的结果如下。

第一，ETP政策诱发了试点地区污染行业中国有企业的总体绿色创新活动、绿色发明创新活动、绿色实用新型创新活动，但是净效应均小于非国有企业。

第二，ETP政策诱发了试点地区污染行业中外资企业的总体绿色创新活动、绿色发明创新活动，净效应大于非外资企业但不显著。ETP政策未能诱发试点地区污染行业中外资企业的绿色实用新型创新活动。

第三，ETP政策诱发了试点地区污染行业中民营企业的总体绿色创新活动、绿色发明创新活动、绿色实用新型创新活动，净效应均大于非民营企业。即存在"民营绿色创新效应"，"波特假说"中的先发优势得以验证。

第四，ETP政策诱发了试点地区污染行业中国有企业的总体低碳技术活动、低碳发明技术活动、低碳实用新型技术活动，但是净效应均小于非国有企业。

第五，ETP政策未能诱发试点地区污染行业中外资企业的总体低碳技术活动、低碳发明技术活动、低碳实用新型技术活动。

第六，ETP政策诱发了试点地区污染行业中民营企业的总体低碳技术活动、低碳发明技术活动、低碳实用新型技术活动，净效应均大于非民营企业。即存在"民营绿色创新效应"，"波特假说"中的先发优势得以验证。

第七，ETP政策诱发了试点地区污染行业中有海外业务企业的总体绿色创新活动、绿色发明创新活动，净效应均大于无海外业务企业。但未能诱发绿色实用新型创新活动。即存在"外向型贸易绿色创新效应"和"外向型投资绿色创新效应"，希克斯的诱发创新理论得以验证。

第八，ETP政策诱发了试点地区污染行业中有海外业务企业的总体低碳技术活动、低碳发明技术活动，净效应均大于无海外业务企业。但未能诱发低碳实用新型技术活动。即存在"外向型贸易绿色创新效应"和"外向型投资绿色创新效应",希克斯的诱发创新理论得以验证。

第九,ETP政策诱发了试点地区污染行业中有合格境外机构投资者持股企业的总体绿色创新活动、绿色发明创新活动、绿色实用新型创新活动,净效应均大于无合格境外机构投资者持股企业。即存在"外向型融资绿色创新效应"。

第十,ETP政策诱发了试点地区污染行业中有合格境外机构投资者持股企业的总体低碳技术活动、低碳发明技术活动、低碳实用新型技术活动,净效应均大于无合格境外机构投资者持股企业。即存在"外向型融资绿色创新效应"。

第十一,ETP政策诱发了试点地区污染行业中有"董监高"海外背景企业的总体绿色创新活动、绿色发明创新活动、绿色实用新型创新活动,净效应均大于无"董监高"海外背景企业。即存在"外向型领导力绿色创新效应",熊彼特的企业家精神理论得以证明,绿色创新领导力理论得以证明。

第十二,ETP政策诱发了试点地区污染行业中有"董监高"海外背景企业的总体低碳技术活动、低碳发明技术活动、低碳实用新型技术活动,净效应均大于无"董监高"海外背景企业。即存在"外向型领导力绿色创新效应",熊彼特的企业家精神理论得以证明,绿色创新领导力理论得以证明。

第八章

结论与展望

本书结合前人研究和经典理论,基于开放背景下中国这一发展中国家企业的绿色创新视角,提出了一个综合的分析框架,以中国加入WTO积极融入国际社会背景下,在国内已经开展的排污权交易试点政策为典型案例,研究在排污权交易下,中国企业层面的创新提升机制,通过考察政策节点的异质性、同时期政策并行问题、不同绿色专利类型、不同绿色专利划分标准、不同行业污染物测度标准、企业不同所有制属性、不同治理结构和不同国际化程度来揭示企业绿色创新的异质性影响机制。得到以下研究结论、政策启示,并展望了未来研究方向。

第一节 研究结论

综合前文的实证结果,本书的大部分研究假说都得到了充分的验证。因此可以得到以下研究结论。

第一,在中国,设计合理的排污权交易政策诱发了规制企业的绿色创新活动,即存在"绿色创新诱发效应"。其中,一是2007年排污权交易政策可以诱发规制企业的绿色创新,说明相比以往,本次政策的设计相比较为灵活合理。二是2002年排污权交易政策诱发了试点地区污染企业的绿色创新,但净效应小于清洁企业,说明本次政策处于起步阶段。三是2002年排污权交易政策和2007年排污权交易政策总体上诱发了试点地区污染企业的绿色创新，说明两次排污权交易试点政策使企业产生了绿色创新的路径依赖。四是排污费征收额、排污费解缴入库户数和排污费解缴入库金额均未能显著促进企业绿色创新，说明同时期的排污费征收政策未能诱发企业绿色创新。

第二，在中国，设计合理的排污权交易政策产生了企业绿色创新活动的正向溢出，即存在"绿色创新溢出效应"和"绿色能源替代效应"。其中，一是 2007 年排污权交易政策可以产生高煤耗企业总体绿色创新、绿色发明创新、绿色实用新型创新、低碳发明技术和低碳实用新型技术的正向溢出，也可以产生试点地区污染企业的绿色发明创新、绿色实用新型创新、低碳发明技术和低碳实用新型技术的正向溢出，但未能产生试点地区清洁企业绿色创新的正向溢出，也未能产生非试点地区污染企业绿色创新的正向溢出。二是 2002 年排污权交易政策可以产生试点地区高煤耗企业的绿色的正向溢出，但净效应小于低煤耗企业，且系数不显著。三是 2002 年排污权交易政策和 2007 年排污权交易政策总体上可以产生试点地区高煤耗企业的绿色创新溢出效应。四是 2002 年排污权交易政策和 2007 年排污权交易政策总体上和各自单独作用均可以产生高能耗企业绿色能源替代。综上，说明排污权交易政策对所在区域内的高污染、高煤耗企业的各种绿色创新活动产生了政策锁定，并对所在区域内的高能耗企业的绿色能源替代活动产生了政策锁定。

第三，在中国开放背景下，排污权交易政策更容易诱发企业所有制中民营企业的绿色创新活动，即存在"民营绿色创新效应"。其中，一是 2007 年排污权交易政策诱发了试点地区污染行业中国有企业的总体绿色创新、绿色发明创新、绿色实用新型创新、总体低碳技术、低碳发明技术、低碳实用新型技术，但是净效应均小于非国有企业。二是 2007 年排污权交易政策诱发了试点地区污染行业中外资企业的总体绿色创新、绿色发明创新、总体低碳技术、低碳发明技术、低碳实用新型技术，净效应大于非外资企业但不显著，未能诱发试点地区污染行业中外资企业的绿色实用新型创新活动。三是2007年排污权交易政策诱发了试点地区污染行业中民营企业的总体绿色创新、绿色发明创新、绿色实用新型创新、总体低碳技术、低碳发明技术、低碳实用新型技术，净效应均大于非民营企业。综上，从实证结果的统计学显著和经济学显著两方面看，排污权交易政策更容易诱发民营企业的绿色创新，产生了更深层次的民营企业加成机制。

第四，在中国开放背景下，排污权交易政策更容易诱发有海外业务企业的绿色创新活动，即存在"外向型贸易绿色创新效应"和"外向型投资绿色创新效应"。其中，2007年排污权交易政策诱发了试点地区污染行业中有海外业务企业的总体绿色创新、绿色发明创新、总体低碳技术、低碳发明技术，净效应均大于无海外业务企业，但未能诱发绿色实用新型创新和低碳实用新型技术。说明有进出口贸易收入和海外投资建立分支机构的企业在排污权交易政策中更容易诱发绿色创新，产生了外向型贸易与外向型投资的加成机制。

第五，在中国开放背景下，排污权交易政策更容易诱发有合格境外机构投资者持股企业的绿色创新活动，即存在"外向型融资绿色创新效应"。其中，2007年排污权交易政策诱发了试点地区污染行业中有合格境外机构投资者持股企业的总体绿色创新、绿色发明创新、绿色实用新型创新、总体低碳技术、低碳发明技术、低碳实用新型技术，净效应均大于无合格境外机构投资者持股企业。说明有合格境外机构投资者持股的企业在排污权交易政策中更容易诱发绿色创新，产生了外向型融资的加成机制。

第六，在中国开放背景下，排污权交易政策更容易诱发有"董监高"海外留学背景企业的绿色创新活动,即存在"外向型领导力绿色创新效应"。其中,一是 2007 年排污权交易政策诱发了试点地区污染行业中"董监高"有海外留学背景企业的总体绿色创新、绿色发明创新、绿色实用新型创新、总体低碳技术、低碳发明技术、低碳实用新型技术,净效应均大于无"董监高"海外留学背景企业。二是 2007 年排污权交易政策未能诱发试点地区污染行业中"董监高"有海外任职背景企业的总体绿色创新、绿色发明创新、绿色实用新型创新、总体低碳技术、低碳发明技术、低碳实用新型技术。综上,说明有"董监高"海外留学背景的企业在排污权交易政策中更容易诱发绿色创新,产生了外向型留学领导力加成机制。

第二节 政策启示

在当前世界经济存在诸多不确定性,中国进一步加大对外开放力度背景下,对于市场化政策的研究尤为重要。本书以开放背景下排污权交易市场对中国企业绿色创新的异质性影响机理进行比较研究。研究结果为排污权交易对中国和世界其他发展中国家企业的绿色创新影响研究提供了新的视角,从而为中国企业转型升级乃至生态文明建设的相关政策制定与落实提供一定思路,进而为全球环境和气候治理提供新的借鉴。

本书的研究结论在国家政策制定和企业发展战略中存在如下启示。

国家政策制定方面的启示如下。

第一,以设计合理的排污权交易市场作为中国政府推动国内企业和行业转型升级、深化市场化改革和生态文明建设相关政策制定的有力抓手,促进中国经济的绿色高质量发展。

本书的实证结果表明,在中国设计合理的排污权交易政策诱发了规制企业的绿色创新活动。因此，政策制定者和监管机构需要确保所设计的排污权交易政策是合理的。依据中国 2002 年和 2007 年两次排污权交易试点政策的运行经验、相关排污权交易市场诱发绿色创新的理论与研究现状。本书建议：一是在排污权交易政策设计过程中要尽量减少企业绿色创新的双重外部性。例如，政策制定者要设定严格的污染物排放总量（Cap）并根据远期减排目标逐年缩小这一总量，以避免被规制企业因排污权交易市场上配额分配过量而产生绿色创新风险。监管机构要设定排污权配额交易的地板价，通过稳中有升的配额价格优化被规制企业的创新方向，诱发被规制企业绿色创新，并提高被规制企业绿色创新的收益。二是在排污权交易政策设计和运行过程中要完善立法，加大对超额排污企业的惩处力度以促进排污权交易市场健康发展。例如，监管机构要加强自身能力建设，严格制定排污权交易市场的各项法律规章制度，提高违法排污的罚金、保证足够的环境执法强度。三是在排污权交易政策设计和运行过程中要不断消除交易壁垒、扩大覆盖范围以发挥市场配置资源的优势，促进被规制企业形成绿色创新的路径依赖。例如，政策制定者要为规制企业设计更加灵活的排污权配额交易方式，监管机构应消除中国各地区各行业排污权交易市场之间的交易壁垒，扩大排污权交易市场对污染企业的覆盖范围以方便规制企业合理配置市场资源，随着市场化程度的提高与交易的扩大，排污权交易市场有利于减少被规制者的动态创新成本，形成绿色创新的路径依赖。

　　本书的实证结果表明，在中国，设计合理的排污权交易政策产生了企业绿色创新活动的正向溢出，即存在"绿色创新溢出效应"和"绿色能源替代效应"。因此政策制定者可以利用排污权交易政策的上述两个效应推动同时期其他相关政策和发展战略的贯彻落实。依据中国 2007 年排污权交易试点政策的运行经验、相关排污权交易市场诱发绿色创新的理论与研究现状。本书建议：一是依据排污权交易政策对高煤耗企业的绿色创新溢出效应，推动中国煤炭资源的清洁化利用。例如，政策制定者要根据各地区的资源禀赋情况，将煤炭资源丰裕地区的高煤耗企业合理纳入排污权交易市场，通过排污权市场手段和配额价格机制诱发高煤耗企业的绿色创新溢出，推动中国现有煤炭资源的清洁化利用。二是依据排污权交易政策对高能耗企业的绿色能源替代效应，推动中国高能耗企业电能利用的绿色替代，优化能源消费结构。例如，监管机构将高耗能企业合理纳入排污权交易市场后，通过排污权市场产生的污染者付费机制，引导高耗能企业减少高污染的一次能源消费，优化能源结构，更多地使用电能。三是依据排污权交易政策对企业低碳技术的溢出效应，推动中国企业的清洁低碳转型升级。例如，监管机构将污染企业合理纳入排污权交易市场后，通过绿色创新扩散机制，引导被规制企业绿色创新和绿色能源替代的同时，进一步诱发其低碳领域的创新，从而推动企业清洁低碳转型并减少温室气体排放。四是依据排污权交易政策对企业绿色发明创新和低碳发明技术的溢出效应，推动中国企业绿色高质量发展。例如，监管机构积极引导被规制企业通过排污权交易市场倒逼自身更高质量的绿色创新，从而提升企业的绿色发展水平，并有利于中国生态文明建设和经济绿色高质量发展。

第二，以设计合理的排污权交易市场和这类市场型环境权益交易政策作为中国进一步改革开放、加强国际绿色创新合作和环境友好型技术引进、深度参与全球环境和应对气候变化治理相关议题的有效途径，为美丽中国建设和全人类的可持续发展谋福祉。

本书的实证结果表明，在中国开放背景下，排污权交易政策更容易诱发企业所有制中民营企业的绿色创新活动，即存在"民营绿色创新效应"。因此政策制定者可以通过排污权交易诱发民营企业的绿色创新示范效应，带动国有企业的绿色创新。依据中国2007年排污权交易试点政策的运行经验、相关排污权交易市场诱发绿色创新的理论与研究现状，本书建议：一是政策制定者应以排污权交易政策为基础，出台相关配套政策进一步支持民营企业绿色创新活动。例如，政策制定者出台对民营企业以排污权为基础的绿色金融产品，为民营企业提供绿色研发活动贷款便利，监管机构出台企业排污权履约情况的强制信息披露机制，进一步促进民营企业绿色创新。二是政策制定者应以排污权交易政策为基础，让更多的民营资本、社会资本以绿色知识产权和技术入股参与国有企业混合所有制改革，推动国有企业的绿色创新活动和转型升级。例如，政策制定者出台对国有企业以排污权为基础的绿色金融产品，在给予民营企业绿色技术入股的政策下，促进国有企业通过规模经济、学习曲线进行"积累型"绿色创新，进而推动国有企业的低碳转型升级。

本书的现状分析和实证结果表明，中国的绿色创新不仅受到国内排污权交易市场的影响，开放背景下的国际合作和技术扩散均促进了中国的绿色创新。在中国开放背景下，排污权交易政策更容易诱发有海外业务企业、有合格境外机构投资者持股企业、有"董监高"海外留学背景企业的绿色创新活动，即存在"外向型贸易绿色创新效应""外向型投资绿色创新效应""外向型融资绿色创新效应""外向型领导力绿色创新效应"。因此政策制定者应充分考虑开放背景对中国企业绿色创新活动的深层次作用机制。依据开放背景下中国2007年排污权交易试点政策的运行经验、相关排污权交易市场诱发绿色创新的理论与研究现状，本书建议：一是政策制定者在宏观层面，应继续加大中国对外开放程度、加强自贸区建设、落实《中华人民共和国外商投资法》、完善人才引进与海外流动相关政策。二是政策制定者通过中国的排污权交易政策吸引环境友好型外国投资，发挥国内环境规制与外国投资的相互促进作用，鼓励境外投资者参与中国绿色创新国际合作与技术扩散，倡导企业学习国际领先的绿色创新和管理经验。

本书的现状分析和实证结果表明，排污权交易市场不仅诱发了企业绿色创新本身，还会促进绿色创新类别中的总体低碳技术活动溢出、低碳发明技术活动溢出、低碳实用新型技术活动溢出。可以预见，中国的碳排放权交易市场、用能权交易市场、水权交易市场、可再生能源电力配额交易市场等环境权益类交易市场，作为一类总量控制与配额交易市场，通过鼓励先进、限制落后的市场机制，将会对未来各类绿色创新提供更强的政策冲击。本书建议：一是政策制定者在全国各类总量控制与配额交易制度设计过程中，应考虑降低各行业纳入排放门槛，充分引入不同所有制不同行业的企业，进一步优化制度设计，对排放、排污企业精准定位，激活上述环境权益交易类市场的交易和价格发现机制，更好地在市场中激励企业绿色创新活动和绿色创新溢出效应。二是政策制定者应以排污权交易市场这类环境权益交易政策为契机，落实相关国际环境协定，传播中国的环境与气候变化治理经验，增强中国在多边场合的全球环境和气候变化治理领导力，为全人类的可持续发展谋福祉。

企业发展战略方面的启示如下。

第三，以设计合理的排污权交易市场作为企业培育环境权益意识、合理配置国内外优势资源、积极传播绿色创新观念、践行中国生态文明发展理念、发扬中国特色社会主义企业家精神、夯实开展绿色创新的基础，促进中国企业绿色国际竞争力的提高。

本书的现状分析和实证结果表明，纳入排污权交易市场规制内企业的管理层在制定企业面向未来的发展战略时，应结合自身特点并充分考虑到中国排污权交易市场产生的"绿色能源替代效应""民营绿色创新效应""外向型贸易绿色创新效应""外向型投资绿色创新效应""外向型融资绿色创新效应"和"外向型领导力绿色创新效应"。依据开放背景下中国 2007 年排污权交易试点政策的运行经验、相关排污权交易市场诱发绿色创新的理论与研究现状，本书建议：一是被规制的高能耗企业应主动进行绿色清洁的能源替代，提前做好未来的用能规划，关注能源市场上的价格变化，科学合理地完成绿色能源消费转型。二是被规制的民营企业应利用自身在排污权交易市场上的先发优势，以绿色知识产权和绿色技术为核心竞争力继续深化开展绿色创新活动。三是被规制的有海外业务企业应在制定其对外贸易和对外投资规划过程中更多地关注绿色技术的引进和东道国的最新绿色准入标准，充分利用 WTO 技术性贸易壁垒协议中对绿色技术和环境保护的有利条款、东道国生态关税的最新标准、国际环境协定中提供的绿色基金促进自身绿色创新。四是被规制的有境外合格机构投资者持股企业应更多地进行自身环境信息披露，树立良好的环境保护形象与声誉，以吸引境外投资。五是被规制的有"董监高"海外留学背景企业应进一步完善人才引进与海外流动制度，不断学习国际领先绿色创新和管理经验。六是被规制企业"董监高"中具备海外留学背景的个人应积极在国内传播绿色创新观念，在企业中营造绿色创新的组织文化，明确本公司的可持续发展战略目标，带领团队开展"绿色增值创新"和"绿色探索性创新"，同时践行中国生态文明发展理念，发扬中国特色社会主义企业家精神，通过以上措施增强企业的绿色国际竞争力。

第三节 未来研究方向

一是随着数据可得性提高，可以进一步区分出不同排污权交易标的物之间的异质性，如更精确地甄别出母公司和子公司的绿色创新、减少二氧化硫排放的绿色创新、减少氮氧化物排放的绿色创新、减少烟尘排放的绿色创新、减少二氧化碳排放的绿色创新；考察绿色创新来自国内自主创新还是国外技术转让；区分企业设施层面、生产流程、企业管理层面的绿色创新；考察企业进入退出的影响，如通过工商部门企业登记信息，进一步考察样本期内企业进入或退出试点地区对当地绿色创新的影响，相信随着未来企业登记信息数据的公布，这一问题的研究可以更加深入。

二是随着认知水平与知识构成的提高，可以尝试构建出本书的完整数理理论模型。如构建一个可以纳入对外开放环境、国内地区异质性、环境规制政策的异质性、企业运行特征的异质性、绿色创新研发难度的异质性等问题的数理理论模型。

附　　录

附表 1　国际绿色专利分类清单

类型	IPC 分类号
替代能源生产	
生物燃料	
固体燃料	C10L 5/00，5/40 - 5/48
生物质的烘焙	C10B 53/02 C10L 5／40，9／00
液体燃料	C10L 1／00，1／02，1／14
植物油	C10L 1／02，1／19
生物柴油	C07C 67/00，69/00 C10G C10L 1/02，1/19 C11C 3/10 C12P 7/64
生物乙醇	C10L 1／02，1／182 C12N 9/24 C12P 7/06 - 7/14
沼气	C02F 3/28，11/04 C10L 3/00 C12M 1/107 C12P 5/02
来自基因工程生物	C12N 1/13，1/15，1/21，5/10，15/00 A01H

续表

类型	IPC 分类号
整体煤气化联合循环（IGCC）	C10L 3/00 F02C 3/28
燃料电池	H01M 4/86 - 4/98, 8/00 - 8/24, 12/00 - 12/08
电极	H01M 4/86 - 4/98
具有催化活性的惰性电极	H01M 4/86 - 4/98
非活动部分	H01M 2/00 - 2/04, 8/00 - 8/24
在杂交细胞内	H01M 12/00 - 12/08
生物质的热解或气化	C10B 53/00 C10J
利用人造废物处理能源	
农业废弃物	C10L 5/00
来自动物废物和作物残余物的燃料	C10L 5/42, 5/44
用于田间、花园或木材废物的焚烧炉	F23G 7/00, 7/10
气化	C10J 3/02, 3/46 F23B 90/00 F23G 5/027
化学垃圾	B09B 3/00 F23G 7/00
工业废料	C10L 5/48 F23G 5/00, 7/00
在高炉中使用顶部气体为生铁生产提供动力	C21B 5/06
纸浆酒	D21C 11/00
工业废物的厌氧消化	A62D 3/02 C02F 11/04, 11/14
工业木材废料	F23G 7/00, 7/10
医院废物	B09B 3/00 F23G 5/00
垃圾填埋气	B09B

续表

类型	IPC 分类号
分离组件	B01D 53/02，53/04，53/047，53/14，53/22，53/24
城市垃圾	C10L 5/46 F23G 5/00
水电能源	
水力发电厂	E02B 9/00 - 9/06
潮汐或波浪发电厂	E02B 9/08
液体机器或发动机	F03B F03C
使用波浪或潮汐能量	F03B 13/12 - 13/26
机器或发动机的调节、控制或安全装置	F03B 15/00 - 15/22
利用水运动产生的能量推进海洋船只	B63H 19/02，19/04
海洋热能转换（OTEC）	F03G 7/05
风能	F03D
发电机与机械驱动电机的结构关联	H02K 7/18
风力涡轮机的结构方面	B63B 35/00 E04H 12/00 F03D 13/00
使用风力发电的车辆的推进	B60K 16/00
使用风力发电的车辆的电力推进	B60L 8/00
风力发动机推动船舶的推进	B63H 13/00
太阳能	F24S H02S
光伏（PV）	
适于将辐射能量转换成电能的装置	H01L142/27，31/00 - 31/078 H01G 9/20 H02S 10/00
使用有机材料作为活性部分	H01L 27/30，51/42 - 51/48

续表

类型	IPC 分类号
多个太阳能电池的组件	H01L 25/00，25/03，25/16，25/18，31/042
硅；单晶生长	C01B 33/02 C23C 14/14，16/24 C30B 29/06
调节太阳能电池的最大功率	G05F 1/67
具有太阳能电池或可再充电的电气照明设备	F21L 4/00 F21S 9/03
充电电池	H02J 7/35
染料敏化太阳能电池（DSSC）	H01G 9/20 H01M 14/00
使用太阳能热量	F24S
适用于生活热水系统	F24D 17/00
用于空间加热	F24D 3/00，5/00，11/00，19/00
适用于游泳池	F24S 90/00
太阳能上升塔	F03D 1/04，9/00，13/20 F03G 6/00
用于处理水、废水或污泥	C02F 1/14
使用太阳能热源的燃气轮机发电厂	F02C 1/05
混合太阳能热光伏系统	H01L 31/0525 H02S 40/44
使用太阳能推进车辆	B60K 16/00
使用太阳能的车辆的电力推进	B60L 8/00
从太阳能生产机械动力	F03G 6/00 – 6/06
屋顶覆盖能量收集装置的各个方面	E04D 13/00，13/18
使用太阳能热量产生蒸汽	F22B 1/00 F24V 30/00
使用太阳能的制冷或热泵系统	F25B 27/00
使用太阳能来干燥材料或物体	F26B 3 / 300，3 / 28

续表

类型	IPC 分类号
太阳能集中器	F24S 23/00 G02B 7/183
太阳能池塘	F24S 10/10
地热能	F24T
使用地热	F01K F24F 5/00 F24T 10/00 – 50/00 H02N 10/00 F25B 30/06
从地热能生产机械动力	F03G 4/00 – 4/06, 7/04
其他生产或使用的热量，不是来自燃烧，如自然热	F24T 10/00 – 50/00 F24V 30/00 – 50/00
中央供暖系统中的热泵利用存储质量积聚的热量	F24D 11/02
其他家用或空间供暖系统中的热泵	F24D 15/04
家用热水供应系统中的热泵	F24D 17/02
使用热泵的空气或热水器	F24H 4/00
热泵	F25B 30/00
使用余热	
产生机械能	F01K 27/00
内燃机	F01K 23/06 – 23/10 F01N 5/00 F02G 5/00 – 5/04 F25B 27/02
蒸汽机厂	F01K 17/00, 23/04
燃气轮机厂	F02C 6/18
作为制冷设备的能源	F25B 27/02
用于处理水、废水或污水	C02F 1/16
在纸张生产中回收废热	D21F 5/20
通过利用热热载体的热含量来产生蒸汽	F22B 1/02

续表

类型	IPC 分类号
从废物焚烧中回收热能	F23G 5/46
空调能源回收	F24F 12/00
使用来自炉子、窑炉、烤箱或蒸馏器的废热的安排	F27D 17/00
再生式热交换设备	F28D 17/00 – 20/00
气化厂	C10J 3/86
用于从肌肉能量产生机械动力的装置	F03G 5/00 – 5/08
运输	
一般车辆	
混合动力汽车,如混合动力汽车(HEV)	B60K 6/00,6/20
控制系统	B60W 20/00
为此换档	F16H 3/00 – 78/3,48/00 – 48/30
无刷电机	H02K 29/08
电磁离合器	H02K 49/10
再生制动系统	B60L 7/10 – 7/22
电力推进与自然力量的电力供应,如太阳、风	B60L 8/00
带有车辆外部电源的电力推进装置	B60L 9/00
使用来自燃料电池的电源,如用于氢气车辆	B60L 50/50 – 58/40
以气体燃料为燃料的燃烧发动机,如氢气	F02B 43/00 F02M 21/02,27/02
来自大自然的力量供电,如太阳、风	B60K 16/00
电动汽车充电站	H02J 7/00
铁路车辆以外的车辆	
减阻	B62D 35/00,35/02 B63B 1/34 – 1/40

续表

类型	IPC 分类号
人力车	B62K B62M 1/00，3/00，5/00，6/00
铁路车辆	B61
减阻	B61D 17/02
海洋船舶推进	
推进装置直接受风作用	B63H 9/00
风力发动机推进	B63H 13/00
使用来自水运动的能量的推进	B63H 19/02，19/04
通过肌肉力量推进	B63H 16/00
来自核能的推进力	B63H 21/18
宇宙车辆使用太阳能	B64G 1/44
节能减排	
储存电能	B60K 6/28 B60W 10/26 H01M 10/44 - 10/46 H01G 11/00 H02J 3/28，7/00，15/00
电源电路	H02J
具有省电模式	H02J 9/00
用电量的测量	B60L 3/00 G01R
储存热能	C09K 5/00 F24H 7/00 F28D 20/00，20/02
低能耗照明	
电致发光光源（如 LED、OLED、PLED）	F21K 99/00 F21L 4/02 H01L 33/00 - 33/64，51/50 H05B 33/00
一般来说，建筑保温	E04B 1/62，74/1 - 1/80，1/88，1/90
绝缘建筑元素	E04C 1/40，1/41，284/2 - 296/2

续表

类型	IPC 分类号
用于门或窗开口	E06B 3/263
对于墙壁	E04B 2/00 E04F 13/08
用于地板	E04B 5/00 E04F 15/18
用于屋顶	E04B 7/00 E04D 1/28，3/35，13/16
用于天花板	E04B 9/00 E04F 13/08
恢复机械能	F03 G 7/08
车用可充电机械蓄电池	B60K 6/10，6/30 B60L 50/30
废物管理	
废物处理	B09B B65F
处理废物	
消毒或灭菌	A61L 11/00
处理有害或有毒废物	A62D 3／00，101／00
处理放射性污染物质；为此进行去污安排	G21F 9/00
垃圾分类	B03B 9/06
开垦受污染的土壤	B09C
废纸的机械处理	D21B 1/08，1/32
通过燃烧消耗浪费	F23G
废物再利用	
在鞋类中使用橡胶废物	A43B 1/12，21/14
由废金属颗粒制造物品	B22F 8/00
从废料中生产水硬性水泥	C04B 7/24 − 7/30
使用废料作为砂浆、混凝土的填料	C04B 18/04 − 18/10

续表

类型	IPC 分类号
从废物或垃圾中生产肥料	C05F
回收或处理废料	C08J 11/00 – 11/28 C09K 11/01 C11B 11/00, 13/00 – 13/04 C14C 3/32 C21B 3/04 C25C 1/00 D01F 13/00 – 13/04
从废物中回收塑料材料	B29B 17/00
拆卸用于回收可抢救部件的车辆	B62D 67/00
聚合物	C08J 11/04 – 11/28
从橡胶废料中生产液态烃	C10G 1/10
来自废物的固体燃料	C10L 5/46, 5/48
从废料中获取金属	C22B 7/00 – 7/04, 19/30, 25/06
分解纤维材料以便重复使用	D01G 11/00
加工废纸以获得纤维素	D21C 5/02
从放电管或灯中回收可挽救的组件或材料	H01J 9/50, 9/52
回收废电池、电池或蓄电池的可维修部件	H01M 6/52, 10/54
污染控制	
碳捕获和储存	B01D 53/14, 53/22, 53/62 B65G 5/00 C01B 32/50 E21B 41/00, 43/16 E21F 17/16 F25J 3/02
空气质量管理	
处理废气	B01D 53/00 – 53/96
用于内燃机的排气装置,具有用于处理排气的装置	F01N 3/00 – 3/38

续表

类型	IPC 分类号
渲染废气无害	B01D 53/92 F02B 75/10
去除钢铁生产中的废气或粉尘	C21C 5/38
使用烟气再循环的燃烧设备	C10B 21/18 F23B 80/02 F23C 9/00
燃烧废气或有毒气体	F23G 7/06
废气处理装置的电气控制	F01N 9/00
将分散的颗粒与气体或蒸汽分离	B01D 45/00 – 51/00 B03C 3/00
从炉子中除去灰尘	C21B 7/22 C21C 5/38 F27B 1/18 F27B 15/12
在燃料或火灾中使用添加剂以减少烟雾或促进烟灰的去除	C10L 10/02，10/06 F23J 7/00
用于处理来自燃烧设备的烟雾或烟雾的装置的布置	F23J 15/00
粉尘或吸尘材料	C09K 3/22
污染警报	G08B 21/12
控制水污染	
处理废水或污水	B63J 4/00 C02F
生产肥料	C05F 7/00
处理液体污染物的材料	C09K 3/32
去除开阔水域的污染物	B63B 35/32 E02B 15/04
废水的管道安装	E03C 1/12
污水管理	C02F 1/00，3/00，9/00 E03F

续表

类型	IPC 分类号
在反应堆泄漏的情况下防止放射性污染的方法	G21C 13/10
农业/林业	
林业技术	A01G 23/00
替代灌溉技术	A01G 25/00
农药替代品	A01N 25/00 – 65/00
土壤改良	C09K 17/00 E02D 3/00
有机肥料来自废物	C05F
行政、监管或设计方面	
通勤，如 HOV、远程办公等	G06Q G08G
碳/排放交易，如污染信用	G06Q
静态结构设计	E04H 1/00
核能发电	
核工程	G21
聚变反应堆	G21B
核（裂变）反应堆	G21C
核电站	G21D
使用核源热源的燃气轮机发电厂	F02C 1/05

资料来源：作者根据世界知识产权组织官网信息整理，https://www.wipo.int/classifications/ipc/en/green_inventory/。

附表 2　污染治理创新的分类

类型	IPC 分类号
污染治理	
1.1 空气染处理	
1.1.1 固定污染源的排放减少（如 SOx、NOx、燃烧设备的 PM 排放）	

续表

类型	IPC 分类号
后燃技术	
废气的化学或生物净化（如发动机废气、烟雾、烟道气或气溶胶；去除硫氧化物、氮氧化物等）	B01D53 / 34 – 72
焚化炉或其他专门用于消耗废气或有毒气体的设备	F23G7 / 06
用于处理净化器的烟雾或烟雾的装置的布置，如用于去除有害物质	F23J15
轴或类似垂直或基本垂直的炉子；集尘器的安排	F27B1 / 18
综合技术	
高炉；防尘器	C21B7 / 22
碳钢的制造，如普通低碳钢、中碳钢或铸钢；去除废气或灰尘	C21C5 / 38
燃烧装置的特征在于用于将烟道气返回燃烧室或燃烧区的装置	F23B80
燃烧装置的特征在于将燃烧产物或烟道气返回燃烧室的装置	F23C9
燃烧在燃料或其他颗粒的流化床中进行的装置	F23C10
1.1.2 来自移动源的排放减排（例如，机动车辆的 NOx、CO、HC、PM 排放）	
后燃技术	
专门用于净化发动机废气的过程、设备或装置	B01D53 / 92
……通过催化过程	B01D53 / 94
反应物的再生、再活化或再循环	B01D53 / 96
包含金属或金属氧化物或氢氧化物的催化剂；贵金属；铂族金属	B01J23 / 38 – 46
通风或呼吸的曲轴箱	F01M13 / 02 – 04
操作发动机的方法包括将非燃料物质（包括废气）添加到燃烧空气、燃料或燃料—空气混合物中引擎；包括废气在内的物质	F02B47 / 08 – 10
控制发动机的特点是向燃烧空气中加入非燃料气体，如发动机废气，或者将二次空气添加到燃料—空气混合物中	F02D21 / 06 – 10
用于将废气添加到燃烧空气、主燃料或燃料—空气混合物的发动机相关设备	F02M25 / 07

续表

类型	IPC 分类号
通过监测废气来测试内燃机	G01M15/10
综合技术	
操作发动机的方法包括将非燃料物质或抗爆剂添加到燃烧空气、燃料或燃料—空气混合物中引擎；这些物质包括非空气中的氧气	F02B47/06
可燃混合物或其成分供应的电气控制	F02D41
两个或多个功能的联合电气控制，如点火、燃料—空气混合、再循环、增压、废气处理	F02D43
内燃机的电气控制	F02D45
用于防止空转燃料流动的空转装置	F02M3/02-055
用于向燃料—空气混合物中添加二次空气的装置	F02M23
用于将非燃料物质或少量二次燃料添加到燃烧空气、主燃料或燃料空气中的发动机相关设备混合物	F02M25
用于通过催化剂、电子装置、磁力、射线、声波等处理燃烧空气、燃料或燃料—空气混合物的装置	F02M27
用于热处理燃烧空气、燃料或燃料—空气混合物的装置	F02M31/02 18
燃油喷射装置	F02M39-71
提前或延迟点火；因此控制	F02P5
1.1.3 没有其他分类	
后燃技术	
专门修改过滤器或过滤过程，用于从气体或蒸汽中分离分散的颗粒	B01D46
通过液体作为分离剂将分散的颗粒与气体、空气或蒸气分离	B01D47
通过其他方法将分散的颗粒与气体、空气或蒸气分离	B01D49
用于从气体或蒸气中分离颗粒的装置的组合	B01D50
从分散的颗粒中清除气体或蒸汽的辅助预处理	B01D51
通过静电效应将分散的颗粒与气体或蒸气（如空气）分离	B03C3
排气或消音装置具有净化或无害的装置	F01N3
排气或消音装置与通过排气能量获利的装置组合或相关联	F01N5
排气或消音装置或其部件	F01N7
排气或消音装置，其特征在于结构特征	F01N13

续表

类型	IPC 分类号
废气处理装置的电气控制	F01N9
用于废气处理装置的监测或诊断装置	F01N11
综合技术	
为特定目的使用添加剂燃料或火灾减少烟雾的产生	C10L10／02
将添加剂用于燃料或火灾以特定目的促进烟灰去除	C10L10／06
1.2 水污染处理	所有类别来自 1.2.1—1.2.3
1.2.1 水和废水处理	
处理废水或污水的装置的安排	B63J4
处理水、废水、污水或污泥	C02F
化学；处理液体污染物的材料，如油、汽油、脂肪	C09K3／32
废水的管道安装	E03C1／12
下水道—污水池	E03F
1.2.2 来自废水的肥料	
来自废水、污水污泥、海泥、软泥或类似物质的肥料	C05F7
1.2.3 溢油清理	
用于通过分离或去除这些来自油或类似浮动材料清洁或保持开放水表面的装置物料	E02B15／04–10
适用于特殊用途的船舶或类似浮动结构—用于收集开阔水域的污染物	B63B35／32
用于处理液体污染物的材料，如油、汽油、脂肪	C09K 3/32
1.3 废物管理	所有分类来自 1.3.1—1.3.6
1.3.1 固体废物收集	
街道清洁；从陆地上移除不需要的物质，如垃圾，没有另外规定	E01H15
运输；收集或清除家用或类似垃圾	B65F
1.3.2 材料回收，再循环和再利用	
来自酒厂或酿酒商废物的动物饲料；乳品厂废品；肉、鱼或骨头；从厨房垃圾	A23K1／06–10
鞋类由橡胶废料制成	A43B1／12
高跟鞋或橡胶废料制成的顶部件	A43B21／14
分离固体材料；专门适用于垃圾的分离设备的总体布置	B03B9／06

续表

类型	IPC 分类号
从废料或废金属颗粒制造物品	B22F8
准备材料；回收材料	B29B7／66
回收塑料或含有塑料的废料的其他成分	B29B17
压力机专门用于加固废金属或压缩二手车	B30B9／32
系统地拆卸用于回收可回收组件的车辆，如用于回收	B62D67
从芯或成型器中剥离废料，如允许其重复使用	B65H73
可崩解、可溶解或可食用材料的应用	B65D65／46
压实玻璃批次，如造粒	C03B1／02
玻璃批料组合物—含有硅酸盐，如碎玻璃	C03C6／02
玻璃批料组合物—含有粒料或附聚物	C03C6／08
来自油页岩、残渣或除炉渣以外的废物的水硬性水泥	C04B7／24－30
硫酸钙水泥从磷石膏或废物开始，如烟雾的净化产物	C04B11／26
使用附聚、废料或垃圾作为砂浆，混凝土或人造石的填料；废料或垃圾	C04B18／04－10
黏土制品；废料或垃圾	C04B33／132
废料回收或处理（塑料）	C08J11
发光，如电致发光、化学发光、材料；回收发光材料	C09K11／01
后处理使用润滑剂来回收有用的产品	C10M175
处理除矿石之外的原材料，如废料，以生产有色金属或其化合物	C22B7
获得锌或氧化锌；从马弗炉残渣、来自金属残渣或废料	C22B19／28－30
获得锡；从废料，特别是锡废料	C22B25／06
纺织品；分解含纤维的制品以获得可重复使用的纤维	D01G11
造纸；纤维原料或其机械处理—使用废纸	D21B1／08－10
造纸；纤维原料或其机械处理；通过其他方式解决—废纸	D21B1／32
造纸；其他获得纤维素的方法；处理废纸	D21C5／02
造纸；制浆；非纤维材料添加到纸浆中；废产品	D21H17／01
从电缆中回收材料的装置或方法	H01B 15/00
从放电管或灯中回收材料	H01J 9/52
回收废电池或电池的可维修部件	H01M 6/52
回收废物蓄电池的可维修部件	H01M 10/54

续表

类型	IPC 分类号
1.3.3 来自废物的肥料	
由动物尸体或其部分制成的肥料	C05F1
来自酿酒厂废物、糖蜜、葡萄酒、糖厂或类似废物或残留物的肥料	C05F5
来自废水、污水污泥、海泥、软泥或类似物质的肥料	C05F7
来自家庭或城镇垃圾的肥料	C05F9
以堆肥步骤为特征的肥料的制备	C05F17
1.3.4 焚烧和能量回收	
固体燃料主要基于非矿物来源的材料；关于污水、房屋或城镇垃圾；关于工业残余物或废物；物料	C10L5/46-48
火葬炉；焚烧废物；焚化炉结构；细节、配件或其控制	F23G5
火葬炉；焚烧炉或其他专门用于消耗特定废物或低等级燃料的设备	F23G7
1.3.5 填埋	
注：填埋专利主要由 IPC B09B 类涵盖。但是，这个分类还涉及回收的许多方面 焚化。因此，B09B 仅用于生成聚合"废物管理"计数。	
1.3.6 废物管理—未归类于其他地方	
处置固体废物	B09B
由橡胶或橡胶废料生产液态烃混合物	C10G1/10
医学或兽医学；特别适用于垃圾的消毒或灭菌方法	A61L11
1.4 土壤修复	
开垦受污染的土壤	B09C
1.5 环境监测	
用于废气处理装置的监测或诊断装置	F01N11
警报响应于单个指定的不期望或异常情况而未另外提供，例如污染警报；有毒物质	G08B21/12-14
注意：此搜索策略正在开发中，生成的计数很可能不完整	

资料来源：作者根据经合组织官网信息整理，https://stats.oecd.org/。

参考文献

一 中文文献

曹炜:《绿色专利快速审查制度的正当性研究》,《法学评论》2016年第1期。

陈浩:"走向何方:排污权交易试点十年",中国碳排放交易网,2017年7月14日,http://www.tanpaifang.com/paiwuquanjiaoyi/2017/07/1460032.html/。

代明、殷仪金、戴谢尔:《创新理论:1912—2012——纪念熊彼特〈经济发展理论〉首版100周年》,《经济学动态》2012年第4期。

董碧娟:《以市场促污染物减排探索取得阶段性成效——排污权有偿使用和交易金额显著增加》,《经济日报》2019年1月24日第3版。

付明卫、叶静怡、孟俣希、雷震:《国产化率保护对自主创新的影响——来自中国风电制造业的证据》,《经济研究》2015年第50(02)期。

高虎城:《在对外开放中践行群众路线》,《学习时报》2014年3月24日第10版。

郭默、毕军、王金南:《中国排污权有偿使用定价及政策影响研究》,《中国环境管理》2017年第9(01)期。

景维民、张璐：《环境管制、对外开放与中国工业的绿色技术进步》，《经济研究》2014年第49（09）期。

克里斯·布希：《碳交易促进经济可持续增长》，《人民日报》2017年10月12日第22版。

黎文靖、郑曼妮：《实质性创新还是策略性创新？——宏观产业政策对微观企业创新的影响》，《经济研究》2016年第51（04）期。

李继峰、张沁、张亚雄、王鑫：《碳市场对中国行业竞争力的影响及政策建议》，《中国人口·资源与环境》2013年第23（03）期。

李硕、范丽、史光伟：《中国绿色专利统计报告（2014－2017年)》，《国家知识产权局规划发展司专利统计简报》，2018年第14期（总第234期）。

李香才：《排污权交易试点提速》，《中国证券报》2015年1月19日第A14版。

李永友、文云飞：《中国排污权交易政策有效性研究——基于自然实验的实证分析》，《经济学家》2016年第5期。

刘海英、谢建政：《排污权交易与清洁技术研发补贴能提高清洁技术创新水平吗——来自工业SO2排放权交易试点省份的经验证据》，《上海财经大学学报》2016年第18（05）期。

刘筠筠：《绿色技术创新模式下的专利制度设计》，《商业时代》2011年第（03）期。

刘立平：《湖南修订排污权交易政府指导价格》，《中国环境报》2016年9月27日第9版。

刘晔、张训常：《碳排放交易制度与企业研发创新——基于三重差分模型的实证研究》，《经济科学》2017年第3期。

刘寅鹏、郭剑锋、范英：《EU ETS试验阶段微观交易大数据分析及其对中国的启示》，《气候变化研究进展》2015年第11（06）期。

蒲晓磊：《征了37年排污费或将退出历史舞台》，《法治日报》2016年9月6日第9版。

齐绍洲、林屾、崔静波：《环境权益交易市场能否诱发绿色创新？——基于我国上市公司绿色专利数据的证据》，《经济研究》2018年第53（12）期。

齐绍洲、张倩、王班班：《新能源企业创新的市场化激励——基于风险投资和企业专利数据的研究》，《中国工业经济》2017年第12期。

沈坤荣、金刚、方娴：《环境规制引起了污染就近转移吗?》，《经济研究》2017年第52（05）期。

汤维祺、吴力波、钱浩祺：《从"污染天堂"到绿色增长——区域间高耗能产业转移的调控机制研究》，《经济研究》2016年第51（06）期。

涂正革、谌仁俊：《排污权交易机制在中国能否实现波特效应?》，《经济研究》2015年第50（07）期。

王班班、齐绍洲：《市场型和命令型政策工具的节能减排技术创新效应——基于中国工业行业专利数据的实证》，《中国工业经济》2016年第6期。

王班班：《环境政策与技术创新研究述评》，《经济评论》2017年第4期。

王刚刚、谢富纪、贾友：《R&D补贴政策激励机制的重新审视——基于外部融资激励机制的考察》，《中国工业经济》2017年第2期。

王金南、董战峰、杨金田、李云生、严刚：《中国排污交易制度的实践和展望》，《环境保护》2009年第10期。

王金南、吴悦颖、雷宇、叶维丽、宋晓晖：《中国排污许可制度改革框架研究》，《环境保护》2016年第44（Z1）期。

杨斌、严俊、曹艳、陈佳：《浙江省排污权抵押贷款实践特征分析》，《环境与可持续发展》2018年第43（02）期。

杨宁、徐莹莹：《世界须抱团应对气候变化》，《人民日报海外版》2019年1月29日第10版。

杨荣华："证监会就《科创板首次公开发行股票注册管理办法（试行)》征求意见"，人民网，2019年1月30日，http：//capital. people. com. cn/n1/2019/0130/c405954-30600355. html。

"广东省财政厅广东省环境保护厅关于排污权有偿使用费和交易出让金征收使用的管理办法"，广东省人民政府公报，2014年12月12日，http：//zwgk. gd. gov. cn/006939991/201708/t20170815_718242. html。

"浙江省人民政府办公厅关于进一步推进企业技术改造工作的意见"，浙江省人民政府公报，2015年6月30日，http：//www. zjjxw. gov. cn/art/2015/7/24/art_1108472_730. html。

"河北省人民政府办公厅关于印发河北省排污权有偿使用和交易管理暂行办法的通知"，冀政办字〔2015〕133号，2015年10月20日，http：//info. hebei. gov. cn/hbszfxxgk/329975/329982/6503135/index. html。

"湖北省主要污染物排污权出让金收支管理暂行办法"，湖北省人民政府公报，2011年3月14日，http：//www. ecz. gov. cn/gk/flfg/dfczfg/23995. htm。

"排污权有偿使用和交易试点工作取得阶段性成效"，财政部经济建设司，2019年1月23日，http：//jjs. mof. gov. cn/zhengwuxinxi/gongzuodongtai/201901/t20190118_3125090. html。

"浙江省排污权抵押贷款暂行规定浙政发〔2010〕266号"，2015年5月25日，http：//www. hzaee. com/3632/D4237. html。

张成、陆旸、郭路、于同申：《环境规制强度和生产技术进步》，

《经济研究》2011 年第 46（02）期。

张杰、陈志远、杨连星、新夫：《中国创新补贴政策的绩效评估：理论与证据》，《经济研究》2015 年第 50（10）期。

赵萌：《环境权益交易市场建设步入"快车道"》，《金融时报》2017 年 8 月 12 日第 5 版。

钟悦之、蒋春来、宋晓晖、陈潇君：《行之有效的美国排污权管理体系》，《环境经济》2017 年第 10 期。

周志：《从企业行为角度分析我国排污权交易二级市场存在的问题》，《特区经济》2011 年第 2 期。

朱茵：《以价值投资理念完善公司治理》，《中国证券报》2003 年 8 月 19 日第 10 版。

二 英文文献

Acemoglu D, Akcigit U, Alp H, et al, "Innovation, Reallocation, and Growth", *American Economic Review*, Vol. 108, No. 11, November 2018.

Aghion P, Dechezleprêtre A, Hemous D, et al, "Carbon Taxes, Path Dependency, and Directed Technical Change: Evidence from the Auto Industry", *Journal of Political Economy*, Vol. 124, No. 1, February 2016.

Ahmad S, "On the Theory of Induced Invention" *The Economic Journal*, Vol. 76, No. 302, June 1966.

Ajide K B and Adeniyi O, "FDI and the Environment in Developing Economies: Evidence from Nigeria", *Environmental Research Journal*, Vol. 4, No. 4, April 2010.

Aktouf O, "The False Expectations of Michael Porter'S Strategic Management Framework", *Universidad & Empresa*, Vol. 6, No. 6, November 2004.

Albrizio S, Botta E, Kozluk T, et al, "Do Environmental Policies Matter For Productivity Growth?", *OECD Economics Department Working Papers*, No. 1176, December 2014, https://www.oecd-ilibrary.org/economics/do-environmental-policies-matter-for-productivity-growth_5jxrjncjrcxp-en.

Amabile T M, Conti R, Coon H, et al, "Assessing the Work Environment for Creativity", *Academy of Management Journal*, Vol. 39, No. 5, October 1996.

Ambec S, Cohen M A, Elgie S, et al, "The Porter Hypothesis at 20: Can Environmental Regulation Enhance Innovation and Competitiveness?", *Review of Environmental Economics and Policy*, Vol. 7, No. 1, Winter 2013.

Amore M D and Bennedsen M, "Corporate Governance and Green Innovation", *Journal of Environmental Economics and Management*, Vol. 75, February 2016.

Ankersmit L J and Lawrence J C, "The Future of Environmental Labelling: US-Tuna II and the Scope of the TBT", *Legal Issues of Economic Integration*, Vol. 39, No. 1, February 2012.

Anouliès L, "Heterogeneous Firms and the Environment: a Cap-and-Trade Program", *Journal of Environmental Economics and Management*, Vol. 84, July 2017.

Antoci A, Borghesi S, Sodini M, "ETS and Technological Innovation: A Random Matching Model", FEEM Working Paper, No. 79 (December 2012), https://papers.ssrn.com/sol3/papers.cfm?abstract_id=2187222.

Antweiler W, Copeland B R, Taylor M S, "Is Free Trade Good for the Environment?", *American Economic Review*, Vol. 91, No. 4, September 2001.

Arkolakis C, Ramondo N, Rodríguez-Clare A, et al, "Innovation and Production in the Global Economy", *American Economic Review*, Vol. 108, No. 8, August 2018.

Armstrong J S and Patnaik S, "Using Quasi-Experimental Data to Develop Empirical Generalizations for Persuasive Advertising", *Journal of Advertising Research*, Vol. 49, No. 2, June 2009.

Baumol W J, "Joseph Schumpeter: the Long Run, and the Short", *Journal of Evolutionary Economics*, Vol. 25, No. 1, January 2015.

Becker R A, Pasurka Jr C, Shadbegian R J, "Do Environmental Regulations Disproportionately Affect Small Businesses? Evidence from the Pollution Abatement Costs and Expenditures Survey", *Journal of Environmental Economics and Management*, Vol. 66, No. 3, November 2013.

Bel G and Joseph S, "Policy Stringency under the European Union Emission Trading System and its Impact on Technological Change in the Energy Sector", *Energy Policy*, Vol. 117, June 2018.

Benner M J, Tushman M L. "Exploitation, Exploration, and Process Management: the Productivity Dilemma Revisited", *Academy of Management Review*, Vol. 28, No. 2, April 2003.

Bergek A, Berggren C, "The Impact of Environmental Policy Instruments on Innovation: A Review of Energy and Automotive Industry Studies", *Ecological Economics*, Vol. 106, October 2014.

Binswanger H P, "The Measurement of Technical Change Biases with Many Factors of Production", *The American Economic Review*, Vol. 64, No. 6, December 1974.

Birnie P, "The Development of International Environmental Law", *Review of International Studies*, Vol. 3, No. 2, July 1977.

Bloom N, Draca M, Van Reenen J, "Trade Induced Technical Change?

The Impact of Chinese Imports on Innovation, IT and Productivity", *The Review of Economic Studies*, Vol. 83, No. 1, January 2016.

Borghesi S, Cainelli G, Mazzanti M, "Linking Emission Trading to Environmental Innovation: Evidence from the Italian Manufacturing Industry", *Research Policy*, Vol. 44, No. 3, April 2015.

Bossink B A G, "Leadership for Sustainable Innovation", *International Journal of Technology Management & Sustainable Development*, Vol. 6, No. 2, September 2007.

Bossle M B, de Barcellos M D, Vieira L M, et al., "The Drivers for Adoption of Eco-Innovation", *Journal of Cleaner Production*, Vol. 113, February 2016.

Braun E and Wield D, "Regulation as a Means for the Social Control of Technology", *Technology Analysis & Strategic Management*, Vol. 6, No. 3, 1994.

Brunnermeier S B and Cohen M A, "Determinants of Environmental Innovation in US Manufacturing Industries", *Journal of Environmental Economics and Management*, Vol. 45, No. 2, March 2003.

Cai H, Chen Y, Gong Q, "Polluting Thy Neighbor: Unintended Consequences of China's Pollution Reduction Mandates", *Journal of Environmental Economics and Management*, Vol. 76, March 2016.

Cai X, Lu Y, Wu M, et al, "Does Environmental Regulation Drive away inbound Foreign Direct Investment? Evidence from a Quasi-Natural Experiment in China", *Journal of Development Economics*, Vol. 123, November 2016.

Calder B J, Phillips L W, Tybout A M, "The Concept of External Validity", *Journal of Consumer Research*, Vol. 9, No. 3, December 1982.

Calel R and Dechezleprêtre A, "Environmental Policy and Directed

Technological Change: Evidence from the European Carbon Market", *Review of Economics and Statistics*, Vol. 98, No. 1, March 2016.

Campbell D T, *Methodology and Epistemology for Social Sciences: Selected Papers*, Chicago: University of Chicago Press, 1988.

Carrión-Flores C E and Innes R, "Environmental Innovation and Environmental Performance", *Journal of Environmental Economics and Management*, Vol. 59, No. 1, January 2010.

Chen J, Cheng J, Dai S, "Regional Eco – Innovation in China: An Analysis Of Eco – Innovation Levels and Influencing Factors", *Journal of Cleaner Production*, Vol. 153, June 2017.

Chen M Y C, Lin C Y Y, Lin H E, et al, "Does Transformational Leadership Facilitate Technological Innovation? The Moderating Roles of Innovative Culture and Incentive Compensation", *Asia Pacific Journal of Management*, Vol. 29, No. 2, February 2012.

Christensen C M and Rosenbloom R S, "Explaining the Attacker's Advantage: Technological Paradigms, Organizational Dynamics, and the Value Network", *Research Policy*, Vol. 24, No. 2, March 1995.

Cook T D, Campbell D T, Shadish W, *Experimental and Quasi-Experimental Designs for Generalized Causal Inference*, Boston, MA: Houghton Mifflin, 2002.

Cui J, Zhang J, Zheng Y, "Carbon Pricing Induces Innovation: Evidence from China's Regional Carbon Market Pilots", *AEA Papers and Proceedings*, Vol. 108, May 2018.

Curtis E M, "Who Loses Under Power Plant Cap – and – Trade Programs?", National Bureau of Economic Research, No. 20808 (December 2014), https://www.nber.org/papers/w20808.

Dales J H., "Land, Water, and Ownership", *The Canadian Journal of*

Economic, Vol. 1, No. 4, November 1968.

Dayan M, Di Benedetto C A, Colak M, "Managerial Trust in New Product Development Projects: Its Antecedents and Consequences", *R&D Management*, Vol. 39, No. 1, December 2009.

Dechezleprêtre A, Martin R, Bassi S, "Climate Change Policy, Innovation and Growth", London: Grantham Research Institute & Global Green Growth Institute, (January 2016), http://www.lse.ac.uk/GranthamInstitute/wp-content/uploads/2016/01/Dechezlepretre-et-al-policybrief-Jan-2016.pdf.

DeRue D S, Nahrgang J D, Hollenbeck J R, et al, "A Quasi-Experimental Study of After-Event Reviews and Leadership Development", *Journal of Applied Psychology*, Vol. 97, No. 5, September 2012.

Deschenes O, Greenstone M, Shapiro J S, "Defensive investments and the demand for air quality: Evidence from the NOx budget program", *American Economic Review*, Vol. 107, No. 10, October 2017.

Deshpandé R, Farley J U, Webster Jr F E, "Corporate Culture, Customer Orientation, and Innovativeness in Japanese Firms: a Quadrad Analysis", *Journal of Marketing*, Vol. 51, No. 1, January 1993.

Dess G G, Picken J C. "Changing Roles: Leadership in the 21st Century", *Organizational Dynamics*, Vol. 28, No. 3, winter 2000.

Dijkstra B R, Mathew A J, Mukherjee A, "Environmental Regulation: an Incentive for Foreign Direct Investment", *Review of International Economics*, Vol. 19, No. 3, July 2011.

DiNardo J, "Natural Experiments and Quasi-Natural Experiments", *Microeconomics*, January 2010.

Drysdale K M and Hendricks N P, "Adaptation to an Irrigation Water Restriction Imposed through Local Governance", *Journal of Environ-*

mental Economics and Management, Vol. 91, September 2018.

Eisenbarth S, "Is Chinese Trade Policy Motivated by Environmental Concerns?", *Journal of Environmental Economics and Management*, Vol. 82, March 2017.

Environmental Defense Fund, "How cap and trade works", October 2014, https://www.edf.org/climate/how-cap-and-trade-works?contentID=9112, 2014-10-27.

Epstein M J, Buhovac A R, Yuthas K, "Implementing Sustainability: the Role of Leadership and Organizational Culture", *Strategic Finance*, Vol. 91, No. 10, April 2010.

European Patent Office, *Finding Sustainable Technologies in Patents*, Rijswijk: European Patent Office, 2016.

Evenson R E and Kislev Y, "A Stochastic Model of Applied Research", *Journal of Political Economy*, Vol. 84, No. 2, April 1976.

Fontana R, Nuvolari A, Shimizu H, et al, "Schumpeterian Patterns of Innovation and the Sources of Breakthrough Inventions: Evidence from a Data-Set of R&D Awards", *Journal of Evolutionary Economics*, Vol. 22, No. 4, July 2012.

Forslid R, Okubo T, Ulltveit-Moe K H, "Why are Firms that Export Cleaner? International Trade, Abatement and Environmental Emissions", *Journal of Environmental Economics and Management*, Vol. 91, September 2018.

Fried S, "Climate Policy And Innovation: A Quantitative Macroeconomic Analysis", *American Economic Journal: Macroeconomics*, Vol. 10, No. 1, January 2018.

Fujii H, Managi S, Kaneko S, "Decomposition Analysis of Air Pollution Abatement in China: Empirical Study for Ten Industrial Sectors from 1998 to 2009", *Journal of Cleaner Production*, Vol. 59, November 2013.

Fussler C and James P, *Driving Eco-innovation: a Breakthrough Discipline for Innovation and Sustainability*, London: Pitman Publishing, 1996.

Gillingham K and Stock J H, "The Cost of Reducing Greenhouse Gas Emissions", *Journal of Economic Perspectives*, Vol. 32, No. 4, Autumn 2018.

Gliddon D G, "Forecasting a Competency Model for Innovation Leaders Using a Modified Delphi Technique", Ph. D. dissertation, The Pennsylvania State University, 2006.

Goulder L H, Hafstead M A C, Williams III R C, "General Equilibrium Impacts of a Federal Clean Energy Standard", *American Economic Journal: Economic Policy*, Vol. 8, No. 2, May 2016.

Grechenig K, Nicklisch A, Thöni C, "Punishment Despite Reasonable Doubt—a Public Goods Experiment with Sanctions under Uncertainty", *Journal of Empirical Legal Studies*, Vol. 7, No. 4, November 2010.

Greenstone M, List J A, Syverson C, "The Effects of Environmental Regulation on the Competitiveness of US Manufacturing", National Bureau of Economic Research, No. 18392 (September 2012), https://www.nber.org/papers/w18392.

Greenstone M, "The Impacts of Environmental Regulations on Industrial Activity: Evidence from the 1970 And 1977 Clean Air Act Amendments and the Census of Manufactures", *Journal of Political Economy*, Vol. 110, No. 6, December 2002.

Gribbons B and Herman J, "True and Quasi-Experimental Designs", *Practical Assessment, Research, and Evaluation*, Vol. 5, No. 1, 1996.

Groba F, Breitschopf B, "Impact of Renewable Energy Policy and Use on Innovation: A literature review", (September 2013), https://

papers. ssrn. com/sol3/papers. cfm? abstract_id = 2327428.

Hall B H, Helmers C, "Innovation and Diffusion of Clean/Green Technology: Can Patent Commons Help?", *Journal of Environmental Economics and Management*, Vol. 66, No. 1, July 2013.

Hamamoto M, "Environmental Regulation and the Productivity of Japanese Manufacturing Industries", *Resource and Energy Economics*, Vol. 28, No. 4, November 2006.

Harmon R J, Morgan G A, Gliner J A, et al, "Quasi-Experimental Designs", *Journal of the American Academy of Child & Adolescent Psychiatry*, Vol. 39, No. 6, June 2000.

Hering L and Poncet S, "Environmental Policy and Exports: Evidence from Chinese Cities", *Journal of Environmental Economics and Management*, Vol. 68, No. 2, September 2014.

Hicks J, *The Theory of Wages*, Berlin: Springer, 1963.

Hoffmann V H, "EUETS and Investment Decisions: The Case of the German Electricity Industry", *European Management Journal*, Vol. 25, No. 6, December 2007.

Hottenrott H, Rexhäuser S, Veugelers R, "Organisational Change and the Productivity Effects of Green Technology Adoption", *Resource and Energy Economics*, Vol. 43, 2016.

Hunter S T and Cushenbery L. "Leading for Innovation: Direct and Indirect Influences", *Advances in Developing Human Resources*, Vol. 13, No. 3, October 2011.

IBM, "A leadership Opportunity for Global Business to Protect the Planet", The Eco – Patent Commons, January 2008, https://www.ibm.com/ibm/environment/news/Eco – PatentCommonsBrochure_011008. pdf.

Šimelytė A and Liučvaitienė A, "Foreign Direct Investment Policy –

Friendly Business Environment in R&D Sectors: Baltic States versus Visegrad Countries", *Journal of East-West Business*, Vol. 18, No. 1, February 2012.

Isaksen S G, Lauer K J, Ekvall G, et al, "Perceptions of the Best and Worst Climates for Creativity: Preliminary Validation Evidence for the Situational Outlook Questionnaire", *Creativity Research Journal*, Vol. 13, No. 2, April 2001.

Ito K, Ida T, Tanaka M, "Moral Suasion and Economic Incentives: Field Experimental Evidence from Energy Demand", *American Economic Journal: Economic Policy*, Vol. 10, No. 1, February 2018.

Jaffe A B, Newell R G, Stavins R N, "A Tale of Two Market Failures: Technology and Environmental Policy" *Ecological Economics*, Vol. 54, No. 2 - 3, August 2005.

Jaffe A B and Palmer K, "Environmental Regulation and Innovation: a Panel Data Study", *Review of Economics and Statistics*, Vol. 79, No. 4, November 1997.

James P, "The Sustainability Cycle: a New Tool for Product Development and Design", *The Journal of Sustainable Product Design*, 1997.

Jansen J J P, Van Den Bosch F A J, Volberda H W, "Exploratory Innovation, Exploitative Innovation, and Performance: Effects of Organizational Antecedents and Environmental Moderators" *Management Science*, Vol. 52, No. 11, November 2006.

Jansen J J P, Vera D, Crossan M, "Strategic Leadership for Exploration and Exploitation: the Moderating Role of Environmental Dynamism", *The Leadership Quarterly*, Vol. 20, No. 1, February 2009.

Jansen J J P, Vera D, Crossan M, "Strategic Leadership for Exploration and Exploitation: The Moderating Role of Environmental Dynamism",

The Leadership Quarterly, Vol. 20, No. 1, February 2009.

Jassawalla A R and Sashittal H C, "Cultures that Support Product – Innovation Processes", *Academy of Management Perspectives*, Vol. 16, No. 3, August 2002.

Johnstone N, Haščič I, Popp D, "Renewable Energy Policies and Technological Innovation: Evidence Based on Patent Counts", *Environmental and Resource Economics*, Vol. 45, No. 1, 2010.

Jorgenson A K, "Foreign Direct Investment and the Environment, the Mitigating Influence of Institutional and Civil Society Factors, and Relationships Between Industrial Pollution and Human Health: A Panel Study of Less-Developed Countries", *Organization & Environment*, Vol. 22, No. 2, June 2009.

Kalamova M and Johnstone N, "Environmental Policy Stringency and Foreign Direct Investment", in Frank Wijen, Kees Zoeteman, Jan Pieters and Paul van Seters eds., *A Handbook of Globalisation and Environmental Policy: National Government Interventions in a Global Arena*, Cheltenham: Edward Elgar Publishing Limited, 2012.

Kamien M I and Schwartz N L, "OptimalInducedTechnical Change", *Econometrica: Journal of the Econometric Society*, Vol. 36, No. 1, January 1968.

Kanie N, "Governance with Multilateral Environmental Agreements: A Healthy or Ill-Equipped Fragmentation?", *Green Planet Blues: Critical Perspectives on Global Environmental Politics*, Abingdon: Taylor and Francis, 2014.

Kennedy C, "Induced Bias in Innovation and the Theory of Distribution", *The Economic Journal*, Vol. 74, No. 295, September 1964.

Kim R E, "The Emergent Network Structure of the Multilateral Environmental Agreement System", *Global Environmental Change*, Vol. 23, No. 5, October 2013.

King N and Anderson N, "Innovation in Working Groups", in M. A. West & J. L. Farr, eds. *Innovation and Creativity at Work: Psychological and Organizational Strategies*: John Wiley & Sons, 1990.

Klepper S, "Entry, Exit, Growth, and Innovation over the Product Life Cycle", *The American Economic Review*, Vol. 86, No. 3, June 1996.

Kraus C, *Import Tariffs as Environmental Policy Instruments*, Berlin: Springer Science & Business Media, 2013.

Lanjouw J O and Mody A, "Innovation and the International Diffusion of Environmentally Responsive Technology", *Research Policy*, Vol. 25, No. 4, June 1996.

Ley M, Stucki T, Woerter M, "The Impact of Energy Prices on Green Innovation", *The Energy Journal*, Vol. 37, No. 1, January 2016.

Lin H, Zeng S X, Ma H Y, et al, "Can Political Capital Drive Corporate Green Innovation? Lessons from China", *Journal of Cleaner Production*, Vol. 64, February 2014.

Lin S, Wang B, Wu W, et al, "The Potential Influence of the Carbon Market on Clean Technology Innovation in China", *Climate Policy*, Vol. 18, No. Sup1, 2018.

Liu W and Wang Z, "The Effects of Climate Policy on Corporate Technological Upgrading in Energy Intensive Industries: Evidence from China", *Journal of Cleaner Production*, Vol. 142, January 2017.

Malerba F, "Sectoral Systems of Innovation and Production", *Research Policy*, Vol. 31, No. 2, February 2002.

Malerba F and Orsenigo L, "Schumpeterian Patterns of Innovation", *Cambridge Journal of Economics*, Vol. 19, No. 1, February 1995.

Mani M S, "Environmental Tariffs on Polluting Imports", *Environmental and Resource Economics*, Vol. 7, No. 4, June 1996.

March J G, "Exploration and Exploitation in Organizational Learning", *Organization Science*, Vol. 2, No. 2, February 1991.

Marin G, Marino M, Pellegrin C, "The Impact of the European Emission Trading Scheme on Multiple Measures of Economic Performance", *Environmental and Resource Economics*, Vol. 71, No. 2, October 2018.

Martin R, Muûls M, Wagner U, "Carbon Markets, Carbon Prices and Innovation: Evidence from Interviews with Managers", paper delivered to Annual Meetings of the American Economic Association, San Diego, 2013.

McEntire L E and Greene-Shortridge T M, "Recruiting and Selecting Leaders for Innovation: How to Find the Right Leader", *Advances in Developing Human Resources*, Vol. 13, No. 3, October 2011.

Meuleman M and De Maeseneire W, "Do R&D Subsidies Affect SMEs' Access to External Financing?" *Research Policy*, Vol. 41, No. 3, April 2012.

Michaelides P G and Milios J G, "Joseph Schumpeter and the German Historical School", *Cambridge Journal of Economics*, Vol. 33, No. 3, May 2009.

Milani S, "The Impact of Environmental Policy Stringency on Industrial R&D Conditional on Pollution Intensity and Relocation Costs", *Environmental and Resource Economics*, Vol. 68, No. 3, November 2017.

Montgomery W D, "Markets in Licenses and Efficient Pollution Control Programs", *Journal of Economic Theory*, Vol. 5, No. 3, December 1972.

Morgenstern R D, Abeygunawardena P, Anderson R, et al, "Emissions Trading to Improve Air Quality in an Industrial City in the People's Republic of China", Resources For the Future, April 2004, http://www.rff.org/RFF/documents/RFF-DP-04-16.pdf.

Mulatu A, "The Structure of UKoutbound FDIand Environmental Regulation", *Environmental and Resource Economics*, Vol. 68, No. 1, September 2017.

Mumford M D, Scott G M, Gaddis B, et al, "Leading Creative People: Orchestrating Expertise and Relationships", *The Leadership Quarterly*, Vol. 13, No. 6, December 2002.

Mumford M D and Licuanan B, "Leading for Innovation: Conclusions, Issues, and Directions", *The Leadership Quarterly*, Vol. 15, No. 1, February 2004.

Neequaye N A, Oladi R., "Environment, Growth, and FDI Revisited", *International Review of Economics & Finance*, Vol. 39, September 2015.

Nesta L, Vona F, Nicolli F, "Environmental Policies, Competition and Innovation in Renewable Energy", *Journal of Environmental Economics and Management*, Vol. 67, No. 3, May 2014.

Newell R G, Jaffe A B, Stavins R N, "The Induced Innovation Hypothesis and Energy-Saving Technological Change", *The Quarterly Journal of Economics*, Vol. 114, No. 3, August 1999.

Ning L and Wang F, "Does FDI Bring Environmental Knowledge Spillovers to Developing Countries? the Role of the Local Industrial Structure", *Environmental and Resource Economics*, Vol. 71, No. 2, 2018.

Noailly J and Ryfisch D, "Multinational Firms and the Internationalization of Green R&D: a Review of the Evidence and Policy Implications", *Energy Policy*, Vol. 83, August 2015.

Noailly J and Smeets R, "Directing Technical Change from Fossil-Fuel to Renewable Energy Innovation: an Application Using Firm-Level Patent Data", *Journal of Environmental Economics and Management*, Vol. 72, July 2015.

Oke A, Munshi N, Walumbwa F O, "The influence of Leadership on Innovation Processes and Activities", *Organizational Dynamics*, Vol. 38, No. 1, March 2009.

Paraschiv D M, Nemoianu E L, Langǎ C A, et al, "Eco-innovation, responsible leadership and organizational change for corporate sustainability" *Amfiteatru Economic Journal*, Vol. 14, No. 32, June 2012.

Planas L C, "Moving toward Greener Societies: Moral Motivation and Green Behaviour", *Environmental and Resource Economics*, Vol. 70, No. 4, 2018.

Popp D, "International Innovation and Diffusion of Air Pollution Control Technologies: The Effects of NOX and SO2 Regulation in the US, Japan, and Germany", Journal of Environmental Economics and Management, 2006, Vol. 51, No. 1.

Popp D, "Induced Innovation and Energy Prices", *American Economic Review*, Vol. 92, No. 1, March 2002.

Popp D, "International Innovation and Diffusion of Air Pollution Control Technologies: the Effects of Nox and SO_2 Regulation in the US, Japan, and Germany", *Journal of Environmental Economics and Management*, Vol. 51, No. 1, January 2006.

Popp D, "Pollution Control Innovations and the Clean Air Act of 1990", *Journal of Policy Analysis and Management*, Vol. 22, No. 4, September 2003.

Porter M E, Van der Linde C, "Toward a New Conception of the Environment-Competitiveness Relationship", *Journal of Economic Perspec-*

tives, Vol. 9, No. 4, Autumn 1995.

Porter M E and Millar V E, "How information gives you competitive advantage", *Harvard Business Review*, Vol. 63, No. 4, July-August 1985.

Prather C W and Turrell M C, "Managers at Work: Involve Everyone in the Innovation Process", *Research-Technology Management*, Vol. 45, No. 5, 2002.

Qiu L D, Zhou M, Wei X, "Regulation, Innovation, and Firm Selection: the Porter Hypothesis under Monopolistic Competition", *Journal of Environmental Economics and Management*, Vol. 92, November 2018.

Rajan R S, "Measures to Attract FDI: Investment Promotion, Incentives and Policy Intervention", *Economic and Political Weekly*, Vol. 39, No. 1, January 2004.

Rennings K, "Redefining Innovation—Eco-Innovation Research and the Contribution from Ecological Economics", *Ecological Economics*, Vol. 32, No. 2, February 2000.

Rogge K S, Schneider M, Hoffmann V H, "The Innovation Impact of the EU Emission Trading System—Findings of Company Case Studies in the German Power Sector", *Ecological Economics*, Vol. 70, No. 3, January 2011.

Romer P M, "Increasing Returns and Long-Run Growth", *Journal of Political Economy*, Vol. 94, No. 5, October 1986.

Rosing K, Frese M, Bausch A, "Explaining the Heterogeneity of the Leadership-Innovation Relationship: Ambidextrous Leadership", *The Leadership Quarterly*, Vol. 22, No. 5, October 2011.

Rossi P H, Lipsey M W, Henry G T, *Evaluation: A Systematic*

Approach, America: SAGE Publications, 2018.

Roth A E, "The Economist as Engineer: Game Theory, Experimentation, and Computation as Tools for Design Economics", *Econometrica*, Vol. 70, No. 4, February 2002.

Sarros J C, Cooper B K, Santora J C, "Building a Climate for Innovation through Transformational Leadership and Organizational Culture", *Journal of Leadership & Organizational Studies*, Vol. 15, No. 2, June 2008.

Schaefer A, "Enforcement of Intellectual Property, Pollution Abatement, and Directed Technical Change", *Environmental and Resource Economics*, Vol. 66, No. 3, November 2017.

Schmidt E, "Google's CEO on the Enduring Lessons of a Quirky IPO", *Harvard Business Review*, Vol. 88, No. 5, May 2010.

Schumpeter J A, "The Creative Response in Economic History", *The Journal of Economic History*, Vol. 7, No. 2, November 1947.

Sengupta A, "Competitive Investment in Clean Technology and Uninformed Green Consumers", *Journal of Environmental Economics and Management*, Vol. 71, May 2015.

Shapiro J S and Walker R, "Why is Pollution from US Manufacturing Declining? The Roles of Environmental Regulation, Productivity, and Trade", *American Economic Review*, Vol. 108, No. 12, December 2018.

Shinkuma T and Sugeta H, "Tax Versus Emissions Trading Scheme in the Long Run", *Journal of Environmental Economics and Management*, Vol. 75, January 2016.

Slavtchev V and Wiederhold S. "Does the Technological Content of Government Demand Matter for Private R&D? Evidence from US States",

American Economic Journal: *Macroeconomics*, Vol. 8, No. 2, April 2016.

Smith V L, *Behavioural and Experimental Economics*, London: Palgrave Macmillan, 2010.

Stavins R N, *Handbook of Environmental Economics*, Amsterdam: Elsevier, 2003.

Stoever J and Weche J P, "Environmental Regulation and Sustainable Competitiveness: Evaluating the Role of Firm-Level Green Investments in the Context of the Porter Hypothesis", *Environmental and Resource Economics*, Vol. 70, No. 2, June 2018.

Stuart L, "Trade and Environment: a Mutually Supportive Interpretation of WT Agreements in Light of Multilateral Environmental Agreements", *New Zealand Journal of Public and International Law*, Vol. 12, 2014.

Tanaka S. "Environmental Regulations on Air Pollution in China and their Impact on Infant Mortality", *Journal of Health Economics*, Vol. 42, July 2015.

Teeter P, Sandberg J., "Constraining or Enabling Green Capability Development? How Policy Uncertainty Affects Organizational Responses to Flexible Environmental Regulations", *British Journal of Management*, Vol. 28, No. 4, October 2017.

Tobin J, "A General Equilibrium Approach to Monetary Theory", *Journal of Money, Credit and Banking*, Vol. 1, No. 1, February 1969.

Tushman M L and O'Reilly III C A, "Ambidextrous Organizations: Managing Evolutionary and Revolutionary Change", *California Management Review*, Vol. 38, No. 4, July 1996.

Verdolini E and Bosetti V, "Environmental Policy and the International

Diffusion of Cleaner Energy Technologies", *Environmental and Resource Economics*, Vol. 66, No. 3, February 2017.

Wang C, Wu J J, Zhang B, "Environmental Regulation, Emissions and Productivity: Evidence from Chinese COD-emitting Manufacturers", *Journal of Environmental Economics and Management*, Vol. 92, November 2018.

Wolfe R A, "Organizational Innovation: Review, Critique and Suggested Research Directions", *Journal of Management Studies*, Vol. 31, No. 3, May 1994.

World Bank, *International Trade and Climate Change: Economic, Legal and Institutional Perspectives*, 2007.

World Bank, *Trade, Global Policy, and the Environment*, 1999.

WTO, *Legal Texts-Marrakesh Agreement*, 2019.

Xenikou A and Simosi M, "Organizational Culture and Transformational Leadership as Predictors of Business Unit Performance", *Journal of Managerial Psychology*, Vol. 21, No. 6, August 2006.

Xing Y, "Strategic Environmental Policy and Environmental Tariffs", *Journal of Economic Integration*, Vol. 21, No. 4, December 2006.

Yang F and Yang M, "Analysis on China's Eco-Innovations: Regulation Context, Intertemporal Change and Regional Differences", *European Journal of Operational Research*, Vol. 247, No. 3, December 2015.

Yang J and Schreifels J, "Implementing SO_2 Emissions in China", paper delivered to OECD Global Forum on Sustainable Development: Emissions Trading, sponsored by OECD, Paris, April 17 – 18, 2003.

Ye G and Zhao J, "Environmental Regulation in a Mixed Economy", *Environmental and Resource Economics*, Vol. 65, No. 1, 2016.

Zhu Q, Sarkis J, Lai K, "Green Supply Chain Management Innovation

Diffusion and Its Relationship to Organizational Improvement: an Ecological Modernization Perspective", *Journal of Engineering and Technology Management*, Vol. 29, No. 1, January – March 2012.

后 记

身处京城三里河"四部一会"老建筑群,远眺京西钓鱼台、玉渊潭、西山,不禁感悟到青山有乔木之胜景。环境权益市场对参与主体绿色创新的诱发作用,是环境、能源、创新经济学领域的经典选题。本书的写作也是基于国内外学者的前期研究,结合我国推动建设开放型世界经济背景下,对国内市场化环境规制政策的一次规范经济学范式的量化政策评估。在入职中国社会科学院世界经济与政治研究所三年,以及在国家部委实践锻炼近半年以来,我对这一研究的认识从"加快构建新发展格局,着力推动高质量发展"和"推动绿色发展、促进人与自然和谐共生"两方面不断加深。在读博士期间,我的研究领域被认定为交叉学科或跨学科研究;在工作这些年,我的业务领域亦被认定为跨界的挑战性工作。但为了实现我国第二个百年奋斗目标,这样的基础性衔接性工作总是要有人去做的,因此我深感荣幸。

我一直相信一项好的研究,应该是既要有利于学术界的补充,又要有利于产业界的发展,还要对政策界的前期制定和中后期评估督导提供参考的。做出这样的研究着实不容易,但是在本书的写作过程中,我是朝着这一方向努力的。作为学者,其实不满足于自己的作品被政策制定者或产业界认为是一流的技术路线,二流的选题和末流的政策建议;作为监管方,也并不希望被学术界和产业界认定为一流的政策建议、二流的选题和末流的技术路线。因此，希望书中的研究沿革、技术范式、报告结论、建议与启示等，能给本书读者以切实助力。事实证明，近年来中国的绿色创新有了举世瞩目的发展，也希望本书能为实证中国式现代化，讲好中国故事尽一份绵薄之力。

最后感谢本书写作过程中对我提供帮助与指导的齐绍洲老师、崔静波老师、黄晓辰老师，以及编辑老师。

林屾

2021 年 5 月 25 日于北京